中國學術思想 研究輯刊

十四編

林慶彰 主編

第6冊

先秦德福觀研究

林佩儒 著

花木蘭文化出版社

國家圖書館出版品預行編目資料

先秦德福觀研究／林佩儒 著 — 初版 — 新北市：花木蘭文化
出版社，2012〔民 101〕
目 2+180 面；19×26 公分
（中國學術思想研究輯刊 十四編：第 6 冊）
ISBN：978-986-322-016-9（精裝）
1. 先秦哲學　2. 道德
030.8　　　　　　　　　　　　　　　　　　101015186

ISBN-978-986-322-016-9

9 789863 220169

中國學術思想研究輯刊
十四編　第六冊　　　　　　　ISBN：978-986-322-016-9

先秦德福觀研究

作　　者　林佩儒
主　　編　林慶彰
總 編 輯　杜潔祥
出　　版　花木蘭文化出版社
發 行 所　花木蘭文化出版社
發 行 人　高小娟
聯絡地址　新北市永和區中正路五九五號七樓
　　　　　電話：02-2923-1455／傳眞：02-2923-1452
網　　址　http://www.huamulan.tw 信箱 sut81518@gmail.com
印　　刷　普羅文化出版廣告事業
封面設計　劉開工作室
初　　版　2012 年 9 月
定　　價　十四編 34 冊（精裝）新台幣 56,000 元
　　　　　　　　　　　　　　　　版權所有・請勿翻印

先秦德福觀研究

林佩儒　著

作者簡介

　　林佩儒，馬偕醫護管理專科學校助理教授，淡江大學中國文學系博士，研究領域為先秦時期之義理，研究主題含《孝經》孝治思想、先秦諸子德福觀等，並曾發表多篇以孝道思想為研究核心之期刊論文。

　　（本研究之完成，要特別感謝袁保新教授、高柏園教授、王邦雄教授、陳德和教授、曾昭旭教授及莊耀郎教授等諸位學術先進之指導。）

提　　要

　　德福關係在西方社會有悠久的討論歷史，而中國關於德行與福分關係的看法，似都隱晦支離的散落在各種關於道德或人生論述之中。事實上，中國早在西周初年，就已將德與福初步建立起某種對應關係，它是中國德福信仰的初始樣貌，是透過政治域領表現出來德福觀。而先秦各家在有德者得以配享福的共同認知下，因著對時代理解及人生理想的不同，連帶影響內含在各種政治論、人生論之中的德福觀內涵。總的來看，先秦德福思想可歸納出兩個大致的發展趨向：一是朝精神層面的向上提昇，另一則是往制度面的向下落實。前者有孔孟及老莊，從精神層次上超越德福在現實中相悖的困境，藉由道德實踐來保證福的實現，而完成理想的德福配稱關係；後者則是隨著世局的告急，由荀子、韓非落實為制度層面的發用。其中，下落為制度面的德福理論，因它接近社會制度中原本就蘊含的公平正義精神，最終被各種型態的社會正義理念所吸納消融。真正影響深遠的，則是孔孟老莊標舉的修德長樂的德福理想，因具有普遍的人生論意義，因而成為中國後世最重要的道德信念之一。

目

次

第一章 緒 論

第一節 問題意識

　　德福一致是人間社會重要的道德信念，這個道德信念主要的內涵是個人品德與福報之間的對應關係，它預設著成德者應獲致相應良好的生命品質或生活水準，失德者應得到處罰性質的困厄危難，因而處於一種相對低劣的生命狀態。這種信仰彰顯著一種公平正義的精神，雖然，這種公平正義在東西方因著社會結構的差異而有著不同的內涵，但無論其實質內涵如何不一，建構一個更符合公平正義的社會及人生、保障一種最高層次的道德秩序，是所有社會追求的道德理想。

　　德福關係做為一個獨立的道德課題，在西方社會已有十分悠久的討論歷史，然而在中國，先秦諸子思想做為中國思想及文化的活水源頭，它提供了二千多年來中國思想文化成長的養分，也為後世確立了主要的人生思想範圍和發展方向，他們所提出種種關於道德、人生和社會的主張，從某個角度來看，雖然也是在禮崩樂壞的亂世**裏**，試圖為修德者遭厄、悖德者得志的種種德福衝突現象做出解釋，並且提出解決方案，以建構更合理、更符合道德理想的公平正義社會，但嚴格說來，諸子並未給予這個重要的道德信仰課題專門獨立的討論，所有關於德行與福分之間關係的看法，都很隱晦支離的散落在各家關於道德、人生的論述之中，這種零散相當程度的反映出為中國思想定向的先秦諸子，在周文疲弊的大時代問題挑戰下，對這種相對小我的個人德行與幸福關係問題的輕忽，甚至有貶低其問題價值的傾向。就是這種缺乏

正面面對的忽視態度，使得先秦諸子無法對普羅大眾在德福關係的道德信仰上發揮引導的作用，最直接的後果就是漢代以後，佛教傳入，民間傳統報應觀在其淺薄的實用性質上，與佛教果報觀相互融攝，形成後世民間主要遵循的德福信仰觀念，重視個人和子孫現世的幸福以及來世的好報〔註1〕。因果償報的信仰提供一種宗教的保證，使人可以肯定為道德所做的犧牲不但不會導致滅亡，甚至還能在宗教的超越境界中獲得更美好的生命。換言之，幸福與道德在現世雖然不一定能達到理想的相稱關係，但在宗教的信念中，德福勢必可以達到一致的境界〔註2〕，至此，宗教的力量幾乎完全主導了民間的德福信仰。事實上，中國人最早接受的佛教教義就是從「輪迴報應」開始的，漢代有關佛教的記載大都與「輪迴報應」有關，輪迴報應說是漢代以前中國固有文化所沒有的特殊學說，它是漢代佛教最重要的信條〔註3〕，報應說以三世為其理論架構，解釋人生的因果，在輪迴循環中確保善惡有報。這種與佛教思想交流的起點和偏重相當程度的反應出中國傳統學說的某種欠缺，這種欠缺來自於前述為中國思想奠基定向的先秦思想家們，在治世的大時代課題下，對個人德行表現與幸福獲得之間關係的相對輕忽。然而，對市井百姓而言，他們缺乏昇華精神的能力，不走成德的道路，他們關心的無非是一己的禍福遭遇、窮富壽夭，如何在符合規範的、道德的路上求得最大的福分，逃脫人生的困厄，所行之德與所得之福如何得以一致，這就是他們全部的人生關懷；換句話說，德福觀可說是普羅大眾在追求個人人生價值時最重要依據之一，先秦思想家在這個重要課題上的關注和討論如鳳毛麟角，這個缺乏造成一種文化思想的缺口，讓外來佛教找到最佳的切入點，也預留了佛教學說在中國本土迅速擴展的發展空間。

然而，事實上，做為一種社會追求的道德理想與信仰，德與福早在諸子之前便已產生密切的關聯，余英時先生指出：「孔子以前中國有講吉凶禍福的天道觀，那是一種原始的宗教思想，但是這個天道觀在哲學的突破前已經動

〔註1〕關於佛教因果報應觀念與中國民間傳統報應觀念的融攝可參見陳筱芳：〈佛教果報觀與傳統報應觀的融合〉，《雲南社會科學》，2004年第1期，頁91～95。
〔註2〕參見孫效智：《宗教、道德與幸福的弔詭》導論（台北：立緒文化事業有限公司，2002年），頁9。
〔註3〕參見湯用彤：《漢魏兩晉南北朝佛教史》（台北：鼎文書局，1976年），頁87。湯氏指出：「漢代佛教，最重要之信條，為神靈不滅，輪轉報應之說。袁彥伯《後漢紀》曰：『又以為人死精神不滅，隨復受形。生時所行善惡，皆有報應。故所貴行善修道，以鍊精神而不已，以至無為，而得為佛也。』」

搖了」〔註4〕，在百家爭鳴之前，德與福已初步建立起某種對應關係，這種關係也許帶有濃厚的宗教色彩，但它是中國德福信仰的初始樣貌，中國德福觀以這種原始型態開始它隱而未顯的發展歷程。到了春秋戰國時期，諸子學說蜂起，雖然先秦諸子對於德福關係的見解散見於各處，不成系統，但諸子的學說是中國思想啓蒙時代知識分子的精神高峰創作，自有它無可取代的歷史意義，更重要的是：即使它失去對後世民間德福信仰的主導力量，它卻對當代及後世知識份子的道德信仰起著絕對的作用，這種作用包括如何在價值混淆的時代堅定行道成德的信心，並經由行道成德追求圓滿無憾的幸福之境，以實踐各自不同的道德價值及德福理念。由此看來，針對先秦各家隱而未發的德福看法進行系統性的爬梳整理，實可在佛教果報思想彌天蓋地的攻佔遮蓋之下，還原中國知識分子在面對德與福間各種關係時最初的心靈樣貌，也可呈顯諸子創發的各種不同型態的德福觀。

第二節　文獻探討

西方對於德行與幸福關係的關注可遠溯至古希臘時期，古希臘七賢之一的梭倫（639BC～559BC）認爲：幸福這一最高的價值是由快樂和德行所構成的。但就其思想傾向而言，德行的價值並沒有提昇到應有的高度，之後到了蘇格拉底，蘇格拉底認爲一切的存在都是在追求其完美性，以「善」爲目標是其存在的根本理由，所以人要追求「善生」，追求生命的最佳品質。他認爲人之所以希望擁有「善」，就是爲了能夠擁有「幸福」，這種善必須通現實中的善行來獲得，所以他強調幸福與人的德性的密切相關。〔註5〕接著，柏拉圖、亞里斯多德承其續，展開更全面的論述，自此之後關於人的德性與幸福就成爲西方倫理學的重要議題，不斷有所發展。如伊壁鳩魯、愛爾維修、邊沁，在他們看來幸福就是道德，道德的價值就在於通過它謀取人的幸福。離開幸福，道德毫無價值可言。道德應當與人的欲望滿足相一致；而斯多葛學派則認爲：道德就是幸福，即使個人享受不到物質的幸福，只要保持高尚的品德，

〔註4〕 參見余英時：《士與中國文化》（上海：人民出版社，1988 年），頁 49。余英時引錢大昕《十駕齋養新錄》卷三〈天道〉條指出：「古書言『天道』皆主吉凶禍福言，與天命之性自是兩事。」

〔註5〕 參見宋希仁主編：《西方倫理思想史》（北京：中國人民大學出版社，2005），頁 28～29。

也是值得的。這樣的爭論一直到了十八世紀，康德才正式提出一個總結式答案。在康德看來，道德信仰就是對至善的信仰，至善是道德與幸福的統一，也是道德信仰的最高目標或整體對象。然而，「幸福」與「道德」是「至善」裏所包含的兩個完全不同種類的要素，至善是兩個概念的綜合。因此，他們的結合不能在分析的方式下得到，即：不可能在幸福的概念中分析出道德，把道德視爲獲取幸福的手段；同時，也不可能在道德中分析出幸福，好像一個遵循德性指示的人，只要一自覺到這種行爲，就已感到幸福。康德要把二者合在一起，使二者之間有一定的配稱關係。而二者配稱關係如何可能，則需要上帝的保證，即至善必得在意志自由、靈魂不朽與上帝存在的三個公設下，方得實現〔註6〕。

至於在中國，對於德福問題最具代表性的研究成果當推牟宗三先生的《圓善論》，牟先生此書在比較中西哲學之不同上，超越康德的理論，並欲以中國哲學解決康德的理論困境〔註7〕，有其特殊的時代背景及問題意識，而筆者於本文更關心的問題是先秦時期各家德福觀的不同內涵及之間的連繫，故儘管牟先生對此課題有宏大而深入的歷時性論述，但本文不擬跟從其論述理路，而將以諸子原典第一序之爬梳分析爲主。

以德福問題爲主要論點的專著除了牟宗三先生的《圓善論》之外，其餘就屬較後出的現代學者的論述，如大陸學者高恒天的《道德與人的幸福》，該書主要強調憑藉人類自身的力量解決德福衝突這一古老問題，要以人類自覺

〔註6〕除此之外，還有零星對德福理論的不同主張，如社會契約論主張接受道德律的社會比不受道德約束的社會好，他們基本上也認爲德福可在現世得到統一。至於認爲德福一致的理想無法在現世得實現的，則主要是宗教神學的解決途徑，如基督教以上帝保障德福關係的一致，或是印度教以非人格化的超現世道德秩序來保證。（參見魏長嶺〈因果報應與道德信仰──兼評宗教作爲道德的保證〉，《鄭州大學學報（哲學社會科學版）》，2004年3月，第37卷第2期，頁109～115。王永年〈德福配稱的價值祈向──從盧梭、康德到馬克思〉《福建政法管理幹部學院學報》，2001年4月，第2期，頁1～8。關啓文〈德福一致與宗教倫理〉，《基督教文化學刊》第六輯，2001年12月，頁123～146。）但必須注意的是，早期西方所謂的德性問題，意義較爲寬廣，與中國道德意義上狹義的德性有所不同，它指稱的是每一種自然存在的「固有能力」，如刀的德性爲鋒利，馬的德性是善跑，魚的德性是善游，所以蘇格拉底即認爲人的德性是只有人才有的理性能力，通過使用理性使做爲人的智慧得到最大的發揮。（參見宋希仁主編：《西方倫理思想史》，頁21。）

〔註7〕參見牟宗三：《圓善論》（台北：台灣學生書局，1985年）。

自願的活動能力，創造一現世的良好社會制度及環境，以保證德福可以統一，此書明顯是在唯物主義的前提之下展開對幸福及道德之間各種可能關係的討論〔註8〕。此外，論及先秦時期德福觀的著作，尚有劉滌凡先生《唐前果報系統的建構與融合》一書，此書系統性的整理介紹了唐以前果報系統的形成及發展，書中廣博地論及先秦以至於秦漢各種果報系統，如傳統的天報、儒家的德報、法家的法報及陰陽五行報系統等等〔註9〕，本書優點在於開拓了一個共時與歷時兼具的論述空間，可使讀者較全面的觀察到中國本土果報觀念與系統的發展，具備較宏觀的視野，因此也具參考價值。惟此書在論及先秦諸子德福思想之處，篇幅較爲簡略，且從因果報應角度來詮解諸子對德福關係的理解，恐會遭遇諸子學說是否構成一套報應系統的根本問題，而且在報應的思考邏輯下，也很難突顯「德」在諸子手中得到的突破性發展及超越性意義，故此書可說明中國果報系統歷時性的發展概況，但若單就其處理先秦諸子關於德福關係的看法上，仍有再議及有待充實的空間。

至於對德與福的各別關注，相關討論已是汗牛充棟，尤其對於德的討論，一直是各種中國傳統思想史、哲學史及倫理學史的主軸；而關於福的研究，大陸學者也已有較具成果的研究，如陳根法及吳仁杰先生合著之《幸福論》，該書從各種向度討論幸福的可能內涵，以及獲取幸福的中介及途徑〔註10〕；又如孫英先生的《幸福論》，則以什麼是幸福、爲什麼追求幸福、如何實現幸福三個問題爲主要問題意識，有系統的論證幸福之概念、本質、價值及規律、規範等課題，建構其幸福論體系〔註11〕。在這種以道德或幸福爲論述主軸的專著中，雖然不能避免的會碰觸到幸福與道德的關係，但這兩者並不是置於相同對等的位置來討論，在以德爲主幹的論述中，幸福多做爲德行的附加價值而出現；而在以福爲主幹的討論中，則著重於道德在謀取幸福的過程中所扮演的角色。雖然，無論是偏重德或福的討論，在相當程度上也都可以反應德與福的某些內在關聯，但這仍然無法有系統的開展出德福對應的理論。

〔註8〕 參見高恒天：《道德與人的幸福》（北京：中國社會科學出版社，2004年）。此書立論以馬克思主義觀點出發，不承認宗教的作用，彼岸的存在，意欲透過人在社會制度上的制作，建立一符合公平正義原則的人間環境，以人的自由律爲基礎實現道德與幸福的一致。

〔註9〕 參見劉滌凡：《唐前果報系統的建構與融合》（台北：台灣學生書局，1999年）。

〔註10〕 參見陳根法、吳仁杰：《幸福論》（台北：台灣高等教育出版社，1990年）。

〔註11〕 參見孫英：《幸福論》（北京：人民出版社，2004年）。

除了上述專著之外，其餘關於先秦諸子德福關係的討論，則大多散見於期刊論文，這些研究多僅就單一思想家、或同一家派的思想家來進行論述，缺乏全面性的整理與比較，因而也顯現不出各家的德福理論在當時的真正定位。故本論文擬在這塊前人著墨未多領域上，針對先秦時期各家對德福關係主要看法，進行一全面而系統化的整理及分析研究，以期能還原這個影響知識分子處世原則甚鉅的德福觀的本來面貌。

第三節　研究範圍及方法

先秦時期是個價值重整的時代，各種價值都在經歷一種激烈的變革，而在所有價值體系之中，又以儒家、道家、墨家及法家四家最具系統相，也最具影響力，故本文擬擇取先秦時期之儒、道、墨、法四家以為對象，進行各家德福理論之整理比較，以呈現先秦時期德福理觀之概況，這也是目前學界較少為人關注的一塊，希望本文之撰作能彌補這塊空白於萬一。至於在材料選擇上，雖然陸續有新出土的文本，但關於新文本尚存訓詁上及思想屬性之爭議，學界中似乎也未有顛覆性的說法出現，故本文擬仍以目前學界通用之文本為研究對象，並以傳統文獻梳理分析的方式整理各家之看法，希望可以避免過度詮釋，如實呈現先秦諸子的德福觀及其發展軌跡。

至於在研究方法上，本文不使用西方哲學的概念語言來處理，因爭議尚多，如儒家倫理學究竟為一規則倫理學或是德性倫理學，學界看法仍紛歧未定，故本文在方法上擬著重文獻的第一序分析，以先秦諸子文本為首要根據進行義理梳理，並佐以歷代註解及近人研究成果，希望在此客觀性的基礎上，再進行德福理論的發展。而在章節安排上，首章先說明本論文研究動機、方法，兼及相關文獻探討，第二章則探究西周初年德福關係的雛形，接著，從第三章開始，分章依序討論儒家孔子、孟子及荀子、道家老子及莊子、墨家墨子及法家韓非對德福關係的看法及應對態度，最後，再透過對各家諸子的德福觀內涵異同之比較，一方面彰顯各家德福觀之特色，展現多元的發展型態，一方面也可歸納出德福觀從西周至春秋戰國時期的發展脈絡及趨向。

第二章　西周時期德福理論之雛形

第一節　德字初義：政治品德與能力

做爲中國傳統文化最重要的核心概念之一，「德」字最早出現於殷商或周代，學界曾有不同見解，郭沫若於〈先秦天道觀之進展〉一文中提出卜辭和殷人的彝銘中無德字，直至周代彝銘中才明白有德字出現的說法〔註 1〕，爲許多卜辭研究者所反對，如徐中舒即認爲甲骨文中的「徝」字應爲德字初文，德字早已出現於殷商〔註 2〕。但亦有學者反駁認爲：「徝」字實爲直字初文，不可與德字混爲一談，「德」字未見於殷代卜辭，而大量出現於周初金文，這充分說明是它是殷周之際社會變革的歷史產物〔註 3〕。無論學界爭議誰是誰非，在甲骨文「德」字意義尚未明朗之際，「德」字大量出現於周初文獻，恐是更不容忽視的事實，這表示「德」在殷商文化中尚未形成一重要觀念，然在周代卻有舉足輕重的地位〔註4〕。

而考察周初金文的德字構形，德字初文主要構形一爲從心從㥁，一爲從心從直，後者爲前者訛變而成，爲同字異構，許慎《說文解字》兼收二字，並以從心從㥁者爲形聲字，以從心從直者爲會意字。前者未被古文字學家們所採

〔註 1〕收於郭沫若：《青銅時代》（北京：中國人民大學出版社，2005 年），頁 15。

〔註 2〕參見徐中舒：《甲骨文字典》，（成都：四川辭書出版社，1990 年）頁 168～169。

〔註 3〕參見劉翔：《中國傳統價值觀念詮釋學》（台北：桂冠圖書股份有限公司，1992 年），頁 96。

〔註 4〕參見陳來：《古代宗教與倫理——儒家思想的根源》（北京：生活、讀書、新知三聯書店，1996 年），頁 290。

信，吳大澂、孫詒讓、郭沫若等學者皆有過深究，一致以德字爲會意〔註5〕，究其造字本義，許慎指出：

　　惪，外得於人，內得於己也。从直心。〔註6〕

段玉裁進一步釋義曰：「內得於己，謂身心所自得也。外得於人，謂惠澤使人得之也」〔註7〕。從心，強調於心有所得，故謂內得於己；從直，許慎曰：「直，正見也」，段注曰：「見之審則必能矯其枉，故曰正曲爲直」〔註8〕，故按許慎的說法，「德」是指某種既能呼應人心要求、又能外化爲使人受惠的行動。換言之，「德」字兼含內、外在兩個向度的意義，包括人的內在品質和外在行動，這與後人在使用「德」字時慣指德性及德行是很相應的。

　　不過，近代很多學者皆認爲許慎之說爲後起之義，如徐復觀即認爲：

　　周初文獻的「德」字，都指的是具體的行爲；若字形從直從心爲可靠，則其原義亦僅能是直心而行的負責任的行爲；作爲負責任行爲的惪，開始並不帶有好或壞的意思，所以有的是「吉德」，有的是「凶德」；而周初文獻中，只有在惪字上面加上一個「敬」字或「明」字時，才表示是好的意思……「敬德」是行爲的認眞，「明德」是行爲的明智。〔註9〕

徐復觀舉〈康誥〉「朕心朕德惟乃知」中將心與德對舉、〈君奭〉「君惟乃知民德」之德釋爲「行」乃通順及《論語》、《中庸》數例，說明周初德字應釋爲「行」，指的是具體的行爲，而非抽象的德性〔註10〕。徐氏的觀點在很大程度上廓清了德字初義與後世慣用的純道德意義的界線，但是，光是「具體的行爲」一義，並不能充分解釋周初德字的主要用法及意義。首先，若將檢視焦

〔註5〕參見劉翔：《中國傳統價值觀念詮釋學》，頁94。

〔註6〕漢‧許慎撰／清‧段玉裁注《說文解字注》：（台北：黎明文化事業股份有限公司，1993年），頁507。

〔註7〕同前註。

〔註8〕同前註，頁640。

〔註9〕徐復觀：《中國人性論史——先秦篇》（台北：台灣商務印書館股份有限公司，1969年），頁23。

〔註10〕參見徐復觀：《中國人性論史——先秦篇》，頁23。另如焦國成則認爲把惪字釋爲「內得于己，外得于人，上得于天」更符合重鬼神福祐的古義，參見氏著：《中國倫理學通論》（太原：山西教育出版社，1997年），頁59。諶中和亦認爲最原初應是「內得于己，外得于帝」。參見氏著，〈從殷商天道觀的變遷談周人尚德與殷人尚刑〉，《哲學與文化》第27卷第11期，2000年11月，頁1052～1067。

點鎖定於周初可靠的文獻上，則不難發現周初德字大多體現於政治領域，如出現在西周初期的〈大盂鼎〉和中期的〈班殷〉銘文：

> 今我唯即型稟于文王正德，若文王令二三正，今余唯令汝盂詔榮，
> 敬雍德經。（2837）〔註11〕

> 允哉！顯唯敬德亡攸違。（4341）〔註12〕

〈大盂鼎〉銘文記載周初貴族盂頌揚周康王對他的訓誥及賞賜，周康王在訓誥時自勉效法文王之「正德」，同時命令盂來輔佐他，要「敬雍德經」，恭敬慎重地調諧德行綱紀。而在〈班殷〉銘文中，毛伯告誡班要記取蠻夷滅亡的教訓，要敬德愛民，不要有所違背。尚且不論「正德」或「敬德」的實際內容指涉爲何，此兩處德字皆同樣做爲牧民者的某種重要的個人修養及行事特質而出現，殆無疑義。無獨有偶的，反覆出現在《尚書》中西周初期篇章中的德字，也大多指的是君王的作爲：

> 肆惟王其疾敬德，王其德之用，祈天永命。〔註13〕

> 惟乃丕顯考文王，克明德慎罰，不敢侮鰥寡，庸庸，祗祗，威威，
> 顯民。〔註14〕

> 自成湯至于帝乙，罔不明德恤祀。〔註15〕

> 今王惟曰：先王既勤用明德，懷爲夾，庶邦享作，兄弟方來；亦既
> 用明德，后式典集，庶邦丕享。〔註16〕

「明德」與「敬德」做爲《尚書》中頻繁出現的論述，無論是文王、帝乙、先王「其疾敬德」、「明德慎罰」、「明德恤祀」或「勤用明德」，都是用以形容君王某種重要的、良好的政治表現，由此看來，德字初義當與政治事務有密切關聯，這種強烈的政治屬性，陳來先生指出與早期中國文化中價值建立的

〔註11〕中國社會科學院考古研究所編：《殷周金文集成釋文》（香港：香港中文大學
　　　　出版社，2001年），第二卷，頁411。引文後編號爲《殷周金文集成》器物編
　　　　號，下同。
〔註12〕同前註，第三卷，頁479。
〔註13〕《尚書・召誥》，所引版本爲清・阮元《重刊宋本十三經注疏》之《尚書正義》
　　　　（台北：藝文印書館，1960年），頁223。各篇撰成年代則依屈萬里《尚書集
　　　　釋》之說（台北：聯經出版有限公司，1983年）。
〔註14〕《尚書・康誥》，頁201。
〔註15〕《尚書・多士》，頁237。
〔註16〕《尚書・梓材》，頁213。

方式主要都是通過政治領域來表現有關〔註 17〕，所以，德字解爲具體行爲是不夠的，還必須更進一步指出它主要是表現於政治領域的具體行爲，而對君王而言，就是他政治能力的展現，這種政治能力不是修養高超品德，而是實際處理國家社會事務的能力，諶中和指出：

> 周人的「德」最主要的就是強調用正確合宜的方法——但不一定是道德的方法來進行統治和管理……周公之反覆強調「敬德」、「奉德」、「明德」、「用德」，就是諄諄告誡各級官員，在天下動蕩未寧之際，一定要發揮自己的主觀能動性，學會因時因地，從權處理社會事務，以保一方平安。絕不是要他的各級官員修養道德，作道德先生。〔註18〕

如何用正確合宜的方法來進行統治和管理，展現更強的治國能力，以有效確立小邦周取代大邦殷而興的正當性與必然性，的確是周初最重要的政治任務，在周革殷命的紛亂世局中，周人最艱鉅的挑戰就是穩定政局，讓小國的周邦可以迅速轉型成爲統治天下的大國，諶中和很精確的指出轉型時期最需要的便是處理政治事務的高超能力。這種政治能力當然指的是處理政務的技術能力，不是閉門自修或高談虛論，而是行爲層面的具體落實。

但值得注意的是：德字最初的內涵雖然是治國的實務能力，但這種單純技術層次的意義使用恐怕並沒有維持太久，因爲，除了技術能力之外，治國成效在相當大的程度上不能不與君王的政治品德有著密切關連，君王縱情傲物或散漫輕忽，都將直接導致朝政荒廢敗壞，國勢衰頹。爲政必須戒慎恐懼，專心一致，唯有保持謹慎專注的精神狀態，君王才能發揮最大的能動性，隨時因應瞬息萬變的政局和民心趨向，做出最佳決策判斷，以達到政通人和的治國目標。換言之，政治品德是君王內在品德素養的展現，落實在外即是具體的政治作爲，兩者互爲表**裏**，爲一體之兩面。尤其，隨著封建制度的逐漸發展，對品德層次的要求就愈顯重要。所以，德字初義在政治技術層次的基礎上再納入德性層次，兼指爲政者處理政務的技術能力和政治品德，而成爲一個整合的概念，是一種政治能力的整體表現，這也符合許愼對德字造字本義「外得於人，內得於己」的理解——端正己身，以專心致志的態度處理政務，使人受惠。周人在突破傳統天帝觀，提出「惟命不于常」〔註19〕觀點的同時，直指做爲天命轉移的依據

〔註17〕 參見陳來：《古代宗教與倫理——儒家思想的根源》，頁 298。
〔註18〕 諶中和：〈從殷商天道觀的變遷談周人尚德與殷人尚刑〉，頁 1059。
〔註19〕 《尚書‧康誥》，頁 206。

即是君王之德，周初諸誥中反覆提及殷喪天命的主因，正是君王失德：

> 有殷受天命，惟有歷年；我不敢知曰，不其延，惟不敬厥德，乃早
> 墜厥命。〔註20〕

> 自成湯至于帝乙，罔不明德恤祀；亦惟天丕建，保乂有殷；殷王亦罔
> 敢失帝，罔不配天，其澤。在今後嗣王，誕罔顯于天，矧曰其有聽念
> 于先王勤家？誕淫厥泆，罔顧于天顯民祇。惟時上帝不保，降若茲大
> 喪。惟天不畀不明厥德；凡四方小大邦喪，罔非有辭于罰。〔註21〕

周人提出「保民」的說法，認為上天旨意並不是變幻難測，而以民心趨向為
其依據，所謂「用康保民，弘于天若」〔註22〕，能安定保護人民，就能受到
上天的保佑，所以周公對殷遺民訓誥說：商湯至帝乙雖是殷王，但都能明德
恤祀，彰明良好的政治效能，向天帝負責，以政績祀天，因此可以得到上帝
的賞賜，保有國祚。而紂王「誕淫厥泆」，過度享樂，荒誕淫佚，荒廢朝政，
不顧天道導致民生疾苦，所以天帝不保佑他，要他遭受亡國的懲罰。紂王「不
敬厥德」，不謹慎其身以臨政，「天不畀不明厥德」，上天唯德是依，不會把天
下賞賜給失德廢政的人。對商紂而言，他因為敗德而遭受亡國的命運；對周
人而言，這也正是周邦取代殷邦而興的主因：

> 惟乃丕顯考文王，克明德慎罰，不敢侮鰥寡，庸庸，祇祇，威威，顯
> 民。用肇造我區夏，越我一二邦，以修我西土。惟時怙，冒聞于上帝；
> 帝休，天乃大命文王，殪戎殷，誕受厥命，越厥邦厥民。〔註23〕

周武王在訓誥康叔時指出：文王之所以能討上帝歡心，承接上帝的旨意取得
天下，並不在於他獻上比殷人更豐盛的祭祀，而是文王能「克明德慎罰，不
敢侮鰥寡，庸庸，祇祇，威威，顯民」，用恭謹的態度處理政事，善待人民，
慎用刑罰，照顧社會上最孤獨困苦的鰥夫寡婦，任用該任用的人，尊敬值得
尊敬的人，使得政清獄簡，人民安居樂業。就是這些保民的用心與舉措，使
上帝大悅，便命令文王起而伐殷，取而代之。嚴格來說，周文王並不是從商
紂王手中奪取天下，而是透過滅殷的方式從上帝手中取得政權〔註24〕，「德」

〔註20〕《尚書·召誥》，頁222。
〔註21〕《尚書·多士》，頁237。
〔註22〕《尚書·康誥》，頁201。
〔註23〕《尚書·康誥》，頁201。
〔註24〕陳來也指出：「天命的神學形式也仍是重要的，它所提供的權威性是公元前一
　　　　千年那個時代民意本身所無法提供的。它在王朝轉移過程中作為合法性轉移

字做爲朝代更迭、天命轉移的樞紐，承載了重要的政治任務，它強調君王在治國這件事上由內而外的一種謹愼的言行和態度，是一種良好政治品德和能力的展現。周公在〈君奭〉中所謂「天不可信，我道惟寧王德延，天不庸釋于文王受命」的說法〔註 25〕，就說明脫離了人自身的行爲而僅靠天命，天命是不易掌握也不可信靠的；若不想被上天遺棄，就必須「寧王德延」——延續文王的德。如何延續文王的德，《詩經·大雅·文王》所謂「儀刑文王，萬邦作孚」〔註 26〕，文王之德，是由萬邦之治可以做爲證明的，所以延續文王的德，並不是抽象的心嚮往之，而是要效法文王恭敬謹愼的治國，展現良好的治國具體成效，才能保有天命，長保國祚；若像商紂怠慢其身，導致朝政荒廢，當然就喪失天命而招致滅亡。徐復觀在探討周初人文精神的萌發時，曾拈出「敬」字做爲一種劃時代的新精神，他指出：

> 在憂患意識躍動之下，人的信心的根據，漸由神而轉移向自己本身行爲的謹愼與努力。這種謹愼與努力，在周初是表現在「敬」、「敬德」、「明德」等觀念裏面。尤其是一個敬字，實貫穿於周初人的一切生活之中，這是直承憂患意識的警惕性而來的精神斂抑、集中，及對事的謹愼、認眞的心理狀態……周人的哲學，可以用一個「敬」字作代表……周人建立了一個由「敬」所貫注的「敬德」、「明德」的觀念世界，來照察、指導自己的行爲，對自己的行爲負責，這正是中國人文精神最早的出現；而此種人文精神，是以「敬」爲其動力的，這便使其成爲道德的性格。〔註 27〕

徐復觀認爲反覆出現於周誥的「敬」字可以代表周人在時代精神上的進步，是一種人文精神的覺醒，而從上述的分析可發現：強調愼重其身以處理政務的德字，其實也早已蘊含這種敬的精神。郭沫若也認爲：「德的客觀上的節文，《周書》中說得很少，但德的精神上的推動，是明白的注重在一個『敬』字上的」〔註 28〕。

的根據之一，仍有不可替代的作用。」（參見氏著：《古代宗教與倫理——儒家思想的根源》，頁 185。）

〔註 25〕 《尚書·君奭》，頁 245。
〔註 26〕 《詩經·大雅·文王》，所引版本爲清·阮元《重刊宋本十三經注疏》之《毛詩正義》（台北：藝文印書館，1960 年），頁 537。
〔註 27〕 徐復觀：《中國人性論史——先秦篇》，頁 22～24。
〔註 28〕 參見郭沫若：〈先秦天道觀之進展〉，收於氏著：《青銅時代》，頁 16。

第二節　德字發展之倫理規範

對自承天命的周邦來說，所謂良好的治國成效，指的當然不只是成功的取代殷邦的單一事件，它更主要展現在周人朝政的持續穩定發展上。殷代末年雖已進入封建的醞釀及形成時期，但社會組織還不曾完全封建化，直到周滅殷，以政治力量實行封建，封建成為社會組織的中心，封建社會才真正完成〔註29〕。而做為封建社會內在結構的宗法制度，則是封建制度的內部穩定力量，在大封同姓諸侯的背景下，要維持朝政的穩固，必先維持天子與諸侯間良好而穩定的關係，這種關係的本質是家庭倫理，但應用在政治領域上，便成一種特殊的政治倫理，「德」在周初做為一種治國態度和能力的表徵，它同時也不能不帶有這種政治倫理的色彩。《厤方鼎》銘文提及「肇對元德，孝友唯型」（2614）〔註30〕，把孝事父母、友愛兄弟做為「德」的具體內容，周王「明德」「敬德」以求國治，實際上也正起著維護這種特殊政治倫理的作用；《克鼎》銘文也表示：「天子明德，顯孝于神」〔註31〕，天子發揮良好的治國能力，謹慎為政，政績斐然，就是對其祖宗神彰顯孝道的最好方式，由此可知，「德」既做為伐殷的堅強理由，它同時也是為周邦穩固天下的重要基石。劉翔指出：

> 「德」觀念的精髓是孝悌……它是維護和鞏固周王朝政權賴以生存的宗法政治制度的精神支柱，正所謂「德，國家之基也」（《左傳》襄公 24 年）。如果說周初「德」觀念產生，批判天命注重人事的意識形態方面的變革是其思想基礎，那麼，以孝悌維護宗法政治制度的現實需要則是其社會基礎。〔註32〕

由此可見，金文的「德」除了君王恭敬謹慎的個人品格修養外，在人倫方面也有所發展，雖然只強調君王的孝友，但做為社會基本人倫關係規範的意義已悄然萌芽。

西周以後，「德」在原有的政治屬性及德性基礎上不斷擴增涵意，強烈政治屬性成為後世德治思想的濫觴，而其德性意義也不斷發展，遂成各種良好

〔註29〕 參見瞿同祖：《中國封建社會——周代社會組織》（台北：里仁書局，1984 年），頁 31。
〔註30〕 中國社會科學院考古研究所編：《殷周金文集成釋文》，第二卷，頁 288。
〔註31〕 轉引自劉翔：《中國傳統價值觀念詮釋學》，頁 99~100。
〔註32〕 劉翔：《中國傳統價值觀念詮釋學》，頁 100。

品格的總和，如〈堯典〉中堯的「克明俊德」中的德是「欽、明、文、思、安安，允恭克讓」〔註33〕，指堯敬謹、明達、溫文、有計謀、和柔，又恭敬謙讓，是綜合性的品德表現。又如〈皋陶謨〉中有所謂「九德」：

> 寬而栗，柔而立，愿而恭，亂而敬，擾而毅，直而溫，簡而廉，剛
> 而塞，彊而義，彰厥有常，吉哉。日宣三德，夙夜浚明有家；日嚴
> 祗敬六德，亮采有邦。翕受敷施，九德咸事。俊乂在官，百僚師師，
> 百工惟時。〔註34〕

九德是指人的九種美德：寬大而敬謹，溫柔而挺立，謹厚而能勝任職事，有治才而能謹慎，和順而剛毅，正直而溫和，性情簡易而能辦別是非，堅強而誠實，勇敢而能合乎義道。這九種美德都不是抽象的德目，而是在人與人實際交接往來過程中具體展現的人格與行事特質，相較於之前僅強調君王恭謹敬事的德，它更全面而有系統的擴大充實了德的內涵。

值得注意的是：在〈堯典〉中，堯發揚這些美德，是為了「以親九族」，王室家族親睦融洽，就可「平章百姓」，進而收「百姓昭明，協和萬邦」之效〔註35〕；同樣的，〈皋陶謨〉中也強調行德的政治效用：每日彰明九德中的三者，早晚謹慎勤奮，大夫就可保有他的采邑；每日慎重實踐其中六種德行，去輔導政事，諸侯就可以保有他的國家；天子若能完全實踐九種德行，使才德出眾的人得官在位，官員們互相效法，那麼官員們就可以達到良善的境界，各司其職，天下治矣。這種個人品德修養與其政治職責的密切關聯，很明顯的是周初德字中政治屬性的延續，諶中和指出西周的德是在上的治國之道，並沒有下降為一般的、個人的修養，只有統治者才配有德，才需論及統治和管理方法和手段，是很精確的看法〔註36〕。這樣的用法一直持續到春秋時期，經孔子的努力把德普遍應用到士人甚至平民階層，才逐漸刷淡德字濃厚的政治色彩，而以德性德行為其主要用義。

第三節　福之起源及其內涵

從學者考釋現存於殷商卜辭及西周金文的「福」字來看，「福」字本義為

〔註33〕《尚書‧堯典》，頁20、19。
〔註34〕《尚書‧皋陶謨》，頁61。
〔註35〕《尚書‧堯典》，頁20。
〔註36〕參見諶中和：〈從殷商天道觀的變遷談周人尚德與殷人尚刑〉，頁1060。

一種「從兩手奉尊於示前」的祭法，更精確的說，福字的初文構形是象用手捧有流的酒尊在示前灌祭的形狀，是古時一種在祖先神前行灌祭的祭祀方法，如《𥁕尊》銘文的「福自天」（6014）〔註37〕、《德方鼎》銘文中的「福自鎬」（2661）〔註38〕指的都是舉行福祭。向祖先祭祀意在祈求福佑，希望得到神靈的幫助，西周及其後金文的「福」字多數不用本義，而是用其後起引伸出的佑助義，如常出現在金文中的「降余多福，福餘順孫」、「降余魯多福亡疆」、「陁陁降余多福」都是祈求天上的先王神靈降下福份來保佑、幫助後世子孫在世的生活，佑助做為「福」字的意義至此穩定下來〔註39〕，《詩經》中〈周頌〉的「降福穰穰」〔註40〕、「降福孔夷」〔註41〕、「綏以多福」〔註42〕，以及〈大雅〉的「昭事上帝，聿懷多福」等福字亦皆為此義〔註43〕。與福字意義相對的禍字，《說文》的釋義即為不受神靈的佑助，所謂「禍，害也，神不福也」〔註44〕。西周初年人們的福禍都與天上神靈緊密關聯，這股神秘的力量握有左右人間吉凶的權柄，可以透過某種特殊而莫名的方式影響人們，使人們的生活變好或變壞。

　　福字在西周時期既然指的是天上神靈所降之佑助，上天降福的實質內容則應可從執祭者禱告的內容看出，而要檢視執祭者的祈福內容，則必先確認執祭者的身份。向上天祈福在後世是極為普遍的宗教行為，但在西周有權能祭祀天地神靈的人並不是一般眾庶，《禮記·祭法》說：「有天下者祭百神，諸侯在其地則祭之，亡其地則不祭」〔註45〕，與配德一樣，唯有天子才擁有祭祀群神的權力，諸侯而下則按其職官等級依序執祭不同對象〔註46〕；根據西周宗法制

〔註37〕　參見中國社會科學院考古研究所編：《殷周金文集成釋文》，第四卷，頁275。
〔註38〕　參見中國社會科學院考古研究所編：《殷周金文集成釋文》，第二卷，頁305。
〔註39〕　參見劉翔：《中國傳統價值觀念詮釋學》，頁74至77。
〔註40〕　《詩經·周頌·執競》，頁720。
〔註41〕　《詩經·周頌·有客》，頁737。
〔註42〕　《詩經·周頌·載見》，頁736。
〔註43〕　《詩經·大雅·大明》，頁541。
〔註44〕　參見漢·許慎撰／清·段玉裁注《說文解字注》，頁8。
〔註45〕　《禮記·祭法》，所引版本為清·阮元《重刊宋本十三經注疏》之《禮記注疏》（台北：藝文印書館，1960年），頁797。
〔註46〕　參見陳來：《古代宗教與倫理——儒家思想的根源》，頁120。關於周朝的祭祀文化，可從《禮記》及《周禮》中一窺其體制之健全及儀式之浩繁，而其祭祀對象大抵為三類，第一類是以帝為中心的天神，第二類是以社為中心的地祇，第三類則是先王神靈，此分類大抵可從《周禮·春官·司服》、《周禮·

度，天子爲天下共主，又爲天下大宗，天子祭祖時，同姓與異姓諸侯必須同時助祭，以示臣服，《詩經・周頌・清廟》即是歌詠助祭之盛況；《國語・周語上》也記載諸侯依其距王畿的地理距離而具備五等臣屬關係，是爲五服〔註47〕，諸侯須依其遠近親疏關係不同，在天子舉行宗廟之禮時履行相應的義務，違者受罰〔註48〕。由此可知，古時祭祀者的資格是以政治身份來論定，既然如此，祭祀禱告的內容自然難脫政治色彩，上天賜福降禍的具體內容也必然與這些政治人物的職責密切相關。召公在訓誥成王的〈召誥〉中，便明白地向上天祈求：

> 今天其命哲，命吉凶，命歷年。知今我初服，宅新邑，肆惟王其疾敬德。王其德之用，祈天永命。……我非敢勤，惟恭奉幣、用供王，能祈天永命。〔註49〕

甫上任的成王面對天命不常，國運未明，吉凶不定，召公告誡他必須用恭敬的態度善盡人事，謹慎治國，以祈求上天賜與長久的天命，永保長久的國祚。這是天子的職責，也是天子的祈願。人間君王向上天祈求國運昌隆，萬邦歸順，這就表示上天可以佑助國家運勢，使其興盛或衰敗。《詩經・大雅・大明》盛讚文王說：

> 維此文王，小心翼翼。昭事上帝，聿懷多福。厥德不回，以受方國。〔註50〕

文王謹慎其身，敬德勤政，並將其政績獻祭上帝以爲服侍，而得到上帝大大的賜福，保佑文王政治地位穩固，接受四方來朝，成爲天下共主。由此可知，做爲天上神靈所降之佑助的「福」，其具體內容中很重要的一部分是君王所受的天命，包含國家現在及未來的運勢，這種降福的內容是十分社會性的。而進一步來看，在祈求上天給予長久國祚的同時，做爲受福的君王及諸侯們，當然也

春官・大司樂》、《周禮・春官・大宗伯》及《禮記・禮運》中判定。（參見前揭書，頁120～124。）

〔註47〕 《國語・周語上・穆王將征犬戎》，徐元誥撰，王樹民、沈長雲點校《國語集解》（北京：中華書局，2002年），頁6～8。

〔註48〕 參見謝謙：《中國古代宗教與禮樂文化》（成都：四川人民出版社，1996年），頁103。瞿同祖考據「五服」一說，指出雖然《國語》所說五百里爲一服是僞造，但能引起其作僞的根據的制度本身，卻不可一併駁斥，不同服代表不同距離的制度，當時一定存在，其細節因時代久遠而日漸模糊，後人遂附會成各說。（參見氏著：《中國封建社會──周代社會組織》，頁78。）

〔註49〕 《尚書・召誥》，頁223～224。

〔註50〕 《詩經・大雅・大明》，頁541。

要有相應長久的壽命和安康的身體來接受上天的賜福，這一切施受才有著力點，也才有意義。換言之，祈求執祭者個人的長壽康寧、無災無禍，應該是祈求國祚縣長的同時蘊含在其中更深層的隱性願望。其實，若扣緊人自身來看，趨吉避凶是所有生物的生存本能，在古代那種相對惡劣的客觀環境條件下，祈求個人人身的長壽安康恐怕才是所有人最根本、最初始的願望，周初《沈子它毁蓋》銘文：「其孔哀乃沈子它唯福，用永靈命，用綏公唯壽它」（4330），就是向上天祈求賜與沈子它福佑，祈求好命運，祈求先祖神靈降賜長壽〔註51〕。《曶壺蓋》銘文也有「曶用介萬年眉壽永命多福」（9728）的說法，清楚記載祈求壽命長久〔註52〕，春秋時期的《鱗鎛》銘文也說：「用祈侯氏永命萬年……用祈壽老毋死……用求考命彌生」（271）〔註53〕，都是祈求個人的年壽長久無疆。由此看來，上天賜福的內容涵蓋甚廣，小從個人的壽命，大到整個國家的國祚；從個人壽命長短的自然生物領域，跨到政權轉移的社會屬性領域，無一不可福佑。成於戰國初年的〈洪範〉，更完整的呈現了周人價值觀中對福和禍在某種意義上的共識：

　　九、五福：一曰壽，二曰富，三曰康寧，四曰攸好德，五曰考終命。

　　六極：一曰凶短折，二曰疾，三曰憂，四曰貧，五曰惡，六曰弱。

〔註54〕

關於五福的說法，孔穎達釋為：「一曰壽，年得長也；二曰富，家豐財貨也；三曰康寧，無疾病也；四曰攸好德，性所好者美德也；五曰考終命，成終長短之命，不橫夭也」〔註55〕。綜觀這五種福分，對壽命的關注就佔了近半，周人認為長壽健康、安適平靜，老年得善終，就是有福，可見活得長久安康，是當時人們最根本的需求與願望，最需要被滿足；相對的，身體衰弱、生病或橫死夭折，就是最大的不幸。富有也是一種福分，享受富足優渥的物質生活為人之所大欲，而從另一個角度來看，良好的物質生活，也可有效減少貧病所造成對健康壽命的損傷，進而促進生命的康寧；換言之，貧富不僅攸關人們的生活品質，在某種程度上也間接影響人們的生命品質，求富於是也可視為求壽求康寧心態的另一種投射。而修好德列為五福之一，自有不可取代

〔註51〕參見中國社會科學院考古研究所編：《殷周金文集成釋文》，第三卷，頁 465。
〔註52〕同前註，第五卷，頁 466。
〔註53〕同前註，第一卷，頁 239。
〔註54〕《尚書・洪範》，頁 178～179。
〔註55〕《尚書正義》，頁 179。

的重要意義，這是在五種福分之中，唯一的精神層次。把修好德視爲福分具有兩層意義：首先，它指的是培養好的品德能獲得君王的賜福，〈洪範〉所謂「而康而色，曰：『予攸好德』，汝則錫之福」〔註56〕，若有人自謂修德好德，君王將會賜福給他，獎勵修德的行爲。前述所謂君王因敬德好德而得到上天賞賜天命，佑助國祚緜長，同樣也是修德以得福，展現良好的品德而獲得外在具體物質回報的模式，此其一也。其二，即視修好德本身爲福，能修養品德本身就是一種福報，無待外來的肯認或物質的回饋，它將外在的福報內化爲內在的自我肯認，在相當程度上轉化了現世中德福不一的衝突，這種說法在後世對中國人的德福觀曾產生極大的影響〔註57〕。

〔註56〕《尚書·洪範》，頁172。

〔註57〕要探討德福觀中「福」的內容，必須從字源歷史角度來進行考察，才能廓清中國人對福的最初認知，也才能據此了解這個概念後來的發展脈絡。近人常使用的「幸福」一詞，指的是人在自己的欲求或追求達成時一種滿足的狀態及感受，它與周初指稱的「福」或「福分」的概念看似相同實而不同，相同的是兩者都跟人的生存狀態有密切關係，它們都指稱一種人人所追求的、良好的生存狀態；不同的是「幸福」強調個人的滿足感，帶有強烈的主觀色彩，幸福感的獲得常是如人飲水的自由心證，對某些奉行苦行或犧牲主義的人而言，他們可以將不公義的遭遇視爲人生磨鍊而甘之如飴，它是境隨心轉的型態；相較之下，傳統所謂「福」的內容則客觀得多，它指的是人應享的物質、聲譽、康寧或年壽等，是具體可察的內容，有普遍一致的價值判斷標準，不會因各人認知差異而改變。關於「幸福」，許多學者曾進行過討論與整理，高恒天指出：「人的內在尺度的本體性、多樣性、生成性、遮蔽性和變化性意味著人對幸福的感受不是一成不變的，意味著人們對幸福的看法或觀念因時代、地域、階級、民族、性別、職業等的不同而不同，意味著人們對幸福的體驗因其生長發育的階段，或在其經歷中所形成的偏好的不同而不同」，高氏於是依照對人的感性欲望是否加以節制、對幸福追求的態度悲觀與否、對獲得幸福的方式是否屬於可追求、創造以及是否以「至善」爲標準來界定幸福等幾個不同向度，劃分各種不同的幸福觀（詳見氏著，《道德與人的幸福》，頁49～73）；牟鍾鑒則將中國古代幸福觀分爲七大類型：「第一種是儒家道德事業型，它以道德的修養與踐履，以成就治國平天下的事業爲人生的最高追求和最大幸福……第二種是道家精神自得型，它以個人內心的平靜愉悅爲最大幸福，既反對心爲形役，也反對建功立業，只重視自我精神上的滿足……第三種是道教長生逍遙型，它以長生不死、得道成仙爲人生的最高追求和最大幸福……第四類是佛教無生解脫型，它認爲人生有苦無樂，只有斷滅果緣，脫出輪迴，證成涅槃，才能達到常、樂、我、淨，獲得最高的和永恒幸福……第五類是玄學頹廢派及時行樂型，它摒棄一切高層次的追求，只尋求感官刺激，以肉體欲望得到充分滿足爲人生最大樂趣……第六類是士大夫功名富貴型，它以升官發財，福壽雙至，光宗耀祖，封妻蔭子，留名後世爲人生的最高追求和最大幸福……第七類是世俗溫飽知足型，它以無禍爲

第四節　德與福最初對應之關係

　　殷人尊神重祀，「率民以事神，先鬼而後禮」[註58]，殷人認爲上帝與自己的氏族具血緣關係，故殷人可與上帝及賓於帝的祖先神相互感通，感通的方式則是占卜，從大量出土的殷墟卜辭可看出殷人幾乎無事不卜，殷人透過占卜了解上帝、祖先神的意志，並據此決定人事的動向。上帝及祖先神的力量強大，可以左右世間的一切，《尚書·盤庚》即明白提到祖先神可以「作福作災」[註59]，因此，對上帝及祖先神的祭祀便顯得十分重要。祭祀是爲了討上帝祖先神的歡心以獲得福佑，獻給鬼神的祭品愈豐厚，鬼神降下的福佑也愈多，《說文》：「禮，履也，所以事神致福也」，段玉裁注曰：「禮有五經，莫重於祭」[註60]，由此可見，禮在最初的內容，就是一套嚴密的祭祀制度，包括祭祀的對象、儀節、祭品等，是討論如何祭祀得福的學問。殷人認爲如果鬼神喜歡祭祀所獻，卜兆就會顯露吉象，鬼神在受祭後也會降福於人[註61]，換言之，作福作威的權柄掌握在上帝鬼神手上，殷人只能竭盡心力辦理祭祀及占卜，猜測鬼神難測的旨意，試圖取悅鬼神以祈福避禍。

　　上天或祖宗鬼神賜福的觀念在殷商時期已有，但若論及德與福之間的相對應關係，仍需等到西周初年德字大量出現，其主要用義確定成熟後，對德

福，無愁爲樂，滿足於不飢不寒，得過且過，既不追求精神上高層次的目標，又不希企大富大貴，亦不恣情縱慾，安分守己，以盡天年」。（參見張錫勤，《中國傳統道德舉要》（哈爾濱：黑龍江教育出版社出版，1996年），頁59～60，轉引牟鍾鑒〈古代幸福觀的幾種類型〉，收於《中國哲學史研究》1989年第1期），牟氏將古代幾種主流思想派別對幸福的不同見解進行爬梳，姑且不論這些分判是否精確，這些見解已充分反應出「幸福」這個概念在不同價值領域中有著迥異的內涵，而這些歧異也正好說明了主觀心靈在面對現實界中富貴壽祿等客觀不可變動的福分時所進行的轉化機制。

〔註58〕《禮記·表記》，頁915。

〔註59〕《尚書·盤庚》，頁129。

〔註60〕參見漢·許慎撰／清·段玉裁注《說文解字注》，頁2。

〔註61〕殷人獻祭的內容包括莊嚴的祭祀活動和豐厚的犧牲，其中，以人爲祭的人牲又比畜牲更具祭祀的誠意，更顯禮重，因此，殷人常以人爲犧牲獻給鬼神享用，人殉和人祭在當時是很盛行的祭祀方式，近年來對殷墟的大規模挖掘也證明了殷商的好用人祭，《呂氏春秋·順民篇》甚至記載了商湯因連年大旱，於是「以身禱於桑林」「翦其髮，酈其手，以身爲犧牲，用祈福於上帝」，而後果然順利求得降雨，《呂覽》所記雜採眾說，然亦能相當程度反應當時所聞，商湯以君王之尊向上帝獻上自己的活肉，可說是以人爲祭的最高表現。（參見焦國成：《中國倫理學通論》，頁48～51。）

與福之間關係型態的探討才成為可能。而從上述對「德」與「福」初義論述中，周初反覆出現君王敬德明德以祈天降永命的論調，應可視為德與福的初步連結。君王的政治品德攸關國家壽命的長短，彰顯好的政治品格以獲取上帝的福佑，永保國家命脈的源遠流長，這是品德與福分最初的對應雛型，透過政治域領表現出來。在這種關係中，德與福是配稱的，受福得禍都有其依據，德厚者福厚，德薄者福薄，具一定的比例關係：

> 惟天監下民，典厥義。降年有永有不永；非天夭民，民中絕命。民
> 有不若德，不聽罪；天既孚命正厥德，乃曰：「其如台」？〔註62〕

祖己告誡祖庚說：上天監視著世人，他是要主持正義的。天降給人的壽命有長有短，這並不是上天無故使人夭折，使人突遭災禍，意外枉送性命，而是有人不修養美德，沒有好的德行，又不聽老天所給的懲罰，因此上天要斷絕他的性命。人的壽命如此，國家的壽命亦然。《尚書》中反覆提及的殷人亡國與周人興起的原因，都是基於同樣的理由。上天賜下的福壽是根據人的德行表現，兩者之間成正比的關係，而這樣的天是具備道德性格的。祖己把自然壽命的長短歸諸為上天評判人的德行後所下的決定，這種說法雖與人們所面對的現實狀況也許不盡相符，但它相當強烈的突顯了德在福的分配上所佔的決定性地位〔註63〕。此外，成於西周中葉的《詩經・大雅》諸篇也屢見上天佑助有德之君的言論：

> 假樂君子，顯顯令德。宜民宜人，受祿于天，保右命之，自天申之。
> 〔註64〕
>
> 既醉以酒，既飽以德。君子萬年，介爾景福。
> 既醉以酒，爾殽既將。君子萬年，介爾昭明。
> 昭明有融，高朗令終。令終有俶，公尸嘉告。
> 其告維何？籩豆靜嘉。朋友攸攝，攝以威儀。
> 威儀孔時，君子有孝子。孝子不匱，永錫爾類。

〔註62〕《尚書・高宗肜日》，頁143。

〔註63〕後出的《偽古文尚書》也繼承這個重要的概念，並衍生出更明確的主張，如〈湯誥〉的「天道福善禍淫」（頁112）、〈伊訓〉的「惟上帝不常，作善降之百祥，作不善降之百殃」（頁115）、〈咸有一德〉的「惟天降災祥在德」（頁120），都明白有力的指出上天具備賞善罰惡的能力，而賞罰標準則是人間的德行表現。

〔註64〕《詩經・大雅・假樂》，頁615。

　　其類維何？室家之壼。君子萬年，永錫祚胤。

　　其胤維何？天被爾祿。君子萬年，景命有僕。

　　其僕維何？釐爾女士。釐爾女士，從以孫子。〔註65〕

〈假樂〉是祝頌周王之詩，歌詠周王有宜民宜人之美德，所以受天之福佑；〈既醉〉則是周王祭畢宴享群臣，群臣祝嘏之詩，詩中反覆讚頌周王待下甚厚，且祭祀得宜，故祈求上天賜周王長壽萬年，永賜福祿及於代代子孫。方玉潤曰：「首二章福德雙題，三章單承德字，四章以下皆言福。蓋借嘏辭以傳神意耳。然非有是德何以膺是福？詩意甚明」〔註66〕，福禍降臨顯然不是隨機無憑，而是上天的旨意；上天的旨意也不再神秘莫測，難以預料，而是以人自身的品德表現為裁量的道德標準。

　　雖然上天依據人的作為降以福禍災祥，禍福人間的權柄掌握在上天手上，但若依照這種德福相配的機制運作，從某個角度來看，人之得福受災無不是由人自招，因為為善必蒙福，作惡必遭殃，人之欲福欲禍其實操之在己，周公在以成王之命告誡康叔的〈酒誥〉中即明白指出：

　　弗惟德馨香、祀登聞于天，誕惟民怨。庶群自酒，腥聞在上；故天

　　降喪于殷，罔愛于殷：惟逸。天非虐，惟民自速辜。〔註67〕

人間所有的美德或敗行都將上聞於天而成為上天禍福人間的依據，所以說「天非虐，惟民自速辜」〔註68〕，天災可防，自招之禍則難避，這種有德致福、失德招禍的觀念遂成為後世論德福關係時最重要的基調：

　　積善之家，必有餘慶；積不善之家，必有餘殃。〔註69〕

　　為善者天報以德，為不善者天報以禍。〔註70〕

成於戰國時期的〈文言〉指出積善與福分之間有著必然的配稱關係，漢初劉向也認為上天能裁判人間的善惡，並據此為人間德行與福分的分配進行仲裁，就理論而言，德與福初步的對應關係已經建構起來，《國語》內史過論神

〔註65〕　《詩經・大雅・既醉》，頁604～606。

〔註66〕　參見（清）方玉潤撰，李先耕點校《詩經原始》（北京：中華書局，1986年），頁512。

〔註67〕　《尚書・酒誥》，頁210。

〔註68〕　後出的〈太甲〉中承襲這種看法也有「天作孽，猶可違；自作孽，不可逭」（頁118）的說法。

〔註69〕　《易・坤・文言》，所引版本為清・阮元《重刊宋本十三經注疏》之《周易正義》（台北：藝文印書館，1960年），頁20。

〔註70〕　漢・劉向：《說苑・談叢》，參見漢・劉向撰／盧元駿註譯：《說苑今註今譯》。

靈降臨一事的說詞，很形象地呈現了當時的德福觀：

> 十五年，有神降于莘，王問于內史過，曰：「是何故？固有之乎？」
> 對曰：「有之。國之將興，其君齊明衷正，精潔惠和，其德足以昭其
> 馨香，其惠足以同其民人。神饗而民聽，民神無怨，故明神降之，
> 觀其政德，而均布福焉。國之將亡，其君貪冒辟邪，淫佚荒怠，麤
> 穢暴虐，其政腥臊，馨香不登，其刑矯誣，百姓攜貳。明神不蠲，
> 而民有遠志，民神怨痛，無所依懷，故神亦往焉，觀其苛慝，而降
> 之禍。是以或　神以興，亦或以亡。昔夏之興也，融降於崇山；其
> 亡也，回祿信于聆隧。商之興也，檮杌次於丕山；其亡也，夷羊在
> 牧。周之興也，鸑鷟鳴於岐山；其亡也，杜伯射王於鄗。是皆明神
> 之志者也。」……對曰：「臣聞之：道而得神，是謂逢福；淫而得神，
> 是謂貪禍。」〔註71〕

惠王十五年，有神降臨莘原，內史過向惠王解釋神靈降臨的原因充分彰顯了
時人對德福關係的看法，他指出：君王正直慈愛、近悅遠來，其美德可使祭
品的馨香直達上天，神明欣享祭品，庶民聽從政令，民神無怨，所以神明降
至人間，觀察國政美好而賜福予人間。相反的，君王貪慕財富、凶殘暴虐，
使得民神怨痛，神明也會降臨人間，詳察君王的苛政而降禍處罰。由此看來，
雖然上天可以賜福降禍，但真正決定禍福的關鍵在於人自身的德行，神明降
臨充其量只是一種確認的形式，確認君德之美好或敗壞而施以賞罰，所以說
「道而得神，是謂逢福；淫而得神，是謂貪禍」〔註72〕。

　　就理論上而言，上天是衡量人們品德的裁判者，也是賞罰任務的執行者，
但實際上，大至政權之移轉，小至個人的壽祿，上天並沒有具體的舉措可直
接干涉安排，上天的意志還是必須透過人們實際的作為才得以彰顯，換言之，
人是上天意志的實質載體，人間是上天意志得以展現的真實場域，而領有天
命的天子，自然就成為上天的代理人，代替上天執行賞善罰惡的任務，在這

〔註71〕《國語・周語上・十五年有神降於莘》，所引版本為徐元誥撰，王樹民、沈長
　　　　雲點校《國語集解》，頁28～30。

〔註72〕對君王而言，神明能施與最大的福禍就是國運興隆或衰頹，但事實上，君德
　　　　之良窳已可直接影響國運的表現：君修明德則近悅遠來，國勢日盛；君德敗
　　　　壞則民心背離、國政混亂，國家勢必終將衰敗滅亡。如此，則所謂神明賜福
　　　　降禍應該只是從一個高於君王的角度來督促君王修德明德的說法，其象徵意
　　　　義應是遠多於實質作用的。

種邏輯中，上天的權柄必須要移轉至君王手中，君王才能替天行賞罰之道，〈洪範〉中論及建立君權的法則時，即指出君王有賜福百姓之權能：

> 五、皇極：皇建其有極，斂時五福，用敷錫厥庶民……而康而色，
>
> 曰：「予攸好德。」汝則錫之福。〔註73〕

君王要建立君權，就聚集五福，用來普遍施與人民，臣民修好德，君王就賜予福分。這裏談的雖然是君王治國的法則，獎勵好的作為，以引導民眾服從國家的律令，然此處的五福，依〈洪範〉一文上下文義判斷，應是上述「壽、富、康寧、攸好德、考終命」五者，細察五福當中，個人自然壽命的長短並非君王所能決定或賜予，且此處又把「攸好德」視為福分之一賜予已有美好德行者，獎勵受獎者本身已有的東西，看似混淆。之所以如此，正是因為天子是上天派駐在人間的唯一代理人，他所要代行的是上天的權能，他所要賜下的是上天要賜給人間的福分，故就理論上而言，天子當然可以「斂時五福」——天子必須象徵性的全面接收上天賜福的能力，再轉施在人民身上。也正因為天子是唯一的上天代理人，〈洪範〉也特別強調賞罰之權不可下放：

> 惟辟作福，惟辟作威，惟辟玉食。臣無有作福作威玉食；臣之有作
>
> 福作威玉食，其害于而家，凶于而國。〔註74〕

只有君主可以有造福或刑罰人之權，官員們無權可造福於人、懲罰人，享受玉食。臣子若有權作福作威，就如同天有二日，百姓將無所適從。所以君王實際能做的應該是：賞善罰惡都要秉持公正公平的原則，「無偏無陂，遵王之義」〔註75〕，因為「于其無好德，汝雖錫之福，其作汝用咎」〔註76〕，賞罰失當，不但失去了賞罰應有的效力，還可能因胡亂賞罰而反過來導致道德秩序的混亂。君王要以人的力量，盡力營造一個賞罰分明、公平正義的生存環境，使臣民優劣得所，讓有德者得以在其中安享其壽，身體安康，不夭死，在最大程度上彰顯天道。

第五節　西周末至春秋時期德福關係之補充發展

雖然在理論層面上，德與福的對應關係已完成雛形，但理論還得通過現

〔註73〕《尚書‧洪範》，頁172。
〔註74〕《尚書‧洪範》，頁174。
〔註75〕《尚書‧洪範》，頁173。
〔註76〕《尚書‧洪範》，頁173。

實界的嚴峻考驗。在現實經驗界中，有德者未必得長壽安康，無德者也不乏富貴加身，德福不得一致的情形恐怕不是現代社會的專利，對於現實世界，上天在很多地方是顯得十分無力的，先不論人事，就自然界而言，上天調節風雨的標準似乎已難以捉摸：

> 倬彼雲漢，昭回于天。王曰：「於乎！何辜今之人？天降喪亂，饑饉
> 薦臻。靡神不舉，靡愛斯牲。圭璧既卒，寧莫我聽！」〔註77〕

面對饑荒災情嚴重，生靈塗炭，周宣王「敬恭明神」，對於所用之犧牲亦無所吝愛，連圭璧都已用盡，自省無罪無過，上天卻仍不聽禱告，遲不降雨，「何辜今之人」，無過卻受罰。無來由的天災，使得上天福善禍淫的道德性格受到質疑，而這種質疑，更多來自真正受苦難的社會底層人民，因為上天降下天災，就算是懲罰君王失德敗政，但災難發生時卻是全國一體受罰，而且通常是社會階層愈低，受到的影響就愈大：

> 浩浩昊天，不駿其德。降喪饑饉，斬伐四國。旻天疾威，弗慮弗圖。
> 舍彼有罪，既伏其辜；若此無罪，淪胥以鋪。〔註78〕

〈雨無正〉一詩旨在譴責離散的西周權貴們不願隨平王東遷〔註79〕，詩人的身份雖非平民，但詩中對不公義的現象毫無畏懼的進行責難，卻頗能為民喉舌。上天以降下饑荒的方式懲罰三事大夫諸人背棄周平王，然而深受饑荒之苦的卻是四方人民；真正失德者不修明其德其政，反倒讓廣大人民成了代罪羔羊。上天像是大赦有罪的人，卻懲罰無辜的人，「旻天疾威，弗慮弗圖」，這種思慮欠詳的作為，大大折損了上天的威信，連帶著也使上天的道德性蒙上一層陰影，「浩浩昊天，不駿其德」，本該是道德表徵的上天卻不再彰顯正義，使得有罪的人不得罰，無辜的人卻受盡磨難，疑天怨天之聲在變風變雅中不絕於耳，人民對上天賞善罰惡的權能動搖了信心，委屈、不解的情緒累

〔註77〕《詩經·小雅·雲漢》，頁 659。
〔註78〕《詩經·小雅·雨無正》，頁 409。
〔註79〕此詩《詩序》云：「雨無正，大夫刺幽王也。雨自上下者也，眾多如雨，而非所以為政也」，然全詩內容與幽王無關，《詩序》之說，歐陽修已疑其非，《朱子集傳》云：「正大夫離居之後，暬御之臣所作」，觀此詩內容應為平王東遷之際，群臣中有懼禍者，以為事不可為，不肯遷居，匡國無人，而近侍小臣感傷而為此詩。（參見屈萬里：《詩經釋義》（台北：中國文化大學出版部，1988年），頁 255，以及朱守亮：《詩經評釋》（台北：台灣學生書局，1984年），頁 565。然而無論何說為是，皆不影響詩中對上天道德標準的強烈懷疑和批判的展現。

積到最後變成憤怒，「昊天不傭」、「昊天不惠」、「昊天不平」〔註 80〕、「疾威上帝，其命多辟」〔註 81〕，人們發出的怒吼讓上天的威信搖搖欲墜，由此看來，上天做為平衡德福配稱關係的中心點，其理論所彰顯的意義及價值恐更勝於實際效用。

進一步來看，如果賞善罰惡的對象失焦，賞罰機制缺乏公平與準確性，那麼即便是賞賜福分也將變成另一種罪惡，無德者受福，無異是對有德者最大的嘲諷。善惡價值觀是維持人們行事及社會秩序最重要的理論基礎之一，當人們對上天禍福人間善惡的標準失去信心，但卻又必須使社會善惡價值體系不致崩塌的同時，德與福的對應關係遂逼出了另一種具轉化作用的看法：

　　　吾聞之，唯厚德者能受多福，無德而服者眾，必自傷也。〔註 82〕
　　　吾聞之，德不純而福祿竝至，謂之幸。夫幸非福，非德不當雍，雍
　　　不為幸，吾是以懼。〔註 83〕

「無德而服者眾，必自傷也」，德福不一的衝突在亂世中愈發嚴重，既然上天發揮不了福善禍淫的作用，如何解釋現實的德福衝突以消解人們對於一切不公義現象的疑慮和不安，就變成重要的課題。「德不純而福祿並至，謂之幸。夫幸非福，非德不當雍，雍不為幸」，無力改變現狀，就改變認知，德不足以得福而獲福，此福分非真福分，必致後患，所謂「唯厚德者能受多福，無德而服者眾，必自傷也」，無德者與有德者擁有富貴祿位的差別可能在於：前者既然人格品德有所瑕疵，自然無法直道而行，輕者多求妄用，敗家破業，更甚者可能據此以亂紀而自取其亡；後者因修身進德，能謹身節用，善理其當有之福祿，自可安享其福分。換言之，有德是配福的前提，也是享福的基礎：

　　　夫德，福之基也，無德而福隆，猶無基而厚墉也，其壞也無日矣。
　　　〔註 84〕

德不僅是得福的依據，它也是長保福澤的關鍵。無德者有福，就長遠而言，是禍不是福，《左傳》中也有相同的主張：

　　　天之假助不善，非祚之也，厚其凶惡而降之罰。〔註 85〕

〔註 80〕　《詩經‧小雅‧節南山》，頁 395、396。
〔註 81〕　《詩經‧大雅‧蕩》，頁 641。
〔註 82〕　《國語‧晉語六‧鄢之役，晉伐鄭，荊救之，欒武子將上軍》，頁 393。
〔註 83〕　《國語‧晉語九‧趙襄子使新稚穆子伐狄》，頁 453～454。
〔註 84〕　《國語‧晉語六‧鄢之役，荊壓晉軍》，頁 396。
〔註 85〕　《左傳‧昭公十一年》，所引版本為清‧阮元《重刊宋本十三經注疏》之《春

善人富謂之賞，淫人富謂之殃，天其殃之也，其將聚而殲旃。〔註86〕
上天使惡人得福受惠，在當下看的確不符合德福配稱應有的公平正義的原則，但這是上天「厚其凶惡」的苦心，讓惡人的罪惡累積到一定的程度，再降下更具毀滅性的處罰，讓懲惡的效用發揮到最大，所以說「無德而祿，殃也」〔註87〕，上天對不善之人的處罰是深具機謀的。這種處罰方式雖然有些曲折迂迴，但基本上還是符合德福配稱的精神。由此看來，即便在現實界中某個時間點的德與福的分配有了差錯，它最終還是朝向德福一致的理論方向發展。這種看法是德福最初對應關係的延伸補充理論，它使德福觀的討論更形完整，同時也對後世的德福觀造成一定的影響〔註88〕。

秋左傳正義》（台北：藝文印書館，1960 年），頁 785。
〔註86〕《左傳·襄公二十八年》，頁 656。
〔註87〕《左傳·閔公二年》，頁 190。
〔註88〕把惡人得福視爲另一種禍兆，在相當程度上可以寬慰人心的不安，但這種解釋的「止痛效用」或長或短，端視各人對天的信心強度如何，尤其，對一些明顯不符公義的情勢或事件必然存在的現象，這種說法充其量也只是一種解釋的可能。反映春秋思想的《左傳》中對維護既有體制、忠於周王室的行爲肯認爲天意，但對於破壞宗法、違背禮節甚至弑君篡位者也不乏認爲是「天之所啓」、「天贊之」，如季氏將魯昭公驅逐出國，范獻子便認爲這也是天意之所當行，陳筱芳指出：「天意對人事的掩蓋，使對神聖有序的分封制、宗法制的破壞也無可指責……之所以如此，原因在於社會政治格局的變化使人間缺乏權威的帝王作爲天的代理人……任何有實力的諸侯都可以替天行道」（參見陳筱芳：〈春秋天信仰的特點〉，《史學集刊》2005 年 4 月，第 2 期，頁 24～28），這種對既存事實合理性的承認，是一種對現實妥協的解釋，對於「無德而祿，殃也」的說法照顧不到或無法自圓其說的地方，這種解釋提供了一種正向面對事實的態度，就像陳筱芳所說：「春秋人所說的天意有許多是社會人事發展的必然趨勢……他們對天命和天道的服從，往往是對個人能力所無法改變的客觀世界的主動適應。」（參見前揭文，頁 28。）

第三章　儒家德福理論

　　儒家的學說基本上是建立在對周代禮樂典章的全面繼承上，孔子對傳統文化採取十分尊重的態度，他明白表示「周監於二代，郁郁乎文哉！吾從周。」〔註1〕，對孔子而言，周文保留了夏、商文化最好的部分，而且文獻齊備，所以他選擇宗周。當然，儒家真正重要的貢獻是在傳統文化的基礎上進行創造性的因革損益，讓傳統的典章制度可以通過新的時代挑戰，適應新的時代環境，周文在他們的傳承和創新下有了更為厚實的新生命，儒家可謂是傳統文化的正統繼承者。孔子宗周的選擇決定了儒家的基本路向，儒家的諸多價值觀念，因此也有了深厚的歷史淵源。在德福的課題上，儒家正是接受了西周以來傳統的德與福觀念，並在此意義基礎上，更進一步深化二者的內涵，以據此建構出獨具儒家特色的德福理論；換句話說，儒家所使用的「德」沿襲了西周以來以良好品格為主要內涵的德性意義，以君王政治品德及孝悌等人倫規範為出發，逐漸向更普遍的德性意義發展；至於「福」，雖然在儒家的論述中鮮少直接提及福，但以富貴爵祿、康寧壽考等為主要內容的傳統福分，儒家諸子並不乏討論；所以，可以預期的是：西周以來修德以受福的德福關係雛形，勢必也將在文化傳承者的儒者手中有所繼承和發展。

第一節　孔子德福觀

　　有鑑於殷人失德而亡國，周人代殷而興之後，統治階層以「敬德」、「明德」自我惕勵要求，周公制作的典章制度就在這種精神支撐之下維持了西周

〔註 1〕《論語・八佾》，頁 28。

約二百五十年的盛世。然而，西周中期開始，王室有開始衰頹的跡象，昭王時南征受挫，穆王時征犬夷無功，卻又荒廢朝政周遊天下，《史記‧周本紀》指出「昭王之時，王道微缺」，穆王即位時「王道衰微」〔註2〕，到了厲王，對淮南夷屢屢用兵，東征西討，雖是武功赫赫，卻也使得民不堪命。而為了應付龐大的軍餉，穩定王室的經濟，厲王還採用榮夷公的建議，實行壟斷的「專利」政策，不准貴族與平民進山林川澤開闢私田謀生，此措施引起貴族與百姓的強烈反彈，卿士芮良夫還感慨「周室其將卑乎」，並向厲王諍諫說：「匹夫專利，猶謂之盜；王而行之，其歸鮮矣。榮公若用，周必敗」〔註3〕，然厲王不聽勸，甚至實施高壓手段來止謗，派衛巫監視民情輿論，若遇國人謗王則殺之，致使「國人莫敢言，道路以目」〔註4〕，全國籠罩在高壓的白色恐怖氣氛之中，最後終於導致一場驅逐天子的「國人暴動」，厲王倉皇出逃，死於彘邑。西周初期王室以「敬德」、「明德」為標榜的自勵精神已不復見，變風變雅中四起的民怨很能說明西周末年百姓的苦難。

王室不力圖振作，加上封建制度本身使得統治權力分化於各地，時日漸久，各諸侯勢力漸長，各諸侯國與周王室的關係也出現微妙的變化，尤其在平王東遷之後，形勢開始混亂，先是周王室東遷之後僅有洛陽數百里地，喪失了對諸侯國的實質約束能力，「諸侯不享」、「諸侯不朝」的情況日益嚴重。而周王室對諸侯國的約束力一減弱甚至消失，宗法封建制度建立的倫理及政治秩序立即受到衝擊，諸侯國的爭奪逐漸白熱化，各國內亂不斷，諸侯之間相互攻伐亦層出不窮，僅僅是魯桓公在位十九年間，即發生了魯桓公殺隱公自立、宋華督殺殤公、晉國曲沃伯殺哀侯及小子侯、陳桓公弟殺太子免代立、衛國驅逐惠公、齊襄公殺魯桓公等一連串有悖倫常、大逆不道的亂事，而春秋初期的強國鄭國，在莊公死後也發生了長達二十年的內亂〔註5〕，維持封建宗法制度的親親尊尊精神已蕩然無存，周文成了有名無實的空殼，徒留形式。

更進一步來看，天子虛領天下，不親政事，故為諸侯所乘，各諸侯國之實權又掌握在較諸侯更接近實際政務面的卿大夫手上，而卿大夫所任用的家

〔註2〕司馬遷，《史記‧周本記第四》（《新校本史記三家注并附編二種三》，台北：鼎文書局，2004年），頁134。

〔註3〕《國語‧周語上‧厲王說榮夷公》，頁14。

〔註4〕《國語‧周語上‧厲王虐，國人謗王》，頁11。

〔註5〕張豈之：《先秦史》（台北：五南圖書出版股份有限公司，2002年），頁199～201。

臣邑宰，與庶人接近，他們治理賦役，在相當程度上也具備足以凌主犯上的實力，如在季氏魯國專權擅政，卻也險些遭其家臣陽虎所殺〔註6〕，這種天下無道、上下相交賊的亂象，孔子也有過批評：

> 天下有道，則禮樂征伐自天子出；天下無道，則禮樂征伐自諸侯出。
> 自諸侯出，蓋十世希不失矣；自大夫出，五世希不失矣；陪臣執國
> 命，三世希不失矣。天下有道，則政不在大夫。天下有道，則庶人
> 不議。〔註7〕

在孔子的時代，陪臣已可執國命，無怪乎孔子有天下無道之慨嘆，而依牟宗三先生之說，這就是周文疲弊，禮樂制度無法維持這個時代的政治及社會秩序，天下即將進入加速失序的狀態。先秦諸子的學說即是面對周文疲弊的巨大時代挑戰時，各家回應的救世之方〔註8〕。

一、以仁爲核心之德行觀

　　先秦諸子中，最先出現的是儒家。孔子正視周文頹弊的現象，認爲亂象的發生並不是禮樂制度不合時宜，而是承擔制度的王室及貴族的生命起了變化。王室不圖修德，欲振乏力，諸侯恣肆專爲，在王室失去統御力量的時候，爭爲諸侯之長。禮樂制度原是建立在尊尊親親的倫理道德基礎之上，但此時的王室卻是失德敗德，諸侯則是違法亂紀，內部與外部的矛盾都在不斷激化中，倫理道德的基礎崩解，立基於其上的禮樂制度自然搖搖欲墜。「禮云禮云，玉帛云乎哉？樂云樂云，鐘鼓云乎哉？」〔註9〕，禮樂制度不只是形式意義的儀節，它的靈魂在於制度所蘊涵的敬德明德精神，要使禮樂制度重新發揮穩定政治及社會秩序的力量，勢必得重振親親尊尊的倫理道德，而正如前章所言，明德敬德的精髓正是宗法制度所需的孝悌倫理，所謂以德自勵，即是著重發揮個人的孝悌精神，務使承擔禮樂制度的王室貴族都能親親尊尊，透過謹守、落實禮樂制度來調節人事、緩解各種利益衝突，並據此建立穩定的政治及社會秩序。

　　面對禮樂制度的掛空，孔子認爲釜底抽薪的辦法是讓周文的承擔者透過

〔註6〕瞿同祖：《中國封建社會──周代社會組織》，頁 373～374。

〔註7〕《論語·季氏》，所引版本爲清·阮元《重刊宋本十三經注疏》之《論語注疏》
　　　　（台北：藝文印書館，1960 年），頁 146。

〔註8〕牟宗三：《中國哲學十九講》（台北：台灣學生書局，1983 年），頁 61。

〔註9〕《論語·陽貨》，頁 156。

自我道德上的修養及提昇，由內而外重新賦予周文活潑潑的新生命，回復周文尊尊親親的精神，重建宗法封建的井然秩序。這個周文新生命的活水源頭，孔子拈出「仁」來做為總提：「人而不仁，如禮何？人而不仁，如樂何？」〔註10〕，孔子認為：禮樂制度的真實生命是以「仁」為骨幹，所謂的仁，它最根本的精神就是愛人，「樊遲問仁。子曰：『愛人』」〔註11〕，仁是愛人，是真心誠意的對待，不摻雜任虛假的情意，「巧言令色，鮮矣仁」〔註12〕，但愛人之心不能憑空而生，它的原始動力實源於個人最基本的孝弟之情，而孝弟之情的堅實依據，則是人心之安與不安，這是人之為人的底線，是最後也最真實的根據。在封建宗法的制度背景之下，各種違紀亂分的亂事，無一不是對敬長友愛等孝弟倫理的悖離，而所謂的周文疲弊，也不是尊尊的宗法封建體制本身設計失當，而是推動周文的內在動力——親親愛人的精神無以為繼。所以，孔子從人的自然感情出發，尋求一種與生俱來的、源源不絕的感情依據，並進而將這種感情昇華凝鍊成一種重要的道德自覺，力圖透過這種道德感情來撥亂反正。「孝弟也者，其為仁之本與！」〔註13〕，這種充沛的孝弟感情，不僅僅是自然而發的親情，它更是一種自覺的道德情感，它蘊含禮樂制度所需要的親親尊尊的倫理精神，孔子提出「仁」做為重振周文的樞紐，正好提供了周文最欠缺的活水源頭。

既然以「仁」為匡補世過之方，則如何實踐仁德便成了不可避免的問題：

子貢曰：「如有博施於民而能濟眾，何如？可謂仁乎？」子曰：「何事於仁，必也聖乎！堯、舜其猶病諸！夫仁者，己欲立而立人，己欲達而達人。能近取譬，可謂仁之方也已。」〔註14〕

仲弓問仁。子曰：「出門如見大賓，使民如承大祭。己所不欲，勿施於人。在邦無怨，在家無怨。」仲弓曰：「雍雖不敏，請事斯語矣！」

〔註15〕

行仁之方在於「能近取譬」，從消極的層面來看是「己所不欲，勿施於人」，但孔子更重視己立立人、己達達人的積極面，仁者在挺立自己的道德後，應更進

〔註10〕 《論語・八佾》，頁 25。
〔註11〕 《論語・顏淵》，頁 110。
〔註12〕 《論語・陽貨》，頁 157。
〔註13〕 《論語・學而》，頁 5。
〔註14〕 《論語・雍也》，頁 55。
〔註15〕 《論語・顏淵》，頁 106。

一步往外推及擴開，發揮更大的影響力，依孟子之言，就是擴而充之，務使他人在道德修為上也能超拔挺立，這是行仁的態度，是泛愛眾的強烈動機，也是仁者愛人的實質內容，正如張岱年先生所說：「仁固包含情感上的愛，及物質生活上的扶助，而更注重道德上的勵導。仁固注意別人生活的維持，而更注意別人道德的提高。仁者對於別人的愛助，目的在於使其成為有德行有成就的人」〔註16〕，博施濟眾的聖人志業靠的就是這種愛人如己的意志，孟子的以不忍人之心行不忍人之政，也正是這種仁者愛人的發用。而要如何使天下人也得以在道德上有所樹立，孔子則是強調要更充分發揮內在自我的創造力，去踐履理想，由己立而立人，由己達而達人，以自身為則，由內聖而開向外王：

> 顏淵問仁。子曰：「克己復禮為仁。一日克己復禮，天下歸仁焉。為仁由己，而由人乎哉？」顏淵曰：「請問其目。」子曰：「非禮勿視，非禮勿聽，非禮勿言，非禮勿動。」顏淵曰：「回雖不敏，請事斯語矣！」〔註17〕

孔子既以仁為禮樂的真精神，仁的具體落實當然就是踐履禮樂制度，在禮崩樂壞的時代提出「克己復禮」的呼求，無異是亂世裏最警醒人心的暮鼓晨鐘。禮維持宗法封建的秩序，要回復被破壞的秩序，就必須回到禮制的軌道上，言行舉止都以禮為依歸。仁是自我道德的能動性，孔子強調為仁的動力應該是內發的，克己不是外在強制的規範，而是內在的自我道德的提昇，是完全操之在我的自我要求，自我創發，所謂「我欲仁，斯仁至矣」〔註18〕，孔子看到眼前的悖禮亂紀都是源自人在道德生命上的自我放棄與墮落，唯有從人的自我道德上著力，才是正本清源的好辦法，所以強調「克己復禮為仁」。

　　克己復禮的效果極大，「一日克己復禮，天下歸仁焉」，仁者克己復禮，可使天下人盡歸於仁。然而，不管是理論或實務層面，如何透過一人的克己復禮而收天下歸仁之效，實在令人疑惑。王慶節先生曾提出儒家倫理的本色不在規範而在示範，儒家的倫理不是知識論認知的問題，更多是屬於實踐層面的問題，所以儒家強調以身作則，在道德生活中樹立榜樣，使他人藉由學習、仿效這些道德典範，培養自身的道德感和道德情操，如此，透過整體道

〔註16〕　張岱年：《中國哲學大綱》（收於《張岱年全集》第二卷，河北人民出版社，1996 年），頁 288～289。
〔註17〕　《論語・顏淵》，頁 106。
〔註18〕　《論語・述而》，頁 64。

德的向上提昇，進而發揮全面的效用〔註 19〕。如果從這個角度來看，仁者克己復禮，不僅是個人的道德修為，同時也樹立了一個可仿效的道德典範，讓天下人有所遵循，可以朝仁者的境界往前邁去，這是一條仁者立人達人的可能路徑的開端。但仁者克己復禮以提供道德典範供人仿效，但如何確保他人也會以德自勵，一同追隨道德的更高境界？這又是天下歸仁的可能變數。從追隨者的角度來看，自我品德的向上提昇是內在於個人的呼求，是來自內在的動力來源，「為仁由己，而由人乎哉？」，稍後的孟子在道德的能動性上也有更深入的立論及發揮；而外界的循循善誘，也是極重要的牽引，這個牽引的力量就來自道德典範。而仁者要如何發揮德化眾人的力量？就某種程度來說，約束自己以回歸禮制毋寧是比較消極的，仁者除了克己復禮外，也要積極培養其他良好德性，發展良好德行，以建立與他人良好穩定的關係，並在這樣的基礎上進行道德的感召：

　　子張問仁於孔子。孔子曰：「能行五者於天下，為仁矣。」請問之。
　　曰：「恭、寬、信、敏、惠。恭則不侮，寬則得眾，信則人任焉，敏
　　則有功，惠則足以使人。」〔註20〕

　　樊遲問仁，子曰：「居處恭，執事敬，與人忠；雖之夷狄，不可棄也。」
　　〔註21〕

為仁的工夫不僅在於非禮勿視、非禮勿聽、非禮勿言、非禮勿動消極的自我約束，它更強調積極發展一種良好的、與人互動的品質與能力，如在待人方面，仁者要學習以恭敬、寬厚、信實、聰敏、施惠的態度來使人得眾，「出門如見大賓，使民如承大祭」，唯有謹慎的修己待人，才能「在邦無怨，在家無怨」，進而在道德層次上感化眾人，引領眾人，這也是仁者立人達人志業的完成。在孔子看來，道德的感召能力是很強的：

　　季康子問政於孔子曰：「如殺無道，以就有道，何如？」孔子對曰：
　　「子為政，焉用殺？子欲善，而民善矣！君子之德，風；小人之德，
　　草；草上之風，必偃。」〔註22〕

「子欲善，而民善矣」靠的不是暴力制衡，而是這股風行草偃的德化力量，

〔註 19〕參見王慶節：〈做為示範倫理的儒家倫理〉，收於《新華文摘》，2007 年，頁33～35。
〔註 20〕《論語・陽貨》，頁 154。
〔註 21〕《論語・子路》，頁 118。
〔註 22〕《論語・顏淵》，頁 109。

德化之所以可能，就在於個人內在德性的呼求配合外在典範的引動，內呼外應，透過向典範學習，落實在個人的反躬踐履上，士大夫、百姓一起提昇道德水準，自達水到渠成之效。

而綜合上述關於仁的內涵闡述，很明顯的，仁並不是孤立抽象的個人修養，無論是孝弟、愛人或恭寬信敏惠，都是人與人的交接酬應中具體呈現的人格特質，它強調一種良好的、與人互動的品質與能力，由此推及出去，其他諸如父子之親，君臣之義，朋友之信，在孔子的學說中，也都是「仁」因時制宜的發用。孔子所謂的「仁」做為一高度概括性的概念而出現，它是諸多德目的總和，雖然仁和其他道德觀念一樣，早在孔子之前已出現〔註 23〕，但孔子擴大仁的內涵，提高仁的位階，使它成為眾德之歸趨，統攝眾德，而這個提煉，不但對儒家學說而言具有定向作用，也奠定了儒家德行學說的核心價值。孔子論德以仁為發端，也以仁收攝，仁成為全德之稱，它透過統攝諸德，使儒家的道德論有了整體的精神。

孔子雖然嘗試透過賦予禮樂制度新生命來解決時代問題，但事實上，宗法封建體制的崩潰在當時恐已顯露出難以挽回的頹勢，孔子目睹時代大勢，卻仍在這個當下選擇力圖振興周文，拈出「仁」力挽狂瀾，實際成效不如人意應是可預期的了，但不可否認在理論意義上，「仁」所象徵的精神自覺與承擔，取得了突破性的歷史意義，陳來先生指出：

> （禮）是相當發達的文明的儀式準則體系，但仍然是一種外在的約束體系，是「儀式準則」的約束體系。而當禮樂社會不能再繼續維持的時候，當禮治秩序危機四伏的時候，德行體系必然應運而發展起來。倫理精神從自在（習慣）上升到自覺（內在）的過程中，從相對消極的「禮」到比較積極的「德」，儀式準則體系必然要引入德性體系並最終將主導地位讓位於德行體系，而精神的自覺也由此得到一個重大的飛躍。〔註 24〕

〔註 23〕關於春秋時代的德目，陳來在其《古代思想文化的世界：春秋時代的宗教、倫理與社會思想》一書中有詳盡的整理及探討。作者在檢視了《國語》相關篇章後，指出「仁」之作為德目，在西周春秋已頗受重視，但除了〈文政解〉的昭九行是以仁為首之外，在多數場合，仁與其他德目皆只是眾德之一，其地位並不特別突出於諸德之上。同時，「愛」作為「仁」的主要內涵，在春秋時已漸漸成形。參見陳來：《古代思想文化的世界：春秋時代的宗教、倫理與社會思想》（台北：允晨文化實業公司，2006 年），頁 317～331。

〔註 24〕同前註，頁 353。

尊尊親親是禮樂制度原始設計的靈魂，但在周文掛空的時代，這個靈魂早已化爲幽魂一縷，被王室的墮落、諸侯的恣肆衝撞得灰飛煙滅。孔子以仁填充禮樂的空殼，這個以仁爲總提的德行論，即便脫離了復興周文的沉重歷史包袱，仍有其自足的獨立意義與價值，尤其，在貴族生命墮落的同時，各國士階層逐漸崛起，與其冀望腐敗的王室貴族修德自勵以振復周文，孔子的強調在德上用力，除了是對在位者的期許外，更多時候是對當時逐漸發揮影響力、而成爲社會中堅份子的士人的提點與要求，因此，德的內容也比周初專指君王爲政之德來得更具普遍性，德已普遍化爲對大多數士人最基本的修養。孔子自謂憂德之不修，就明白表現出做爲一個士人應有的道德焦慮。

二、對有道及無道富貴之追求態度

許多學者在談及孔子論福時，都注意到《論語》一書並未出現過「福」字，而較多談到「樂」，因此偏重從樂處討論孔子對福分的看法〔註25〕。但事實上，與西周福字意義更直接相關概念的諸如財富、康寧、祿位、考終命等，以及與〈洪範〉中六極相關的禍的概念如疾、憂、貧、弱等議題，《論語》的討論並不匱乏。以財富來說，孔子就曾數度表達對財富的看法：

> 子曰：「富而可求也，雖執鞭之士，吾亦爲之。如不可求，從吾所
> 好。」〔註26〕

依據《周禮》，執鞭之士有兩種，一者爲天子或諸侯開道，一者執鞭於市場維持秩序者〔註27〕，兩者雖都是士，但其職位實爲卑下，要透過這種職位來累積財富，恐怕很有困難，但孔子認爲：如果是符合道義的財富，即使是執鞭的低下工作，他也願意去做；如果是取之無道的不義之財，那麼，他寧願放棄財富，行其所當行，從其所好。孔子這番話明顯表達對財富的基本肯定，他並不貶抑富貴的價值〔註28〕，但是，富貴的價值完全建構在謀取富貴的方

〔註25〕 如洪波：〈先秦儒家德福思想論〉，收於張立文主編《「孔子與當代」國際學術會議論文集》（保定：河北大學出版社，2005 年 12 月），頁 300～316。
〔註26〕 《論語·述而》，頁 61。
〔註27〕 參見《周禮》〈地官司徒第二〉及〈秋官司寇第五〉。
〔註28〕 「君子喻於義，小人喻於利」（《論語·里仁》）常被引爲孔子貶抑追求財富利益的例證，如陸九淵即以「所志」來理解這二句話，認爲所志於義，久則爲君子，所志於利，久則爲小人。但已有許多學者提出更適切的疏解，如劉寶楠的《論語正義》即指出爲此處的君子及小人是以貴賤分，在上位之君子需以禮義自我要求，在下之百姓不能禮義，故喻於利。統治者要以義守己，

式是否合乎道義的基礎上。面對富貴與貧賤，孔子的態度是十分明確的：

> 子曰：「富與貴是人之所欲也；不以其道，得之不處也。貧與賤是人
> 之所惡也；不以其道，得之不去也。君子去仁，惡乎成名？君子無
> 終食之間違仁，造次必於是，顛沛必於是。」〔註29〕

> 子曰：「篤信好學，守死善道。危邦不入，亂邦不居。天下有道則見，
> 無道則隱。邦有道，貧且賤焉，恥也；邦無道，富且貴焉，恥也。」
> 〔註30〕

孔子肯定富貴是人之所欲，在政治清明、天下有道的時代，就該積極正向的
投入社會事功，貢獻一己心力，順著社會正常運作的脈動，發展自己的志向，
同時也享有配得的富貴榮祿。在海晏河清的太平盛世，自外於國家社會並不
是王道，所謂「邦有道，貧且賤焉，恥也」；相反的，在悖德亂紀的亂世之中，
財富與祿位都是透過非常的手段才能取得，如果必須違背正道，去迎合扭曲
的社會價值觀才能獲得富貴，這種背離正道而取得的富貴，就是對有德之人
最大的嘲諷和羞辱，所以孔子說：「邦無道，富且貴焉，恥也」，天下無道時的
富貴，恐怕都是無道的產物，所以，孔子雖不否定對富貴的追求，但更重視
是否以合乎道義的方式取得富貴，「富與貴是人之所欲也；不以其道，得之不
處也。貧與賤是人之所惡也；不以其道，得之不去也」，獲取富貴的手段決定
了面對的態度，富貴本身不具備獨立的價值，它的價值是依附在「天下有道
則見，無道則隱」的出處進退原則之上的〔註31〕，如果不合乎道義，安於貧

以利治人（劉寶楠《論語正義》，台北：世界書局，1963 年，頁 83）。焦國成
也指出：此句君子小人是以其位來分，有政治地位的君子，需按義行事，沒
有政治地位的小人，他們所要思考的就是如何謀利來養活自己，董仲舒在〈報
孫會宗書〉中曾說：「明明求仁義常想不能在民者，卿大夫之意也。明明求財
利常恐困乏者，庶人之事者」，很能爲孔子此語作注。（焦國成：《中國倫理學
通論》上冊，頁 155～156），這種對君子小人義利之辨的疏解，與《論語》中
其他關於財富利益的言論調性基本上是比較符合的。

〔註29〕《論語‧里仁》，頁 36。
〔註30〕《論語‧泰伯》，頁 72。
〔註31〕此處「隱」字須與下文「邦無道，富且貴焉，恥也」合而視之，不能解爲隱
遁或隱居。無道則隱的態度應是指天下無道時，要堅守個人之善道，安於貧
賤，不汲汲營營於仕途祿位，相較於天下有道時的積極投入，這時的處世態
度是相對比較保留的、消極的、不活躍的，並不是要完全自外於社會人群，
這個態度與孔子在面對長沮、桀溺的挑戰時，所展現出的「鳥獸不可與同群，
吾非斯人之徒與而誰與」那種義無反顧、無法置身事外的態度是一致的（《論
語‧微子》）。

賤就是最好的因應態度：

> 子曰：「飯疏食、飲水，曲肱而枕之，樂亦在其中矣！不義而富且貴，
> 於我如浮雲。」〔註32〕

「飯疏食、飲水，曲肱而枕之，樂亦在其中矣」，只要不違背正道，疏食飲水也有安心行在道義上的快樂，貧賤之所以能安，正在於這種心安理得的樂處；只是，對一般人而言，「貧而無怨難」〔註33〕，所以孔子才會盛讚顏回在簞食瓢飲生活中不改其樂。

如何面對貧富貴賤，相當程度地反映了個人在面對禍福時的人生價值觀，尤其，在封建宗法制的農業社會中，貧富貴賤幾乎可象徵性的代表了個人的窮達、困厄與康寧。只是，對孔子而言，個人的窮達畢竟不是人生追求的最高目標，士人最重要的自我實踐在於求道，並行道於天下：

> 子曰：「君子謀道不謀食。耕也，餒在其中矣；學也，祿在其中矣。
> 君子憂道不憂貧。」〔註34〕

> 子曰：「士志於道而恥惡衣惡食者，未足與議也。」〔註35〕

> 子曰：「德之不修，學之不講，聞義不能徙，不善不能改，是吾憂
> 也。」〔註36〕

人生際遇無常，困窮潦倒的遭遇本在所難免，君子應該憂慮的是自我修德是否完滿、道業是否有所精進以行道於天下，而不是汲汲營營於衣食的豐厚。做為一個士，對於可能的求道艱難如果沒有這點基本認知和心理準備，那麼，他的立志求道也只能是裝模作樣。更進一步來說，一個謀食者，即使豐衣足食，心靈層次仍不免空虛；但對一個修習道德志業的謀道者而言，生活層次的問題早已含攝於求道之中，即使偶遇困窮不足之處，也因著他在內在道德精神上的修養及提昇而可甘之如飴，外在的困厄並不構成嚴重威脅。《呂氏春秋》中所謂：「古之得道者，窮亦樂，達亦樂，所樂非窮達也，道得於此，則窮達一也」〔註37〕，孔子求道追求的就是這種境界，若真能修養至此，對窮

〔註32〕《論語・述而》，頁62。
〔註33〕《論語・憲問》，頁124。
〔註34〕《論語・衛靈公》，頁140。
〔註35〕《論語・里仁》，頁37。
〔註36〕《論語・述而》，頁60。
〔註37〕《呂氏春秋・長攻》，所引書為秦・呂不韋《呂氏春秋》，上海：上海古籍出版社，1989年。頁111。

達就都能不動於心，便能安於貧賤，也能安於富貴，「富貴不能淫，貧賤不能移」，個人的苦樂因此可以超脫窮達，而以更遠大的道德志業為依據。

三、重德輕福之德福觀

孔子一再論及追求富貴的手段和面對富貴的態度，卻很少正面討論修道自勵、遵循正道者是否必然獲致應然的回饋。從上文的討論不難發現：在德與福二者之中，孔子明顯強調的前者，強調人的能動性，操之在我的這一端。至於在發揮人的能動性之後，按正道積極投入社會事功、參與社會的運作，是否能得到應有的富貴祿位，這關乎政治社會運作是否符合公義精神，也關乎人間的福分如何分配。關於這一點，孔子並沒有多做論述，但以「天下有道」的理想看來，公義的原則應該是一個理想社會最基本的運作基礎之一，所謂的天下有道應是個德福配稱的社會。事實上，關於德福之間的配稱關係，孔子是毫不懷疑的：

> 南宮适問於孔子曰：「羿善射，奡盪舟，俱不得其死然；禹稷躬稼，而有天下。」夫子不答，南宮适出。子曰：「君子哉若人！尚德哉若人！」〔註38〕

孔子對南宮适舉羿奡暴虐不得善終、而禹稷懷德終有天下之說大表認同與稱讚，可見孔子也認為有德者應有好的報償，敗德者終不免遭遇禍患，肯定德福二者之間要有適當的配稱關係；若敗德者未遭殃，則是「幸而免」〔註39〕，僥倖逃過罷了。然而，天下有道做為一種理想，它能否實現本身就充滿變數，在實際層面上，社會運作有其極複雜的機制和影響因素，修德行道者不一定都能得到相應的富貴祿位以為回饋，孔子本身就是一個最鮮明的例子，除了他自己，孔子也曾感嘆「從我於陳蔡者，皆不及門也」〔註40〕，這群以君子德性自我修身砥礪卻窮愁潦倒的士人正好突顯了社會上德福嚴重不一現象，針對這種現象，子路就曾很直接的表達他的困惑與不滿：

> 在陳絕糧，從者病，莫能興。子路慍見曰：「君子亦有窮乎？」子曰：
> 「君子固窮，小人窮斯濫矣。」〔註41〕

面對子路君子亦有窮乎的尖銳提問，孔子並沒有正面回應，孔子的「君子固

〔註38〕 《論語‧憲問》，頁123。
〔註39〕 《論語‧雍也》，頁54。
〔註40〕 《論語‧先進》，頁96。
〔註41〕 《論語‧衛靈公》，頁130。

窮，小人窮斯濫矣」還是對自我修德的要求與肯定，並不能解釋君子何以會時運不濟的現象。如果說天下有道預設了德福一致，那麼德福產生嚴重衝突的時代就是天下無道的時代，有德之人的困窮是社會的不公義，社會不公義就是亂世的現象，子路的質難，是對亂世的質難，針對這個質難孔子不予回應，是因爲亂世或治世是人力不能完全掌控的範疇，而重點則落在君子的面對態度上：

> 子曰：道之將行也與，命也；道之將廢也與，命也。〔註42〕

個人的時運與大環境的變化密切相關，但大環境的變化有其錯綜複雜的成因與面向，治亂只是結果的呈現，治亂背後各項變因交叉碰撞產生的變化，遠超乎人力所能安排，我們可以爬梳事物發展的脈絡加以理解，但也無法解釋萬事萬物變化中的偶然性。道之行與不行當然不是純偶然的，如果是這樣，人事就沒有努力的價值和存在的意義。世局的發展往往的是人事與自然因素的交互作用，在盡人事之後，能決定世局發展走向的就是人力無法掌控的自然因素了，就是在這個意義上，孔子說「道之將行也與，命也；道之將廢也與，命也」，命運是自然的、充滿變化和不確定性，子路對君子時窮的困惑，來自對命運缺乏深切的理解。世局的變化有其不可預測性，與之息息相關的個人際遇當然也可能充滿變數，並不是憑靠一己之力努力修德就可長保時運亨通。命是命運也是命限，大至天下有道失道，小至個人壽夭窮達，都有命的表現：

> 伯牛有疾，子問之，自牖執其手，曰：「亡之，命矣夫！斯人也而有
>
> 斯疾也！斯人也而有斯疾也！」〔註43〕

冉伯牛品性端正，善於待人接物，與閔子騫、顏淵等人同樣以德行修養聞名，這樣的好人卻不幸罹患惡疾，幾至喪命。以冉伯牛這樣的好修爲，卻遭受惡疾折磨，不享福壽，這是違背德福配稱原則的，所以孔子將之歸於自然的命數，只能感慨是命運使然。

進一步來看，對於人力有所未逮的部分，孔子向來都是存而不論的，如樊遲問知，孔子說：「務民之義，敬鬼神而遠之，可謂知矣」〔註44〕，季路問事鬼神，孔子也回應他：「未能事人，焉能事鬼？」〔註45〕，所謂的「務民之

〔註42〕《論語・憲問》，頁129。
〔註43〕《論語・雍也》，頁52。
〔註44〕《論語・雍也》，頁54。
〔註45〕《論語・先進》，頁97。

義」，很能表現孔子面對鬼神之事時的務實態度。在孔子所處的春秋時期，鬼神思想仍是多數人的信仰核心，各種祭祀仍具重要地位與意義，孔子不語怪力亂神，在相當程度上掙脫了西周以來事神敬鬼的信仰束縛，孔子強調在人力所能改變的範圍內盡人事的可貴，至於無力改變的，就將它歸之於不可抗力的命運或命限。孔子罕言命的積極意義，正在於他將焦點放在人的自身，這個焦點的轉移彰顯了人的自覺，大大提昇了天人關係中人的地位。

孔子對人的自我道德的把握是相當具有信心且充滿期待的，即使當他表示「祭如在，祭神如神在」、「吾不與祭，如不祭」時〔註46〕，他也是透過祭祀的儀典，「要人養成一種道德上的恭敬、誠實和專注。祭，就是通過對外在神秘對象的尊崇形式，在實際上求得祭者的一種心理的滿足，並以此培養活人的敦厚的道德情操。在孔子那裏，禱天信命實際也是人事，祭鬼敬神也是爲了人間的道德」〔註47〕，由此看來，孔子對天、對鬼神和命的認知與他在道德上的信仰是無法切割的，所以「不知命，無以爲君子也」〔註48〕，而正是在這個與道德相關連的意義上，孔子對於天的理解也是著重道德層面的理解：

子曰：「天生德於予，桓魋其如予何！」〔註49〕

王孫賈問曰：「與其媚於奧，寧媚於灶，何謂也？」子曰：「不然，

獲罪於天，無所禱也。」〔註50〕

面對桓魋的作勢加害，孔子以一句「天生德於予，桓魋其如予何」表現出大無畏的道德勇氣，孔子用以抵擋惡人侵犯的唯一武器，就是自身美好的品德，而這種品德的根源來自上天，是上天賦予人的美德，透過人的自覺自修而展現在人身上。因爲源自於天，因此有頂天立地的氣魄，可以抵禦俗世人爲的惡。而上天既做爲人們德性的源頭，反推回去，上天本身也必是富含道德性。至於王孫賈以討好奧或灶的挑釁問題來質疑孔子的處世原則，孔子跳脫問題的框架，直接回以「獲罪於天，無所禱也」，多行不義，違背天理，無論是媚於奧或媚於灶，都無法苟免於上天的懲罰。這個回答預設了天是具道德判斷意識的仲裁者，悖禮犯義的人想要迴避罪行，上天是不會聽他的禱求的。

由此可知，孔子爲了解決禮樂制度逐漸鬆動的時代問題，提出人的道德

〔註46〕《論語・八佾》，頁 27。
〔註47〕參見焦國成：《中國倫理學通論》，頁 74。
〔註48〕《論語・堯曰》，頁 179。
〔註49〕《論語・述而》，頁 63。
〔註50〕《論語・八佾》，頁 28。

自覺以爲主軸的淑世辦法，在此同時，他也選擇性的繼承了西周以來天的思想，肯認了上天具備道德屬性的這個部分，但在對人事的重視之下，他相對的減輕了上天賞善罰惡的力道。在孔子的學說中，上天仲裁人們功過以分配窮通禍福的思想幾乎是不可見的，上天雖然是人的道德性根源，但上天與人間相關連的層面似乎也僅止於道德要求，人們所關心的禍福如何發生或個人際遇的亨通或困頓，不僅不是人力所能安排掌握，它的原因及規律也不是人們所能窺探甚至理解，它是上天所統管的範疇，但卻是屬於不與人相互感通的那一個向面，那就是命限及命運。西周以來人們相信上天據德以賜福降禍，然而在西周末年動亂世局中，上天對人間罪惡無力干涉，對天災無理由的偏濫，其獎善禍淫的權威形象大大受到損傷，到了孔子手中，他一方面強調人的修德的重要性，一方面順勢淡化上天賞罰人間的功能，綜觀整部《論語》，幾乎看不到上天仲裁人間窮通禍福的言論，這正說明了孔子的學說重心在「人」並不在「天」。道德性的上天既不再扮演分配福分的角色，禍福窮達遂落入充滿隨機性的命運之中，無法與人間的善惡有精準的對應。如此一來，爲善修德就不再是爲了趨吉避凶，而必須有其自足的原因。在孔子而言，這個內在自足的原因就是回應天命的召喚，如唐君毅先生所言：

> 《論語》中載孔子之言知天命、俟天命、畏天命，言「不知命，無以爲君子也」，言「君子居易以俟命」。此乃明以知命俟命等，爲吾人成君子所必當有之一事……故此天命當是孔子之生命歷程或孔子之成學歷程或人求成君子之歷程中，所遭遇，亦所必當遭遇之一「貫于其生命歷程或成學歷程，而有一眞實存在之意義，如實對其有所命令呼召；而待于其知之、俟之、畏之，以爲其義所當然之回應」之天命。若此天道之流行，亦對人有所命令呼召，人必須以其生命與之相應平流，爲其義所當然之回應，則此天道之流行，自亦有天命之意義。〔註51〕

「天生德於予」，孔子將人的德性依據提高至上天的層次，所以人成德歷程中必然遭遇來自上天的天命呼召，而修德成德就是對天命呼召最自然的回應，這也是修德最內在的動力及原因。對天命的回應是義之所必然，此必然性不被行義的結果所左右，即使外在的回饋不成比例，甚至有德無福，都不能有

〔註51〕唐君毅：《中國哲學原論——原道篇卷一》（台北：台灣學生書局，1986年），頁116。

損回應天命之必然性。德在這個意義上便有了自足的價值，而這個價值同時也外顯爲成德之樂，牟宗三先生即指出：

> 而至於樂，爲其德行工夫之效驗之說。故修德爲學而未至於樂之境，恒見其工夫之尚有所未濟。故此樂不可說爲德行之報償，德行亦非求樂之手段，樂只是德行完足之效驗，其本身亦爲一德者。人之德行必完足圓滿，而更能自己受用之，或自己感受之者，而後有其長樂……此道當自人之德行之完足圓滿而內省不疚、心無愧怍說……由此心之內省不疚，無所愧怍，則人之生命心靈即無所虛歉，而有其內在的一致與貫通，或內在的感通，亦有一內在的安和舒泰，故能樂。〔註52〕

這就是孔顏樂處，是修德成德的自我完滿、自我肯認，是內在的安和舒秦。孔子強調修德成德的自我圓滿，牟宗三先生在闡述孟子的君子三樂中不愧怍之樂，即表示：

> 在命限之中，一時之俯仰無愧實是最大之幸福，人生之至樂……蓋隨時可有愧怍，而我竟免愧怍，此固由于意志之堅定，非純然幸致者，然亦由于主觀面之善根宿植以及客觀面種種條件之順適而足以助成此堅定，因此而得免于愧怍，即此而言，免于愧怍是一種福……德之所在即是福之所在。此福是成德之主觀心境，即自得自足之樂……推之，殺身成仁，舍身取義，固心安理得矣，然世之不能至此者何其多也。在此說一種心安無愧之理樂，固甚爲悲壯，究非最高之圓善。〔註53〕

按牟先生之說，個人自足之樂有主客觀因素的配合，雖也是一種難得之幸福，但這種幸福重在成德的主觀心境，逼到極端，就會產生爲成仁取義必須犧牲個人安適之生活甚至生命的可能，這種犧牲本非人情之所能安，所以這類幸福雖悲壯卻非最高境界。就如唐君毅先生所言，孔顏樂處是德行的效驗所帶來的樂趣，嚴格說來並不是孔子修德追求的最高目標。如果把這自足的樂趣視爲另一種意義的福分，近於斯多葛學派所說的「有德即有福」，把福預設在德的內涵之中，這種福並沒有獨立意義，它是德的附加價值，只要窮盡德這一端，就同時得福。若扣緊傳統西周以來以外在的財富祿位康寧來定義福而

〔註52〕 同前註，頁106～107。
〔註53〕 牟宗三：《圓善論》，頁165。

言，這種把福納入德的看法無異是取消福的這一端，完全只著眼於德。

但是從上文孔子對富貴利祿的討論不難發現：孔子不僅不排斥人間事功，在符合道義的原則下，他還很鼓勵士人積極投入社會運作，爭取事功及聲譽，「邦有道，貧且賤焉，恥也」，對孔子而言，所謂邦有道就是回復宗法封建的秩序，所有人的行事皆以禮樂制度的規範爲依止，在有德者的表現皆能符合自身的政治身份和地位的情況下，各人享有相應的富貴。換言之，在天下有道之時，德與福之間具有某種適當比例的配稱關係，這種個人品德與富貴相配的關係同時也是穩定封建宗法制度的力量。此時，若不參與國家社會的正常運作，自外於德福相應的機制而過著貧賤的生活，就是成德之人莫大的恥辱。所以，孔子並不取消福分的存在意義，只是他的「德」在德福的對應關係具有絕對的優位性，從這個角度來看，孔子並不是「以德爲福」，而是「重德輕福」，這二者的差異在於前者的德福是分析關係，後者則是綜合關係；前者取消了福的獨立存在意義，後者則仍正視並肯認福的存在及追求價值，雖然成德自有其自足之樂，但並不能因此反過來取消或取代外在福分的存在。劉滌凡先生曾指出孔子的德福觀是「德之所在即福之所在」，他認爲「所謂道德性天命就是以義爲命，人只要能實踐道德，當下就是福報了，因爲概念本身便涵蘊目的的自身，並不需要有一位他力的神來賜福保證其實踐的因果必然性」〔註54〕，孔子的確不需要他力來保證實踐的因果必然性，但這並不表示他認爲這種以德爲福的型態就是最高境界的德福型態，畢竟，孔子從未取消外在福報的存在，雖然行道自有其自足之價值，也無法完全取代外在福報。只因福報有外在的命運和命限，所以孔子將著力的重點置於德的這一端，轉而強調行德的價值。

所以，總的來說，孔子在面對周文疲弊的強烈憂患意識中，思想重心落在振衰起弊的道德意識上，在這種重德的思想傾向下，個人的財祿康寧相對而言顯得無足輕重，「死生有命，富貴在天」〔註55〕，很可以說明孔子對福的態度。孔子關心的是修德是否有成，行道是否及於天下，對於個人的福禍、壽夭、窮達，孔子在很大的程度上將之歸於命限及命運。但是，更進一步來看，孔子賦予周文的新精神——「仁」——統攝眾德，其中必然包含了回復禮樂制度所需的社會公義精神，按孔子的學說，如果每個人都能正確的回應

〔註54〕參見劉滌凡：《唐前果報系統的建構與融合》，頁103。
〔註55〕《論語・顏淵》，頁106。

天命的召喚，修德成德，行道於天下，那麼，一旦重建禮樂社會，這就是一個天下有道的時代，在這種理想的時代中，所有的人各安其位，各得其所，社會運作井然有序，個人所處的境地自然將會得到相應的改善，個人的所作及所受也都將在人力所及的最大範圍內，符合公義的分配原則，而達到德福一致的境界。

　　西周以來以上天維持德福平衡關係的模式，到了孔子有極大的轉變，這也是孔子學說可貴之處。修德成德之人本來就有遭遇不幸或不公義對待的可能，這是現實世界中經常發生的現象，孔子面對這種現象的態度是十分務實的，他承認了命的限制，但是這種務實的態度卻不致使他消極地承認現實存在的一切都是合理的，因而失去努力進取、改善現狀的動力，子路所謂：「君子之仕也，行其義也。道之不行，已知之矣」〔註 56〕，說的正是孔子的一生，遇到困境就善處困境，並在其中繼續保有行道的樂趣。在德福關係的論題上，孔子的貢獻在承認命運不可掌握的同時，爲人自身的修德行道找到內在價值，此價值在呼應天命的當下即可得到，「我欲仁，斯仁至矣」〔註 57〕，這是完全自足而不待外求的價值肯定，也因此，孔子不需強設一個超然的裁判者來評量人間的德行以分配禍福，這也使得上天不再扮演福善禍淫的角色。在孔子以前，人們以蒙福受禍來表示修德的足與不足，以結果的好壞來肯定德行的良窳，德的價值依附在外在物質；而孔子不需要福報來肯定德行，修德成德是自足的，「求仁得仁，又何怨」〔註 58〕，也就是說，孔子雖然肯定事功的追求，但他更肯定道德實踐的價值。從西周到孔子，我們可以看宗教天的地位在人的道德意識深化的進程中不斷下滑，而人的道德主體性則不斷提高，這是孔子在人文精神上的貢獻，也是西周以來德福關係的重要轉變。焦國成先生指出：

> 在禍福是命定還是人定的問題上，儒家實際上是左右搖擺的。如前所述，儒家肯定有命運的存在，而且還認爲命運是禍福的最後的決定者。但是，儒家也沒有把禍福全部交給命運，還給人的主觀能動性留下了一定的地盤。〔註 59〕

在傳統宗教鬼神禍福人間的思想仍然濃厚的春秋時代，要掙脫鬼神的束縛，

〔註 56〕《論語・微子》，頁 165。
〔註 57〕《論語・述而》，頁 64。
〔註 58〕《論語・述而》，頁 61。
〔註 59〕參見焦國成：《中國倫理學通論》，頁 442。

建立人的道德信心，已是不易的成就。如果說孔子在人定禍福或命定禍福二者之間態度左右搖擺，那正是孔子努力逐步擺脫迷信、建設人文精神的跡證，孔子重德輕福的德福觀，展現的不僅是孔子學說重德的特色，也展現了同樣進步的人文精神。就儒家的發展脈絡看來，雖然孔子對德福關係的討論不多，但他以德爲重的德福觀點卻決定了後世儒者發展的向度，奠定儒家德福理論的重要基礎，這是深具歷史意義的價值抉擇。孟子就在這樣的基礎，接續發展具儒家以德爲重的德福理論。

第二節　孟子德福觀

一、以性善爲根柢之德行觀

以繼承孔子學說自任的孟子，站在孔子的學說基礎之上，無論在政治思想或道德思想方面都有更深入及更具廣度的發展。他在道德論上最大的貢獻，就是爲孔子的道德建立了人性的依據，徐復觀先生即指出：

> 經過孔子畢生的努力，而自覺到法則性的天命，實生根於人自身之中，而將人性與天命融合爲一，使人的生命從生理的限制突破出來；使抽象地法則，向人的生命中凝結，而成爲可以把握的有血有肉的存在……但孔子是通過他個人下學而上達的工夫，才實證到性與天命的合一。所以性與天道，對於孔子，還是個人地事實地存在；孔子似乎還沒有把它客觀化出來，加以觀念的詮表；所以子貢才有「不可得而聞」之嘆……一直到代表子思思想的《中庸》上篇，才能清楚說出「天命之謂性」的話……但「性善」兩字，直到孟子始能正式明白地說出。性善兩字說出後，主觀實踐的結論，通過概念而可訴之於每一個人的思想，乃可以在客觀上爲萬人萬世立教。並且如後所說，孟子所說的性善，實際便是心善。經過此一點醒後，每一個人皆可在自己的心上當下認取善的根苗，而無須向外憑空懸擬。〔註60〕

孟子所處的時代，是「聖王不作、諸侯放恣」的時代，世局較孔子所處的春秋更加混亂無道，孔子以士階層的道德修養及提昇來充實徒餘形式的周文，是在不破壞現有體制的前提下，爲掛空的周文注入新生的靈魂，期待以道德

〔註60〕參見徐復觀：《中國人性論史——先秦篇》，頁 162～163。

的力量重建封建倫理及秩序。這種以士階層修德爲主要內涵的救世之方，倚賴的是士人的自覺，但在現實環境的衝突與動盪日益加劇之下，社會上充斥各種違法亂紀、有悖倫常的行爲，變態反成常態，如此一來，若非自省甚深，既使是士人也極容易在各種光怪陸離的現象中迷失自己，喪失自覺。若仍要堅持道德的立場以救時弊，那麼道德需要有更普遍且深層的根據，才不致被各種混亂的價值觀所動搖，也才能在亂世之中繼續挺立，發揮正本清源的力量。這個更深層而堅實的依據，到了孔子孫子子思，才終於在普遍的人性上找到著力點，並上與天道接合，《中庸》所謂：「天命之謂性，率性之謂道，修道之謂教」〔註61〕，一句「天命之謂性」把天與人的關係逼進了另一個新的境界——人努力修德所要回應的天命其實根植於人的內在本性，換言之，天與人有了本質上的相連，人性就是天命在人身上的展現。若此，則人們修德就不是回應外在的天命，而是呼應內在於人自身的人性呼求，不論在治世亂世，做爲一個人，就必須就展現其爲人之所以爲人的這個面向，不管自覺與否，道德之踐履本身就得得到不可動搖的必然性，徐復觀先生即表示：「只有在『天命之謂性』的這一觀念下，人的精神，才能在現實中生穩根，而不會成爲向上漂浮，或向下沉淪的『無常』之物」〔註62〕。而做爲子思門人之徒的孟子，便順著這個論勢，更進一步提煉出性善的說法，終於爲孔子的道德思想建立堅強的人性依據。

孟子對人性的主張主要表現在他與告子的論辯中，告子主張性無善無不善，學善則行善，學惡則行惡，故謂「生之謂性」〔註63〕，但孟子駁斥說：

> 孟子曰：「生之謂性也，猶白之謂白與？」曰：「然。」「白羽之白也，猶白雪之白，白雪之白，猶白玉之白歟？」曰：「然。」「然則犬之性猶牛之性，牛之性猶人之性歟？」〔註64〕

告子主要的論點是人原生的本質就叫性，這種本質沒有善惡之別，而孟子則認爲，性不能一概而言，就像是白羽之白、白雪之白與白玉之白都是白，卻不是同樣質地的白，性也是如此，不能把天生本質稱爲性，所以犬牛禽獸之性跟人之性是不一樣，可見孟子所謂的性，是從人禽之異處著眼：

〔註61〕《中庸》第一章，參見宋・朱熹《四書章句集註》（台北：鵝湖出版社，1984年），頁17。

〔註62〕參見徐復觀：《中國人性論史——先秦篇》，頁118。

〔註63〕《孟子・告子》，頁192。

〔註64〕同前註。

> 人之所以異於禽獸者幾希，庶民去之，君子存之。舜明於庶物，察
> 於人倫；由仁義行，非行仁義也。〔註65〕

在生理需求方面，人與禽獸都同樣需要衣食飽暖，唯一不同之處，即在於人能知仁義行仁義，這一丁點不同就是人性的根據，這點根據雖只是「幾希」，但舜可明庶物察人倫，成就聖王大業，所把握的也就是這一丁點人性，這人性的實質內容是仁義道德，是人與生俱來的本質，也是人生而異於禽獸之處。既是生而有之，君子所要做的是把握之並踐履之，所以說「由仁義行，非行仁義」，仁義是由內向外的展現，「非由外鑠我也，我固有之也」〔註66〕。

孟子從人禽之相異處來定義人性，與告子把天生本質稱做性是不同的定義，所以針對孟子的主張性善，告子才會質疑天生質地如何具有道德性：

> 告子曰：「性，猶杞柳也；義，猶桮棬也。以人性為仁義，猶以杞柳
> 為桮棬。」孟子曰：「子能順杞柳之性而以為桮棬乎？將戕賊杞柳而
> 後以為桮棬也？如將戕賊杞柳而以為桮棬，則亦將戕賊人以為仁義
> 與？率天下之人而禍仁義者，必子之言夫！」〔註67〕

孟子是從根本處就把人提了出來，就從人之與禽獸的區隔處為人性立論，就此展開人之為人的價值論述，所以對孟子而言，告子對性的看法是不究竟的，不把握人與禽獸的分際，不從本質上把人與禽獸區隔開來，就等於把人等同於禽獸，這種混淆人禽之辨的主張無疑是完全抹滅了人做為道德性存在的依據，所以孟子十分憤怒的表示：「率天下之人而禍仁義者，必子之言夫」。雖然，在這個論點上，孟子也能順著告子的譬喻，有力的反駁告子說：杞柳能被彎揉成為桮棬，正表示杞柳具有能被彎曲的本質，這本質就是道德的根據，似乎很成功的回應了告子的挑戰，但綜觀孟子和告子對性的論辯，兩人因著對性不同的定義，可說自始至終都沒有對焦，甚至，在回應告子的質難時，孟子提出的辨駁其實也不全然有效，如告子的生及性都是抽象概念，而孟子卻都以具體有限的事例來理解回應之；又如以水之就下喻人之向善，若將之視為論證，恐怕也是無效的論證〔註68〕，但即便如此，僅僅在對性的定義取

〔註65〕《孟子・離婁下》，頁 145。
〔註66〕《孟子・告子》，頁 194。
〔註67〕《孟子・告子》，第十一卷。
〔註68〕關於孟子回應告子性說所犯的論證形式上的謬誤，可參見陳少峰：《中國倫理學史》上冊（北京大學出版社，1996 年）頁 67～70，以及高柏園：《孟子哲學與先秦思想》（台北：文津出版社，1996 年），頁 7～12。而雖然以邏輯論

向上，就可充分彰顯孟子的學說立意，孟子之論性有其特殊的用心，他是爲了尋求道德在人性上的堅實依據，所以不論孟子是否自覺其主張在理論或邏輯上不比告子來得更具普遍性、更周嚴，他的以人禽之異處來爲人性立論，本身就是一種可貴的價值擇取。

而必須指出的是：孟子以人性爲道德之根源，並不是期待人性應然如此，而是人性實然如此，他舉孺子將入於井爲例，證明人心有實然的善端：

> 人皆有不忍人之心。先王有不忍人之心，斯有不忍人之政矣。以不忍人之心，行不忍人之政，治天下可運之掌上。所以謂人皆有不忍人之心者，今人乍見孺子將入於井，皆有怵惕惻隱之心；非所以內交於孺子之父母也，非所以要譽於鄉黨朋友也，非惡其聲而然也。由是觀之，無惻隱之心非人也，無羞惡之心非人也，無辭讓之心非人也，無是非之心非人也。惻隱之心，仁之端也；羞惡之心，義之端也；辭讓之心，禮之端也；是非之心，智之端也。人之有是四端也，猶其有四體也。有是四端而自謂不能者，自賊者也；謂其君不能者，賊其君者也。〔註69〕

這段有名的論述清楚的交代了孟子的心性觀點，今人「乍見」孺子將入於井而「乍起」的惻隱之心，是在摒除任何人爲功利考量的當下所產直接反應，這就是心善的最佳證明，孟子就憑著這點不忍人之心，認爲人心有其善端，並據此向外推擴而去，一口氣把羞惡、辭讓、是非之心以同理可證的方式通通囊括進來，用以說明人有仁義禮智四端，對孟子而言，不忍人之心就是人最自然的本性流露，四端之於人，也是不證自明的「猶其有四體也」，仁義禮智四端是心的本質、心的道德作用，它同時就是性善的內容：

> 公都子曰：「告子曰：『性無善無不善也。』或曰：『性可以爲善，可以爲不善，是故文武興則民好善，幽厲興則民好暴。』或曰：『有性善，有性不善，是故以堯爲君而有象，以瞽瞍爲父而有舜，以紂爲兄之子且以爲君，而有微子啓、王子比干。』今曰『性善』，然則彼

證的角度來剖析孟告之辯也是一種可能的理解分析角度，但事實上，孟子的回應是否適合以這種方式來分判其價值恐仍值得商榷，畢竟孟子是提供一扇門，運用各種形象的說明邀請人回到自身，所以如唐君毅先生便認爲孟子之論性完全可以涵蓋告子所論的範圍。

〔註69〕 《孟子·公孫丑上》，所引版本爲清·阮元《重刊宋本十三經注疏》之《孟子注疏》（台北：藝文印書館，1960年），頁146。

皆非歟？」孟子曰：「乃若其情則可以爲善矣，乃所謂善也。若夫爲
不善，非才之罪也。惻隱之心，人皆有之；羞惡之心，人皆有之；
恭敬之心，人皆有之；是非之心，人皆有之。惻隱之心，仁也；羞
惡之心，義也；恭敬之心，禮也；是非之心，智也。仁義禮智，非
由外鑠我也，我固有之也，弗思耳矣。故曰：求則得之，舍則失之。
或相倍蓰而無算者，不能盡其才者也。《詩》曰：『天生蒸民，有物
有則。民之秉彝，好是懿德。』孔子曰：『爲此詩者，其知道乎！故
有物必有則，民之秉彝也，故好是懿德。』」〔註70〕

由公都子的提問可知，當時針對人性之善惡的議題較流行的看法有性無善無
惡說、性有善有惡說，性可爲善可爲惡說等，面對紛紜眾說，孟子總能侃侃
而談他對人性的認識，而值得注意的是：惻隱、羞惡、恭敬及是非之心本來
都是心的活動，孟子將這些心的作用做爲其性善說的內容來回應各家說法，
可見對孟子而言，仁義禮智之根於心，即是根於性，心的善端就是人性的善
端，心有道德的根源，人性便具道德性，從這個角度來看，心善提供了性善
更根本的根據，徐復觀先生即表示：

> 心在擺脫了生理欲望裏脅時，自然呈露出了四端的活動。並且這四
> 種基本活動形態，雖然顯現於經驗事實之中，但並不爲經驗事實所
> 拘限，而不知其所自來，於是感到這是「天之所與」；亦即是「人之
> 所受以生」的性。這是孟子由「心善」以言性善的實際內容……孟
> 子由心善以言性善，這才是經過了自己生活中深刻地體認而提供了
> 人性論以確實的根據，與後來許多從表面的事象，乃至從文字的字
> 義上言性，在立論的根據上，有本質的不同。〔註71〕

對孟子來說，所謂的性善是事實的陳述，並不是理論的假設，所以儘管邏輯
論證有瑕疵，也不影響他對性善的體認。

進一步來看，四端之謂「端」，正表示惻隱、羞惡、是非、辭讓之心這些
特質是微而易失、極容易受到後天環境及人的耳目欲望之斲喪，孟子就曾以
牛山之木受斧斤伐之、牛羊牧之來譬喻仁義之心的不易保存，因而得出一個
結論：

> 苟得其養，無物不長；苟失其養，無物不消。孔子曰：『操則存，舍

〔註70〕 《孟子·告子》，頁194。
〔註71〕 參見徐復觀：《中國人性論史——先秦篇》，頁173～174。

則亡。出入無時，莫知其鄉』，惟心之謂與？〔註72〕

四端只是一個善的開端，人之有此四端，不但不表示必然成為仁義兼備的人，若缺乏妥善的存養，放失其心，連最初的四端都散失，如此一來，就是連侍奉自己的父母這種本分內的事都無法完成，更遑論其他。換言之，從具備四端到成為仁義兼備的人，這當中還需要許多實踐的工夫。而實踐的第一步當然就是必須對四端之內在於我此一事實有所自覺，「仁義禮智，非由外鑠我也，我固有之也，弗思耳矣。故曰：求則得之，舍則失之」，「人人有貴於己者，弗思耳」〔註73〕，不知四端之內在於我，是「弗思耳矣」，所謂「思」就是自覺，肯認人性具有善的端緒，並在此自覺基礎上創造性地賦予人生存在的意義和價值。若無此自覺，就沒有後續自我實踐之可能，而要增加自覺意識，最好的方式就是降低耳目官能等之欲望。耳目生理欲望有其存在之必要性，但若放縱無度，為滿足私欲，勢必將牽制本心的道德作用，迷失在外物的牽引之中，「耳目之官不思，而蔽於物，物交物，則引之而已矣」〔註74〕，孟子認為耳目官能不具省思能力，若任憑耳目欲望引領人的生命，就是以欲望凌駕人的本心之上，具有省思能力的「心之官」也將喪失自覺的能力，幾希的四端也將在欲望不斷的侵蝕磨損下，消失殆盡。耳目官能欲望與道德有著本質上的衝突，對孟子而言，欲望雖不可斷絕，但要寡之，盡量減少耳目官能欲望對人心的牽絆，心才能不被外物障蔽，才能保有它最清明的本來面貌，這就是存養本心的最好的方式：

　　養心莫善於寡欲。其為人也寡欲，雖有不存焉者寡矣。其為人也多

　　欲，雖有存焉者寡矣。〔註75〕

把欲望的干擾降到最低，讓清明的心可以發揮它原有的省思能力，在各種生命經歷中逐漸自覺仁義禮智之內在於我，「心之官則思，思則得之，不思則不得也」〔註76〕，仁義禮智四端是在自覺當下便能呈顯，所以說「思則得之，不思則不得也」。透過寡欲的工夫使得人能充分自覺，在自覺當下，本心就地呈現，因此得到保存，這是思的工夫，也是養心的工夫，這兩者是同步的工夫。四端在這個意義下得到確認，接著下一步便是將之向外擴充推廣：

〔註72〕《孟子‧告子》，頁196。
〔註73〕《孟子‧告子》，頁204。
〔註74〕《孟子‧告子上》，頁203。
〔註75〕《孟子‧盡心下》，頁261。
〔註76〕《孟子‧告子上》，頁203。

> 人皆有所不忍，達之於其所忍，仁也；人皆有所不爲，達之於其所
> 爲，義也。人能充『無欲害人』之心，而仁不可勝用也。人能充『無
> 穿窬』之心，而義不可勝用也。人能充無受『爾』、『汝』之實，無
> 所往而不爲義也。〔註77〕

> 凡有四端於我者，知皆擴而充之矣，若火之始然、泉之始達。苟能
> 充之，足以保四海；苟不充之，不足以事父母。〔註78〕

就工夫次第而言，必先透過寡欲以存養本心，才有根據本心再將四端推擴開
來的工夫，而所謂「擴而充之」，就是將隱微的、一己的不忍之心，逐漸推及
到他人身上：老吾老的同時，也照顧嘉惠他人的長者；幼吾幼的同時，也疼
惜憐愛他人的幼孩。用唯恐別人受傷害的不忍人之心，來對待所有人；用有
所不爲的高道德標準，做爲處理所有事物的行事原則，那麼仁義的效用就可
以發揮到最大。君王善推其不忍人之心，落實成爲不忍人之仁政，也是同樣
的效用，所以說「苟能充之（仁義禮智），足以保四海」。

　　上述這種靠著心的省思自覺而後推廣擴充四端的工夫，可以將心的善端
無限延展擴張，把心原初的特質做最好的運用，展現道德的力量，這就是盡
心。能盡心的人，就是能完全掌握人之善性的人；能確切掌握人之善性，就
能徹底明白性善是「莫之致而至」者，是受之於天，因此可說是知天：「盡其
心者，知其性也，知其性，則知天矣〔註79〕。」從這個意義上來看，天命是
在人性之中體現出來，這也是《中庸》「天命之謂性」的思路。

　　相較於孔子之論道德，孟子更全面的建構了道德的人性論基礎，也清開
了一條從天命到人性之間的道德路徑。道德有了人性的根源，也就更具有其
踐履的必然性了。

二、求之有道、得之有命之富貴觀

　　孟子總是在一種與道德相對立的論述氛圍下，討論追求名利的態度或是
對貧富窮達的看法，這種預設的對立事實上已經隱含了對富貴的貶抑：

> 君子觀之，則人之所以求富貴利達者，其妻妾不羞也而不相泣者，
> 幾希矣。〔註80〕

〔註77〕《孟子·盡心下》，頁 260。
〔註78〕《孟子·公孫丑上》，頁 64。
〔註79〕《孟子·盡心上》，頁 228。
〔註80〕《孟子·離婁下》，頁 156。

　　欲貴者，人之同心也。人人有貴於己者，弗思耳。人之所貴者，非
　　良貴也。趙孟之所貴，趙孟能賤之。詩云：「既醉以酒，既飽以德」，
　　言飽乎仁義也，所以不願人之膏粱之味也。令聞廣譽施於身，所以
　　不願人之文繡也。〔註81〕

「人之所貴者，非良貴也。趙孟之所貴，趙孟能賤之」，人間所能分配的價值，不論是名或利，其本質都是變動流轉的，富貴利祿的獲得都是許多主客觀因素的相互配合才能水到渠成，這之中有太多足以影響結果的變因，非人為所能完全掌握，更何況就算是在人力所能掌控的範圍之中，人心的變化也是難以預料的，「趙孟之所貴，趙孟能賤之」，孟子十分精準的掌握這些世俗價值的變動與有限性，既是變動不定且有其侷限，就不能成為人生的必然追求：

　　求則得之，舍則失之，是求有益於得也，求在我者也。求之有道，
　　得之有命，是求無益於得也，求在外者也。〔註82〕

「求之有道，得之有命，是求無益於得也」，這是孟子對富貴利祿的基本看法，相較於內在於我、操則存舍則失的四端，富貴利祿是求之在外的世俗價值，得之有時，失之有時，用盡全力追求並不能完全保證必然擁有，所以這種追求是無益的，因而不是人生必然之追求。相對之下，那些完全操存在我、有一分用力便有一分增長的內在德性，才是值得把握之處。至於人人皆想要獲得的富貴，如何為人所有，孟子則把它歸諸於「命」。所謂的「命」，就是人力無法掌控的部分：

　　莫之為而為者，天也。莫之致而至者，命也。〔註83〕

在生命歷程中，那些未經人事安排而發生的一切經歷，無論好壞，就是天的安排，也就是命，它是一切主客觀因素錯綜複雜的遇合，也是所有偶然性因素的統稱。孟子認為：求之在外的富貴，就算能獲得，也是「莫之致而至者」，所以說「求之有道，得之有命」，人不應虛擲寶貴的時間和心力在這無益的追求之上，而應該用力於「良貴」——具有真正價值的道德修為上，所以孟子說孔子是「進以禮，退以義，得之不得曰：『有命』」〔註84〕。在價值層次上，富貴利祿等世俗價值就如同身體形軀的感官滿足一般，都是得之有命的屬命

〔註81〕《孟子·告子上》，頁204。
〔註82〕《孟子·盡心上》，頁229。
〔註83〕《孟子·萬章上》，頁168。
〔註84〕《孟子·萬章上》，頁170。

層次，而道德仁義則是必然內在於人的根本價值，它是屬性的：

> 口之於味也，目之於色也，耳之於聲也，鼻之於臭也，四肢之於安
> 佚也；性也，有命焉，君子不謂性也。仁之於父子也，義之於君臣
> 也，禮之於賓主也，知之於賢者也，聖人之於天道也；命也，有性
> 焉，君子不謂命也。〔註85〕

耳目聲色的需求是與生俱來的生理欲望，但能否得到滿足則有待於外在客觀條件的配合，這屬於不能操之在己的命的範疇，所以君子不謂之性。仁義禮知也是天賦內在於人的本質，但是操則存舍則亡，主控權完全掌握在人手上，所以君子不將之歸於「莫之致而至者」的命，而視爲應當操存的性。很顯然的，在價值取向及追求次第上，爲人人之所貴的仁義具有絕對的優位性，感官形軀的享受在道德的面前無足輕重，「飽乎仁義也，所以不願人之膏粱之味也」，孟子並不否定滿足各種人生欲望的合理性，但在德性價值面前，耳目聲色之享、富貴名利之榮華勢必無法成爲人生的必然的追求。孟子這種對富貴等世俗價值帶有明顯貶抑意味的主張，與當時日益講求功利現實社會風氣中形成了一種巨大的反差。

三、崇德抑福傾向之德福觀

孟子直接討論人生禍福的論述不多，明確提及禍福的言論有下列兩處：

> 仁則榮，不仁則辱。今惡辱而居不仁，是猶惡溼而居下也。如惡之，
> 莫如貴德而尊士。賢者在位，能者在職；國家閒暇，及是時明其政刑，
> 雖大國，必畏之矣。《詩》云：『迨天之未陰雨，徹彼桑土，綢繆牖戶。
> 今此下民，或敢侮予？』孔子曰：『爲此詩者，其知道乎！能治其國
> 家，誰敢侮之？』今國家閒暇，及是時般樂怠敖，是自求禍也。禍福
> 無不自己求之者。《詩》云：「永言配命，自求多福。」〈太甲〉曰：「天
> 作孽，猶可違；自作孽，不可活」，此之謂也。〔註86〕

> 愛人不親，反其仁；治人不治，反其智；禮人不答，反其敬。行有
> 不得者，皆反求諸己。其身正而天下歸之。《詩》云：「永言配命，
> 自求多福。」〔註87〕

〔註85〕 《孟子・盡心下》，頁253。
〔註86〕 《孟子・公孫丑上》，頁63。
〔註87〕 《孟子・離婁上》，頁126。

這兩段關於禍福的言論，很明顯談的並不是一般人生的遭遇，而是從治國角度討論為政者應有的政治作為及態度，而此處的福禍榮辱，表面上指的是國家得治與否，不是個人的窮通禍福，但對君王而言，得天下則榮，失天下則辱，這是君王帝業的成敗，也是他個人的福禍。君王的富貴榮銜與其帝業是否穩固緊密相連，天下得治則其名位常保，安享富貴；天下動亂則危亂及身，失位喪權，從這個角度來看，這也是君王個人的窮通禍福，它一樣可視為人在付出與收獲之間的某種對應關係。

　　細究這二段引文，孟子顯然認為君王的禍福與君德的良窳有密切關聯，「仁則榮，不仁則辱」，君王有仁德就會招來榮耀，失去仁德則引來恥辱，君王的品德攸關治國成效，而治國成效又是君王福祉的主要內涵，所以君德與君福有著必然的正比關係，這可說是孟子對德福對應關係的基本看法，是榮是辱來自德行的表現，德與福有其配稱關係。而「禍福無不自己求之者」，蒙福遭禍的依據正是德行。對君王來說，若想國治民安、永保帝業，最好方法就是「貴德而尊士」，尊士是使「賢者在位，能者在職」，貴德則是君王修崇良好的品德，修養自身的德行，以收風行草偃之效，所謂「其身正而天下歸之」，這也是孔子德化思想的傳承。至於該如何修德，最好的方法就是反求諸己，「愛人不親，反其仁；治人不治，反其智；禮人不答，反其敬」，正因為道德的根源本來就內在於人的自身，返回自身探求德性的本然面目，並找回道德的原動力，展現良好的德行，這才是在道德疲弱時最正本清源的做法，也是自求多福之道。

　　雖然孟子認為德與福之間存在著配稱關係，有德者蒙福，失德者被禍，然而在如上文所言，在價值取向上，屬性的德與屬命的福並沒有對等的地位，所以，在追求次第上，當以德為先為重，而福只是隨順成德而來的效益之一：

　　　有天爵者，有人爵者。仁義忠信，樂善不倦，此天爵也。公卿大夫，此人爵也。古之人，修其天爵而人爵從之。今之人，修其天爵以要人爵。既得人爵而棄其天爵，則惑之甚者也，終亦必亡而已矣。〔註88〕

仁義忠信、樂善不倦是內在於我的本質，是與生俱來的內在價值，是為天爵；公卿大夫是人間權位，是後天的人為設計，所以稱之為人爵。孟子認為古人以修天爵為目標，而人爵自然伴隨而來；但現在的人即便修其仁義忠信，也是做為求取功名富貴的手段，他們追求的終極目標是人爵，而非天爵。前者

〔註88〕《孟子・告子上》，頁 204。

是修德而後得福，後者是爲得福而修德，把修德視爲得福的手段。在孟子而言，公卿大夫、富貴利祿等傳統意義的福分是成德的附加效益，現在的人卻讓從屬的利益反客爲主，凌駕於修德之上。孟子認爲古人「修天爵而人爵從之」，這是孟子「仁則榮，不仁則辱」的基調，德福關係是處在一種配稱且一致的狀態〔註89〕，但從其以爲天爵爲首爲重而以人爵爲次爲輕的表述看來，孟子延續了孔子重德輕福的傾向，而這種重人的道義價值、輕世俗價值的說法，推至極點，就會逼出捨生取義的主張，彰顯一種高於生物存在意義的絕對價值：

> 魚，我所欲也；熊掌，亦我所欲也。二者不可得兼，舍魚而取熊掌者也。生，亦我所欲也；義，亦我所欲也。二者不可得兼，舍生而取義者也。生亦我所欲，所欲有甚於生者，故不爲苟得也。死亦我所惡，所惡有甚於死者，故患有所不辟也。如使人之所欲莫甚於生，則凡可以得生者，何不用也？使人之所惡莫甚於死者，則凡可以辟患者，何不爲也？由是則生而有不用也，由是則可以辟患而有不爲

〔註89〕 關於「古之人，修其天爵而人爵從之」這個論述，歷來有許多的爭議，因爲若做爲一種事實的陳述，即便孟子處於二千年前的先秦時代，在孟子之前更古早的歷史恐怕也可以舉出很多反證來推翻這個論述，有德者不必有福，這是現實世界經常出現的德福不一的現象，所以牟宗三先生特別將「古之人」進行了特殊的界定：「孟子那句話是特指『古之人』，如堯、舜、禹、湯、文、武、周公等人。在這幾人身上，很可能是『修其天爵，而人爵從之』，但沒有必然性。所以是個綜和關係……在古之人中，也許有人修其天爵，而人爵並未從之，因爲他沒有說『並』」（參見氏著：《中國哲學十九講》，頁374～375）。牟先生的說法是將「古之人」指向天爵人爵已兼備的古之聖王，從而消解了這句話與現實的衝突，但他同時也注意到其他古人也面臨德福不一的情形，所以牟先生似乎更嚴格的認爲孟子並沒有使用到「必」字來彰顯德福相對應之必然性。其實，在《孟子》書中「古之人」出現十三次，當中有指稱文王武王之用法，也有用爲一般士人的稱呼，似乎不專指爲聖王，筆者以爲：若不特意將「古之人」做特殊的理解，單純就原文脈絡上與「今之人」相對的意義上進行理解，將「古之人」釋爲古時之人，在文意上其實本已暢通，因爲對孔孟而言，所謂的三代盛世實際上是理想的投射，上古時期的政治是最完滿的政治，孔孟極言法先王，也都是要回復堯舜禹湯文武之時的盛世秩序。換言之，相較於今，古之時對儒家而言就是一個理想的時代，這是儒家學說的本色。而做爲一種典範的時代，各種理想也都可以在那個時代得到實踐，德福之間的關係勢必也可達到最佳的理想狀態，所以，從這個意義上來看，把「古之人，修其天爵而人爵從之」做爲一種理想的表徵來理解，這樣的理解較不曲折，但也與原文脈絡合拍。

也。是故所欲有甚於生者，所惡有甚於死者，非獨賢者有是心也，人皆有之，賢者能勿喪耳。一簞食，一豆羹，得之則生，弗得則死。呼爾而與之，行道之人弗受；蹴爾而與之，乞人不屑也。萬鍾則不辨禮義而受之。萬鍾於我何加焉？爲宮室之美、妻妾之奉、所識窮乏者得我與？鄉爲身死而不受，今爲宮室之美爲之；鄉爲身死而不受，今爲妻妾之奉爲之；鄉爲身死而不受，今爲所識窮乏者得我而爲之——是亦不可以已乎？此之謂失其本心。〔註90〕

「生，亦我所欲也；義，亦我所欲也。二者不可得兼，舍生而取義者也」，在生存與道義之間擇一，道義的終極價值於是顯現。對孟子而言，道德仁義比生命更具追求價值，因爲四端是爲人心所本有，這種以道義爲重的人心取向也是人人皆有的「良貴」，「非獨賢者有是心也，人皆有之，賢者能勿喪耳」，賢者只是更善於自覺而能存養本心，並非在本心的質地上與他人不同，所以這種捨生取義的道德傾向具有普遍性，這是人在面對道德存續與貧富壽夭之間發生嚴重衝突時，必然也應然會做的選擇。爲了道義，連生命都可犧牲，那麼人間榮華富貴的價值就輕若鴻毛了；而以富貴康寧爲重要內涵的福分，在道德面前當然就更無足輕重了。由此看來，孟子在肯定了人人都有「良貴」的道德價值當下，也同時表現出對福分價值的否定態度，這種態度跟孟子從不單獨談論富貴利祿的價值，而總是把它置於與道德價值相對立的位置來談論的態度是一致的。這種對世俗價值的輕視，同樣表現在他對追求「利」的消極態度上：

爲人臣者，懷利以事其君，爲人子者，懷利以事其父，爲人弟者，懷利以事其兄，是君臣、父子、兄弟終去仁義，懷利以相接；然而不亡者，未之有也……爲人臣者，懷仁義以事其君，爲人子者，懷仁義以事其父，爲人弟者，懷仁義以事其兄，是君臣、父子、兄弟去利，懷仁義以相接也；然而不王者，未之有也。何必曰利？〔註91〕

雞鳴而起，孳孳爲善者，舜之徒也。雞鳴而起，孳孳爲利者，跖之徒也。欲知舜與跖之分，無他，利與善之間也。〔註92〕

雖然孟子的仁政思想也含有利民的實質，如「不違農時」、「五十衣帛」、「七十

〔註90〕《孟子・告子上》，頁200。
〔註91〕《孟子・告子下》，頁210。
〔註92〕《孟子・盡心上》，頁238。

食肉」等，但他還是把利益與道德對舉，從本質上否定對利的追求。孟子認爲凡事講求利益，不僅會削弱道德的力量，更會使得人們不顧倫理道義而上下交相利，導致篡奪鬥爭，天下大亂，這就是「懷利以相接」的後果，「君臣、父子、兄弟終去仁義」，成爲一個失道的亂邦。「欲知舜與跖之分，無他，利與善之間也」，做爲善的對立面，孟子很嚴厲的把追求利益視爲不道德的行爲，對國家如此，對個人也是，追求富貴利祿將會導致對本心的喪失，所以不能言利，孟子批評今之人修天爵以要人爵，不僅因爲這是本末倒置，更重要的是邀人爵的舉動在這種思維底下來看就是違反道德的。從這個角度來看，孟子不僅重德輕福，甚至已經有崇德抑福的傾向，相較於孔子的積極用世，「孔子講的是內外一齊用力，孟子講的是只向內用力，而不外向用力」〔註93〕。

在這種崇德抑福的傾向下，德與福只有單向的關係，德行良窳會影響福分的獲取與否，但個人禍福際遇有命的因素，它不能反過來如實地反映德行的優劣，而它本身不具備獨立的價值，從這個角度來看，孟子其實可以只談道德的必然性及價值，而不管禍福一事，但孟子終究還是論及行德與否所帶來的正反效益，尤其論及政治，孟子更常從結果來論道德的重要性：

> 三代之得天下也以仁，其失天下也以不仁。國之所以廢興存亡者亦然。天子不仁，不保四海；諸侯不仁，不保社稷；卿大夫不仁，不保宗廟；士庶人不仁，不保四體。今惡死亡而樂不仁，是由惡醉而強酒。〔註94〕

天子不修仁德、不行仁政，就將失去天下，社稷宗廟之存續也必須倚靠諸侯大夫的仁德表現，眾人的功業政蹟與其道德息息相關。孟子在此強調行仁的效益，主要是要透過結果的好壞來勸說君王施行仁政，畢竟那是一個功利的時代，雖然孟子反對功利，但在勸說手段上卻不得不使用功利的說法，不能反過來論證孟子也是功利主義的。至於在論一般人的禍福窮通時，就可明顯看到孟子強調命運影響人的力量，而把論說重心單純放在人的道德修爲這一端。〔註95〕

〔註93〕參見焦國成：《中國倫理學通論》，頁440。

〔註94〕《孟子·離婁上》，頁125。

〔註95〕關於此點，何淑靜在探討孟子二次引用《詩經》「永言配命，自求多福」之言來表達對禍福看法時，也曾表示：「一般論及行德、修德時，孟子的態度一向都是把它當作是人之『性分所當盡』的事。採取這種看法無疑是把『德』視爲是『因其本身而被追求』。但是，在出現『福』字的這兩句話，孟子的語氣和所引的《詩經·大雅·文王》和《書經·太甲》的話的語氣，所表示的都是：若要得福或多得些福，人就必須努力不懈地修德、行德。在此，我們或

　　德與福的關係對孟子而言，就好似樹木的根與花葉，德是根本，福是花葉。根本穩固，花葉自然有茂盛的可能；根本不穩固，花葉則必定無法成長，這是不變的自然定理。但即便根深柢固，若生長環境條件惡劣，仍會影響花葉生長的情形，這影響生長的種種外界因素就是命；而花葉茂盛後若斬斷其根本，花葉的茂盛也是一時的，沒有養分的維持，樹梢枝頭的繁華終將凋零。有德者有福，無德者無福，這是應然的道理，但現實的情形卻是有德者有福，也可能無福，這種現象是十分正常的，因為福本來就是屬命的範疇，它是受著各種外在及偶然因素影響而變動不羈的。而無德者若僥倖得福，或享福者失德，孟子也相信「終亦必亡而已矣」。在這種對德、對福以及對命的認知下，人能做的，就是在承認命運的前提下，努力修德以配享最大的福，所以說「永言配命，自求多福」，孟子是在這個意義上，認為「禍福無不自己求之者」〔註96〕。

　　進一步來說，即便孟子認為禍福皆自求之，但對於以個人窮通貧富等外在際遇或物質為主要內涵之禍福，如上文所言，孟子並不立意追求，「口之於味也，目之於色也，耳之於聲也，鼻之於臭也，四肢之於安佚也」是所有人的基本需求，它跟性一樣都是生而既有；「廣土眾民」、「中天下而立，定四海之民」，對君子而言也都是無上的成就，這些欲望的滿足的確可以帶來莫大的愉悅，孟子不否認這種愉悅，但道德層次的滿足感可以勝過世俗價值層次的愉悅，物質帶來的滿足感卻無法彌補道德的缺憾：

　　　　古之賢王，好善而忘勢。古之賢士，何獨不然？樂其道而忘人之勢。

　　　〔註97〕

　　　　天下之士悅之，人之所欲也，而不足以解憂。好色，人之所欲；妻

　　　　許可以了解為，這乃是孟子試圖讓國君修德而給百姓帶來福祉的權便說法。」參見氏著：〈論亞里斯多德與孟子的「福」概念〉一文，收於《鵝湖月刊》第二十八卷第五期，總號三二九，頁17～28。

〔註96〕夏輝於其〈孟子對傳統天命報應論的創造轉化——兼論性善論的價值合理性〉一文中指出：「孟子就將福理解為一種內在的道德幸福——樂，將德理解內在善性表現出來的品質和行為，由於心性是一種內在而先天的價值需求，因而『居仁行義』的道德追求本身就能帶來道德的愉悅，亦即，道德幸福求則得之，德與福達到了圓融一體的境界。」（收於《現代哲學》，2003年1月，頁89～94。），文中認為孟子將成德行道之樂視為福，並由追求道德所得到的愉悅達到德福一致的境界。但孟子以個人榮辱、國家興衰來論證「禍福無不自己求之者」中的得禍及得福，可見所謂的禍福對孟子而言指的應該還是物質層面的盈虧，而非精神層次的自我滿足或墮落。

〔註97〕《孟子・盡心上》，頁230。

> 帝之二女，而不足以解憂。富，人之所欲；富有天下，而不足以解
> 憂。貴，人之所欲；貴爲天子，而不足以解憂。人悅之、好色、富
> 貴無足以解憂者，惟順於父母，可以解憂。〔註98〕

舜得不到父母的喜愛，就好像鰥寡孤獨的人找不到依靠，就算富有天下、貴
爲天子，也「不足以解憂」，「惟順於父母，可以解憂」，在孝順至德上無所
遺憾，抵得過人間所有的富貴。就是這種強勢的道德滿足感，完全壓過世俗
價值層次的感受，所以說古之賢王及賢士「好善而忘勢」、「樂其道而忘人之
勢」，不是勢不存在，而是在樂道的當下忘了它的存在，所以說：「君子有三
樂，而王天下不與存焉」〔註99〕，對君子而言，眞正的滿足來自道德踐履帶
來的愉悅，即使是人間最輝煌功業所象徵的富貴也不能帶來同樣的滿足和成
就感：

> 仁之實，事親是也。義之實，從兄是也。智之實，知斯二者弗去是
> 也。禮之實，節文斯二者是也。樂之實，樂斯二者，樂則生矣。生
> 則惡可已也？惡可已，則不知足之蹈之、手之舞之。〔註100〕
>
> 心之所同然者，何也？謂理也，義也。聖人先得我心之所同然耳。
> 故理義之悅我心，猶芻豢之悅我口。〔註101〕

廣土眾民、中天下而定四海是人間所能享有最大的功業，這種功業象徵的至
尊至貴也是極大的福分，但是君子並不眞的享受這種福分帶來的愉悅，君子
在乎的是德性是否充沛，德行是否完備，事親從兄之事是否臻於圓滿，這是
人的性分所定，是「良貴」，是「雖大行不加焉，雖窮居不損焉」〔註102〕，唯
有這種具有絕對獨立自足且超越物質層次的道德價值，才能帶來眞正的滿
足，「樂之實，樂斯二者，樂則生矣」，「不知足之蹈之、手之舞之」，孟子認
爲君子在行道過程中才能獲得眞正的滿足，這種自我肯認的高峰體驗可以弭
平個人在窮通禍福的遭遇上產生的各種情緒，達到一種理想的長樂狀態。

　　最後，必須注意的是：雖說個人的窮通貧富是「得之有命」，但這並不表
示在「莫之致而至者」的命運面前，人就不需作爲，完全聽任命運的安排就

〔註98〕《孟子·萬章上》，頁160。
〔註99〕《孟子·盡心上》，頁233。
〔註100〕《孟子·離婁上》，頁137。
〔註101〕《孟子·告子上》，頁194。
〔註102〕《孟子·盡心上》，頁233。

好，因爲所謂的命，指的是人在自身的努力之外，尚有不能顧及之處，那才是命運掌管的範疇，所以就算命決定了人間的禍福，禍福並不是憑空顯現，它必須透過人們合理的行爲才能表現出來：

> 莫非命也，順受其正。是故知命者不立乎岩牆之下。盡其道而死者，
> 正命也；桎梏死者，非正命也。〔註103〕

明知危牆將傾還不避開，這種橫禍是人自找的，就像明知犯法是不對的，還是作姦犯科而死於牢獄，這是違背常理故意向命運挑戰，最後的下場也不能歸咎於命運的安排，因爲這並不是正命。所謂的正命，是在人按正道而行、盡力行道後，坦然接受一切行道的結果，這結果才是正命。此處的「盡其道」，並不是依照外在的教條規範而行，而是存養本心，並將內在的道德推及落實爲外在的行爲，所以是「由仁義行，非行仁義」：

> 堯、舜，性者也；湯、武，反之也。動容周旋中禮者，盛德之至也。
> 哭死而哀，非爲生者也。經德不回，非以干祿也。言語必信，非以
> 正行也。君子行法，以俟命而已矣。〔註104〕

> 存其心，養其性，所以事天也。夭壽不貳，修身以俟之，所以立命
> 也。〔註105〕

存養人的本心善性，據德力行，動作容貌皆合於禮，不論長壽短命，不論蒙禍或得禍，都不動搖行此正道的意志和信心，因爲「經德不回，非以干祿也」，道德的目的並不在謀求官祿，「修身以俟之」，這才是「順受其正」，是面對命運時應有的正確態度。「君子行法，以俟命而已矣」的態度，看似消極實則積極，它兼顧了對現實世界的觀照和理想價值的保存，孟子是在承認命運客觀性的前提下，強調人內在道德的主觀能動性，價值因而落在人身上的德，而非命運主導的福。

所以，總的來說，孟子並不立意追求傳統意義中以壽、富、康寧，以及功名利祿等世俗價值爲主要內涵的福，他看重的是德，走的是崇德抑福的路向，牟宗三先生也指出：

> 「廣土眾民，君子欲之，所樂不存焉。中天下而立，定四海之民，
> 君子樂之，所性不存焉。」所欲所樂都屬于福，惟「所性」屬于德

〔註103〕《孟子‧盡心上》，頁228。
〔註104〕《孟子‧盡心下》，頁260。
〔註105〕《孟子‧盡心上》，頁228。

> ……孟子只以「所性」爲本，而所欲所樂是末，即使肯定其價值，
> 亦必須以「所性」爲根據。至于這兩者間在現實人生如何不一致：
> 有德者不必有福，有福者亦不必有德；又如何能理想地保證其間之
> 恰當的配稱關係以實現最高的公道，以慰勉人之道德實踐于不墜：
> 凡此等問題皆非孟子所欲問者。〔註106〕

所欲所樂都是福，但孟子和孔子一樣追求的都是「所性」的成德價值，而所謂的福的真正價值也必須以德爲根據，從這個角度來看，這種重德輕福或以德爲本、以福爲末的思維，本質上其實也是一種以德定福的型態。對於現實人生中德福不一的情形，雖然孟子末詳加窮究，但從上文的討論可知，孟子在承認命運的存在及作用同時，顯然已經承認有德者不必然能夠蒙福，德與福兩者之間本來就不必然有其配稱關係存在，也正因爲如此，所以孟子轉而追求德而不是福。而事實上，孟子所追求的成德境界，本身就能夠帶來一種更高層次的、超越世俗層次的滿足感，這種道德滿足其實也可視爲另一種形式的福分，而且在這層次中，德與福便有了相即的配稱關係，求則得之，捨則失之，而達到德福一致的理想境界。

第三節　荀子德福觀

一、性惡論基礎上之德行觀

相較於孟子主張人之本心有四端，從人性上尋求道德的內在依據，荀子的德性觀很明顯並沒有內在人性的支撐，因爲他對性的看法與告子論性的調性雷同，認爲性是不可學、不可事的天生本質，與孟子從人獸間之異處來爲人性立論的路向截然不同：

> 孟子曰：「人之學者，其性善。」曰：「是不然，是不及知人之性，
> 而不察乎人之性僞之分也。凡性者，天之就也，不可學，不可事。
> 禮義者，聖人之所生也，人之所學而能，所事而成者也。不可學、
> 不可事而在人者，謂之性；可學而能、可事而成之在人者，謂之僞。
> 是性僞之分也。」〔註107〕

〔註106〕參見牟宗三：《圓善論》，頁57。

〔註107〕《荀子·性惡》，所引版本爲清·王先謙撰，沈嘯寰、王星賢點校：《荀子集
　　　　解》（北京：中華書局，1988年），頁435。

荀子所謂的性是「天之就也」，是無可學習、無可作爲的人的本質，恰恰與依靠後天人力學習、作爲才能修得的禮義相對。荀子認爲禮義是由聖人制作後，他人得靠後天學習才能具備，這是人爲的制作，所以稱之爲「僞」，「僞」就是「心慮而能爲之動謂之僞。慮積焉，能習焉而後成謂之僞」〔註108〕，道德是慮積習成，並不內在於人性；更甚者，仁義禮智不僅不內在於人性，荀子更進一步主張「人之性惡」：

> 人之性惡，其善者僞也。今人之性，生而有好利焉，順是，故爭奪生而辭讓亡焉；生而有疾惡焉，順是，故殘賊生而忠信亡焉；生而有耳目之欲，有好聲色焉，順是，故淫亂生而禮義文理亡焉。然則從人之性，順人之情，必出於爭奪，合於犯分亂理，而歸於暴。故必將有師法之化，禮義之道，然後出於辭讓，合於文理，而歸於治。用此觀之，然則人之性惡明矣，其善者僞也。〔註109〕

> 今人之性，飢而欲飽，寒而欲煖，勞而欲休，此人之情性也。今人飢，見長而不敢先食者，將有所讓也；勞而不敢求息者，將有所代也。夫子之讓乎父、弟之讓乎兄，子之代乎父、弟之代乎兄，此二行者皆反於性而悖於情也。然而孝子之道，禮義之文理也。故順情性則不辭讓矣，辭讓則悖於情性矣。用此觀之，然則人之性惡明矣，其善者僞也。〔註110〕

荀子在〈性惡〉一章中以相當長的篇幅、相當嚴謹的態度論述他對人性之看法，充分顯現荀子對於人性內涵的細膩觀察和重視。細究荀子對人性的定義，是耳目聲色之欲，是飢欲飽、寒欲暖的生理需求，是趨利避害的人性特質，人們追求這些欲望的滿足最自然的反應，是不需學、也不需勉強而得的「天之就也」，所以荀子將之視爲人的情性。荀子在〈正名〉中也明白指出「欲不待可得，所受乎天也」，欲望不會視能否得到滿足才產生，它是天生的稟受。但如果只是生而有之，這些耳目生理需求攸關人的生存，應無善惡可言，它並不能成爲人的原罪，否則人的存在就成了一種罪惡，而失去存在的合理意義和價值了。但是，即使欲望有其存在之合理性，荀子也同時發現：人的欲望並不會適可而止，相反的，欲望具有無限度擴張的特質，若完全順任欲望

〔註108〕《荀子·正名》，頁412。
〔註109〕《荀子·性惡》，頁434～435。
〔註110〕同前註，頁346～347。

的發展，人們反而會落入永無止境的欲望追逐之中，個人不但得不到應有的滿足感受，群體更會因此爭亂四起，混然失序：

> 人生而有欲，欲而不得，則不能無求。求而無度量分界，則不能不爭；爭則亂，亂則窮。〔註111〕

荀子處於世變之極，放眼所及，他所能觀察到的國際現勢是各國相互爭奪傾軋，舉凡諸侯恣肆大夫爭權，無一不是個人野心欲望無限澎脹造成的干戈動亂，所以荀子才認爲「從人之性，順人之情，必出於爭奪，合於犯分亂理，而歸於暴」，若按人的性情無限發展下去，「順是，故爭奪生而辭讓亡焉」、「順是，故殘賊生而忠信亡焉」、「順是，故淫亂生而禮義文理亡焉」，荀子是在欲望無限擴張將導致惡果的這個意義上主張「人之性惡」，這與孟子從人之異於禽獸的幾希處來爲人性定向是完全不同的路徑〔註112〕。

有趣的是，雖然對人性的看法迥異，但在對道德的重視上，孟荀可謂是殊途同歸。荀子認爲「然則人之性惡明矣，其善者偽也」，並沒有爲道德尋找人性上的依據，但他並不因此否定道德的價值；相反的，正因人性爲惡，爲了維持生存的秩序，更需要道德禮義來教化人民。性雖然是不可學、不可事者，「然而可化也」〔註113〕，所以，「必將有師法之化，禮義之道，然後出於辭讓，合於文理，而歸於治」，禮義是建立社會合理秩序的重要規範，道德的重要價值就在於它的教化功能，所以聖人「化性而起偽」，爲了矯化人性之惡，制作了禮義法度供人學習遵守。性和偽的關係是「偽者，文理隆盛也。無性，則偽之無所加；無偽，則性不能自美」〔註114〕，文理施加的對象是人性，人性也需靠禮義法度來顯示它的可爲美爲善，兩者相互依存彰顯，所以說「性偽合，然後聖人之名一，天下之功，於是就也」、「性偽合而天下治」〔註115〕，這是道德禮義與人性關係的最完美狀態，也是治國的最高境界〔註116〕。

〔註111〕《荀子・禮論》，頁346。
〔註112〕正因爲荀子與孟子對人性的定義不同，因而即使〈性惡〉一文的論證性極強，但文中幾處對孟子的駁難批判，恐也未能完全到位。
〔註113〕《荀子・儒效》，頁144。
〔註114〕《荀子・禮論》，頁366。
〔註115〕同前註。
〔註116〕性惡之人如何能爲善？荀子在〈性惡〉中認爲人有追求自己匱乏之物的心理傾向：「夫薄願厚，惡願美，狹願廣，貧願富，賤願貴，苟無之中者，必求於外」，按這種邏輯，性無禮義，所以才會渴求禮義，這也就是「凡人之欲爲善者，爲性惡也」的意義。性惡者欲爲善似乎有其矛盾之處，因此有學者指出：

在性惡的人性論基礎上，道德的重要性依然可以得到確認，而荀子對道德內涵的認知與孔孟標舉的傳統德目無異，對儒家而言，不論人性爲善爲惡，人人所要用力修養自身的面向大抵都是符合禮義制度的品德規範：

> 體恭敬而心忠信，術禮義而情愛人，橫行天下，雖困四夷，人莫不貴；勞苦之事則爭先，饒樂之事則能讓，端愨誠信，拘守而詳，橫行天下，雖困四夷，人莫不任。〔註117〕

荀子認爲：講求體貌恭敬，內心忠信，行由禮義而仁愛滿懷，則可通行天下，人皆貴之，之所以如此，是因爲禮、義、仁、愛、忠、信等德目爲人間社會所共守之行爲規範，也是維持人間秩序之重要法度。以此修身，如同執持四方的通行證，雖蠻陌之邦亦可暢行無阻。端篤誠信，審慎有守，能擔當勞苦，先天下而憂，後天下而樂，這是天下人所信靠的處事態度，所以眾人皆信之任之。相反的，「體倨固而心埶詐，術順墨而精雜汙」、「勞苦之事則偷儒轉脫，饒樂之事則佞兌而不曲，辟違而不愨，程役而不錄」〔註118〕，這些狡詐低劣的品性與倨傲無誠的態度，都將落得人人賤之棄之的下場。換言之，荀子所謂修身即是修德，「故君子務脩其內而讓之於外；務積德於身而處之以遵道」〔註119〕，君子應致力積德於身，而修德內容即爲仁愛忠信禮義等傳統德目。荀子曾更進一步描繪修德完滿的理想人格圖像爲：

> 君子寬而不僈，廉而不劌，辯而不爭，察而不激，直立而不勝，堅彊而不暴，柔從而不流，恭敬謹慎而容。夫是之謂至文。《詩》曰：「溫溫恭人，惟德之基。」此之謂矣。〔註120〕

荀子認爲：君子要有辯理明察的能力，能堅守原則，但展現能力、表達立場的態度，是恭敬謹慎、溫良平和。如此，方可剛強而不失溫厚，避免理直氣壯流於粗暴，亦可在和善中保有堅持，不致隨波逐流。事實上，這種理想人格特質的描摹承襲自孔子的說法，孔子曾指出一個理想的人格，其言行舉止必須有下列表現：

「人人都有追求善的心理定義，這不但沒有證明人性本惡，反而證明了人性之中有著向善的因素。荀子的這番論證，不僅僅是性惡論的退卻，簡直是對性善論的投降了。」（參見焦國成：《中國倫理學通論》，頁141。）

〔註117〕《荀子·修身》，頁28。
〔註118〕同前註。
〔註119〕《荀子·儒效》，頁128。
〔註120〕《荀子·不苟》，頁40～41。

君子有九思：視思明，聽思聰，色思溫，貌思恭，言思忠，事思敬，
疑思問，忿思難，見得思義。〔註121〕

一個君子應具備的特質，除了耳聰目明、能辨事理外，態度容貌更要恭讓謙
和，並且敬於事忠於言，文質彬彬，然後君子。孔子對這些做為君子修身內
涵的傳統德目所採取高度肯認的態度，顯然被荀子全盤接納吸收。換言之，
儘管缺乏人性內在的支撐，荀子所認知的德，仍一本孔孟本色，爲傳統封建
宗法社會的倫理環境中所倡行的德目。

二、以禮義爲標準之禍福觀

相較於孔孟，荀子對人的欲求有較多的論述以及更爲正向的討論態度。
人的需求，大抵可粗分爲最基本的生理需求及較高層的心理需求，前者爲物
質層次，後者則屬於精神層次。就人的生存而言，需求的滿足通常亦有其普
遍性的先後次第，所謂「衣食足而後知榮辱」，衣食的飽足、生活的無匱乏等
生理層面的基本需求及滿足，比起精神層面的滿足應更具優先性〔註122〕，對
於這些欲求荀子是給予正視的：「人生而有欲，欲而不得，則不能無求」〔註
123〕、「飢而欲食，寒而欲煖，勞而欲息，好利而惡害，是人之所生而有也，
是無待而然者也，是禹、桀之所同也」〔註124〕，渴欲飲、飢欲食，爲君子小
人共同擁有的生理需求，誰也無法斷絕，荀子很正面的肯定了這些需求存在
的合理性。而在滿足了這些基本生存需求後，才會更進一步追求更多物質及
精神層次的滿足，這更高層次的幸福感則可概括名之曰自我理想的實踐，在
傳統中國社會裏，通常指的是功名富貴、聲名顯揚，荀子認爲的福亦是如此，
所謂「是高爵豐祿之所加也，榮孰大焉」〔註125〕，功成名就，富貴加身，不
僅錦衣玉食，更可聲名遠播，流芳百世，光宗耀祖，這也是中國人認爲最極
致的福氣，荀子基本上是肯定這些世俗層次的價值的。

但是，人的欲望卻不一定能夠得到相應的滿足，「凡人之取也，所欲未嘗粹

〔註121〕《論語・季氏》，頁149。
〔註122〕當然，歷史上不乏將個人生死存亡置之度外，而以自我理想的實踐等較高層
　　　　次的精神需求爲優先的人，像韓非所禁之儒俠，不過這種類型爲小眾，此處
　　　　先捨極端而論普遍。
〔註123〕《荀子・禮論》，頁346。
〔註124〕《荀子・非相》，頁78。
〔註125〕《荀子・議兵》，頁287。

而來也；其去也，所惡未嘗粹而往也」〔註126〕，尤其，人的欲望有無限澎脹的傾向，資源有限欲望無窮，依此而往，人必「出於爭奪，合於犯分亂理，而歸於暴」，在爭奪混亂的失序狀態中，任誰都無法得到應有的、和諧的滿足，欲求福卻自取其禍。人的欲望無法絕禁，爲了解決這種困境，荀子主張節制一己欲望以達到資源的均衡分配，才是促成個人需求得到最大滿足感的方法。換言之，求得欲望滿足的第一步是節欲，將人的欲望限縮在合理的範圍內：

> 故雖爲守門，欲不可去，性之具也。雖爲天子，欲不可盡。欲雖不可盡，可以近盡也；欲雖不可去，求可節也。所欲雖不可盡，求者猶近盡；欲雖不可去，所求不得，慮者欲節求也。道者，進則近盡，退則節求，天下莫之若也。〔註127〕

即如守門之賤，欲也不可全去；但即是貴如天子，也無法盡得其欲，所以，最好的態度是「欲雖不可去，求可節也」，「欲雖不可盡，求者猶近盡；欲雖不可去，所求不得，慮者欲節求也」，對於欲望，貴則求近盡，賤則知節制，進退皆不失據，才是正道。而荀子認爲禮義制度正是設計用以節制人不當欲求的制度：

> 禮起於何也？曰：人生而有欲，欲而不得，則不能無求。求而無度量分界，則不能不爭；爭則亂，亂則窮。先王惡其亂也，故制禮義以分之，以養人之欲，給人之求。使欲必不窮於物，物必不屈於欲。兩者相持而長，是禮之所起也。〔註128〕

所謂「禮者，節之準也」〔註129〕，禮是用來訂定行儀規範分際的標準，故凡事依禮義爲準則而行，則人人知其分際，取其所該取，捨其所不當取，如此，方能使「欲必不窮於物，物必不屈於欲」，人欲皆得其養，所求皆得其給，人的欲望與物質的享有達到一種合理的均衡狀態，不致落入爭亂窮困的局勢。所以，荀子的主張消極來說是節人之欲，但若按其運作邏輯，唯有克制個人過當的欲望，才能使合理的欲望得到最大的滿足，從這個角度來看，它其實是積極的「養人之欲」。個人的欲望得到合理範圍內最大的滿足，人人各安其位，天下才得以太平，「故必將有師法之化，禮義之道，然後出於辭讓，合於文理，而歸於治」〔註130〕。荀子這種正視人的天生欲望、討論欲望的態度與

〔註126〕《荀子・正名》，頁430。
〔註127〕同前註，頁428～429。
〔註128〕《荀子・禮論》，頁346。
〔註129〕《荀子・致士》，頁174。
〔註130〕《荀子・性惡》，頁435。

學說，不僅爲建立禮義制度的必要性提供了理論上的依據，對儒家學說的拓展也具有十分進步積極的意義。

而這種對欲望進行適度調整的做法，同樣也展現在面對禍福遭遇的認知態度上：

> 凡人之取也，所欲未嘗粹而來也；其去也，所惡未嘗粹而往也。故人無動而不可以不與權俱。衡不正，則重縣於仰，而人以爲輕；輕縣於俛，而人以爲重，此人所以惑於輕重也。權不正，則禍託於欲，而人以爲福；福託於惡，而人以爲禍，此亦人所以惑於禍福也。道者，古今之正權也；離道而內自擇，則不知禍福之所託。〔註131〕

所求者不可得，所惡者不可去，荀子認爲正因爲人的內在欲求與外在實際遭遇很難達到一致，所以「人無動而不可以不與權俱」，人的思慮作爲、一舉一動都要懂得權衡，適時調整，而權衡的依據標準就是道，「道者，古今之正權也」，所謂的道就是治理國家的法度，「道也者，治之經理也」〔註132〕，對荀子而言這就是禮義制度。「權不正，則禍託於欲，而人以爲福」，不合乎禮義的錯誤期待或追求，就算得到也可能是禍不是福；同樣的，不按禮義正道來好善惡惡，心之所惡可能就是福之所倚，人卻自以爲禍而避之唯恐不及，所以如果「離道而內自擇」，沒有禮義爲依據，就無法判斷眞正的禍福。從這個角度來看，荀子所謂的禍福在很大的程度上可說是禮義價值觀的產物，凡合此價值者才爲眞正可享的福分，反之，即使是高爵厚祿等人間至高富貴，也恐已禍根深植。

由上述此段引文可知，對於人外在遭遇的無法盡如人意，荀子似乎認爲是人意先有所偏差，才導致實際情形與個人的期待有落差，所以他著重在調整個人的認知上，主張一切應依禮義之道而思而行，這其實與前述以禮義制度來調節人的欲望尺度是一致的態度。孟子認爲對物質需求是求之有道但得之有命，荀子並沒有解釋所求不可得、所惡不可去的原因，他只是退回來向內修正自我的欲求和面對的態度。總而言之，荀子認爲：在論欲望的滿足之前，必先衡量欲望的合理限度，而禮義制度便是衡量定奪的標準。依禮義制度而行，則人人知其分際，取其所該取，捨其所不當取，合理的欲求得合理的滿足，由這種滿足所產生的幸福，才是眞正的福分。

〔註131〕《荀子·正名》，頁430。
〔註132〕同前註，頁423。

　　在此必須加以說明的是：荀子以禮義制度做為衡量欲望及行為的標準，可知對荀子而言，禮義就是人間的價值標準，但是，禮義在孟子而言是人性內在道德的發用，是四端的擴充，有穩固而強健的道德根據及動力，但荀子並沒有這種人性內涵做為根源，那麼，禮義這種正面價值又從何而來？在荀子的學說中，禮義來自聖人的制作：

　　　　凡禮義者，生於聖人之偽，非故生於人之性也。〔註133〕

　　　　故聖人化性起偽，偽起而生禮義，禮義生而制法度，然則禮義法度
　　　　者，是聖人之所生也。〔註134〕

禮義是聖人所生，然而聖人也是人，聖人之性也同於一般人之性，「故聖人之所以同於眾，其不異於眾者，性也」〔註135〕，禮義不出於人之性，也必不出於聖人之性。那麼聖人制作禮義所憑藉的不是性，而是不異於眾人卻優於眾人的資質，這個資質就是虛壹而靜的認知心：

　　　　人何以知道？曰：心。心何以知？曰：虛壹而靜。心未嘗不藏也，
　　　　然而有所謂虛；心未嘗不兩也，然而有所謂壹；心未嘗不動也，然
　　　　而有所謂靜……知道察，知道行，體道者也。虛壹而靜，謂之大清
　　　　明。萬物莫形而不見，莫見而不論，莫論而失位。坐於室而見四海，
　　　　處於今而論久遠。疏觀萬物而知其情，參稽治亂而通其度，經緯天
　　　　地而材官萬物，制割大理而宇宙裡矣。〔註136〕

性既然不起作用，心在荀子學說中就扮演著極關鍵的角色，因為心不僅是「形之君也，而神明之主也」〔註137〕，它有知的能力，透過虛壹而靜的功夫，而達到大清明的境界。這種大清明是一種開通而容受萬物的境界，心處這種境界中，不僅具有察知的能力，同時還有創造的能力——它可以坐於室而見四海，處於今而論久遠，它還可以朗照天地萬物而了解萬事萬物運作的根本原理，更可以參驗治亂的道理而制作制度，並用以建立天地萬物的秩序。聖人異於眾人的起偽工夫，憑藉的就是這顆清明的心。眾人也具備這種可以通於神明而參天地的心的資質，所謂的聖人，其實就是透過不斷的修養而到達清明境界的人：

〔註133〕《荀子・性惡》，頁437。
〔註134〕《荀子・性惡》，頁438。
〔註135〕《荀子・性惡》，頁438。
〔註136〕《荀子・解蔽》，頁395～397。
〔註137〕同前註。

> 今使塗之人者，以其可以知之質，可以能之具，本夫仁義法正之可
> 知可能之理，可能之具，然則其可以爲禹明矣。今使塗之人伏術爲
> 學，專心一志，思索孰察，加日縣久，積善而不息，則通於神明，
> 參於天地矣。故聖人者，人之所積而致矣……小人君子者，未嘗不
> 可以相爲也，然而不相爲者，可以而不可使也。故塗之人可以爲禹，
> 則然；塗之人能爲禹，則未必然也。雖不能爲禹，無害可以爲禹。
>
> 〔註138〕

人人皆有成爲禹的資質，但只有聖人能夠專心致志，可以積善而不息，使心虛壹而靜，進而發揮洞察萬物、制作禮義制度的創造力。所以，雖然可以透過積習而達到聖人的境界，但不是所有人都是聖人的原因，就在於爲與不爲之別，聖人與眾庶，君子與小人，分野正在於此。

由此看來，禮義不是憑空而生，它是聖人透過具有認知及創造能力的心，去體察人們存在的良好狀態，所訂出可以維持這種合理良好狀態的標準，而正是荀子學說的價值根源。換句話說，荀子所提出來用以合理規範人們的欲望及感情的禮義制度，是洞察到人的自然生命中內在的恰好狀態，也就是人的欲望感情剛剛好的秩序分寸，聖人即根據這個尺度來訂定禮義的標準，供眾人遵行。正由禮義制度源自於人的內在美好狀態，所以當人們透過心的認知能力，以意志去遵行這套制度，就真的可以使生命達到一種較好的、自然的、舒坦的狀態，反之則陷入混亂。這種心是知，也是一種道德直覺、價值抉擇，所以，荀子的禮義是有其內在道德根源的，只是由認知心所制作出的禮義是一種秩序狀態，本身並無動力，和孟子的道德本心論比起來較弱也較爲有限，孟子是道德本心，是良知良能，同時有動力，是一種內在的道德的創造精神實體，本身就具備道德發動的力量，有強烈的能動性，荀子在這一點上就相對勢弱了。

三、以禮義制度保障德福一致

由上述討論已可看出，荀子認爲個人所承受之榮辱，所遭遇之吉凶，必與其自身行爲相應召，荀子也曾明白指出：「物類之起，必有所始。榮辱之來，必象其德」〔註139〕，人的內在品德外化爲人的德行，而德行的良窳將直接導

〔註138〕《荀子·性惡》，頁443～444。
〔註139〕《荀子·勸學》，頁6。

致榮辱福禍的產生，很顯然的，個人品德修爲是造成個人福禍吉凶遭遇最根本直接的因素：

> 志意脩，德行厚，知慮明，是榮之由中出者也……流淫汙僈，犯分亂理，驕暴貪利，是辱之由中出者也。〔註140〕

荀子所認知的「德」是禮義忠信等德目，這些德目都是維持社會正常運作的倫理綱常，因此按常理而言，具備這些品德的人將更容易被社會所接納認同；被社會接納認同，從某種意義上來說，比較容易在社會中擁有較良好的人際脈絡，追求自我理想的實現，因而獲致相對穩定的生存保障與較崇高的社會地位，這就是一般人所追求的富貴，也是極大的福分。由此觀之，修德與否在相當大的程度上決定了人的吉凶禍福，修行志意、厚實德行，所爲之事合乎道德禮義，則榮耀己身之事將從其意念行爲中生成；反之，貪利驕淫者犯分亂理，則將敗家喪身，自招其辱。就理論上來看，善行應有善終，惡行亦有惡果，德行善惡與榮辱吉凶有著緊密的因果關係。

個人修身如此，君王治國亦然。荀子在評論富國之道時，曾抨擊當世許多君王不行仁政，污僈暴亂，賦重稅以斂民財，導致百姓生活困苦，生民塗炭。因爲君不君，所以臣不臣，悖節弒上之事層出不窮，荀子認爲這是「無他故焉，人主自取之」，並引《詩經》「無言不讎，無德不報」的話來說明人主的德行修爲勢必直接影響治國的成效。國家是否得治，君德是最關鍵的因素〔註141〕。荀子同時也引例說明人臣之德與福祿的關連：

> 昔人臣之蔽者，唐鞅奚齊是也。唐鞅蔽於欲權而逐載子，奚齊蔽於欲國而罪申生；唐鞅戮於宋，奚齊戮於晉。逐賢相而罪孝兄，身爲刑戮，然而不知，此蔽塞之禍也。故以貪鄙、背叛、爭權而不危辱滅亡者，自古及今，未嘗有之也。鮑叔、甯戚、隰朋仁知且不蔽，故能持管仲，而名利福祿與管仲齊。召公、呂望仁知且不蔽，故能持周公而名利福祿與周公齊。傳曰：「知賢之爲明，輔賢之謂能，勉之彊之，其福必長。」此之謂也。此不蔽之福也。〔註142〕

唐鞅奚齊貪權奪位而敗家喪身，齊國的鮑叔、甯戚、隰朋和周的呂望、召公都能以仁智輔其主，共成王業，故名利福祿皆與其主等齊，所以只要能善盡

〔註140〕《荀子·正論》，頁342。
〔註141〕《荀子·富國》，頁183。
〔註142〕《荀子·解蔽》，頁390～391。

人臣本分，展現良好的德行，福澤必長。由此可知，上至君王下至士人，修好德有好報，違法亂紀、悖德亂分者，則將自取其敗，在荀子的認知中，他肯認德與福應該是配稱的關係，而且理論上應是「無德不報」。

　　既然德行與福報應該具有相應的一致性，這種無德不報的關係或機制該由誰來給予保證？遠古時代以上天賜福降禍於人的天報系運作系統，在經過周初人文精神覺醒的洗禮後，主體性已逐漸由天回到人身上，孔孟所論之天已非神格化的天，不具賞善罰惡的功能，道德實踐與福報的相應關係已不受到上天全然保證。孔子一行人困於陳蔡時，子路質疑說：「君子亦有窮乎？」孔子回答：「君子固窮，小人窮斯濫矣」，孔子沒有正面回應子路的問題，只是順著問題的困境轉出另一條以修德為重的解脫之道。而孔子避而不論君子亦有窮的窘境，也表示時至春秋，人們已然認為上天不能保證修德與福報的必然因果關連，孟子也說「得之不得，曰有命」〔註143〕、「求之有道，得之有命」〔註144〕，明白廓清上天與人事禍福的牽連，然而，這並不表示孔孟論天與人事完全無涉，徐復觀先生指出：

> 古代宗教之天，逐漸墜落以後，向兩個方向發展，一是把天君以道德法則化，即以天為道德的根源。此一傾向，是以道德的超越性，代替宗教的超越性……另一發展的傾向，即是把天完全看成了自然性質的天。對於自然的天，也會感到是種法則的存在；但這種法則，是自然科學意法的法則，而不是道德意味的法則。道德意味的法則，使人感到天對於人具有某種目的性。〔註145〕

孔孟之論天即屬前者，即「以道德的超越性代替宗教的超越性」，所謂「天生德於予」〔註146〕、「天下之無道久矣，天將以夫子為木鐸」〔註147〕，這種具備道德意涵的天，雖不似宗教意義的天可以定人間的是非，可以賞善罰惡於人間，但是這種道德天仍是透過不同的路徑與人產生連結，連結的點即在道德──因為人之德與天相應合，天為道德的根源，人則透過人格修養與道德實踐，下學而上達，體證天道，形成「精神中的天人合一」〔註148〕。由此看

〔註143〕《孟子・萬章》，頁170。
〔註144〕《孟子・盡心》，頁229。
〔註145〕參見徐復觀：《中國人性論史──先秦篇》，頁255。
〔註146〕《論語・述而》，頁63。
〔註147〕《論語・八佾》，頁31。
〔註148〕參見徐復觀：《中國人性論史──先秦篇》，頁255。

來，天既爲人間德性之所本，那麼所謂的天也就具備爲人類德性發展定向的功能。果眞如此，那麼，即使天不能保證人間禍福之必然性，但至少人在修德時知道將與天道相合，即可由此得到一種天人合一的自我肯認，這種肯認是一種道德滿足，是超越物質層次的精神提昇，相較於這種精神層次的滿足，以物質回饋爲主要內涵的人間外王事業、富貴福報則顯得次要，由此而去，就不免逼出「重德輕福」、「崇德抑福」的思想傾向，所以孔孟少言人間福份的回饋，因爲在德性面前，福報永遠不是第一順位的考量。孔子說：「不義而富且貴，於我如浮雲」〔註149〕，子夏說：「商聞之矣：死生有命，富貴在天」〔註150〕；孟子在比較人爵與天爵時，也很明顯的以天爵爲先爲重〔註151〕。由此可知，因著對天特殊的認知，德性在孔孟的學說之中自有其根源於天的獨特地位與價值，這種價值超越人間富貴，是內在於人的「良貴」。對孔孟而言，上天並不保證禍福必與德性德行相應，也不具備獎善罰惡的功能，但從某種意義上來說，上天已透過德性賦予人最重要的內在價值。

而在荀子的理論中，天不僅不具賞罰人事的超能力，它更沒有孔孟認知的道德屬性，所謂「天行有常，不爲堯存，不爲桀亡」，它只是自存的自然界運作，是四時日星的遞嬗起落：

> 列星隨旋，日月遞炤，四時代御，陰陽大化，風雨博施，萬物各得其
> 和以生，各得其養以成，不見其事，而見其功，夫是之謂神。皆知其
> 所以成，莫知其無形，夫是之謂天功。唯聖人爲不求知天。〔註152〕

荀子認知的天是四季的變化，是自然的運行，萬物在這種天地陰陽的調和之中得其生長滋養，這就是上天生物之功，也是人力無法施展之處。這種自然屬性的天，不會左右人事的發展，沒有降災賜福的能力，人事的發展，完全

〔註149〕《論語・述而》，頁 62。

〔註150〕《論語・顏淵》，頁 106。

〔註151〕牟宗三先生指出：「（孟子）他只說古之人純樸無雜，只黽勉修其天爵，而人爵不求而自然可從之，當然亦可不從之，從不從，孟子不討論這個問題，他以爲這不是需要討論的問題，從之可，即使不從亦無所謂，重要的只是誠心以修天爵。」（參見氏著：《圓善論》，頁 57）。王邦雄先生亦指出：「因爲福報涉及人間複雜的人際關係，不是我們每一個人可以獨力擔當的，所以『得之有命』……儒家認爲生命存在的底據在德性，所以儒家放開福報，定在德行。」（參見氏著：《再論緣與命》，頁 110，台北：漢光文化事業公司，1987年。）

〔註152〕《荀子・天論》，頁 308～309。

反應人自身的作爲：

> 彊本而節用，則天不能貧；養備而動時，則天不能病；循道而不忒，
> 則天不能禍。故水旱不能使之饑，寒暑不能使之疾，祅怪不能使之
> 凶。本荒而用侈，則天不能使之富；養略而動罕，則天不能使之全；
> 倍道而妄行，則天不能使之吉。故水旱未至而饑，寒暑未薄而疾，
> 祅怪未至而凶。受時與治世同，而殃禍與治世異，不可以怨天，其
> 道然也。故明於天人之分，則可謂至人矣。〔註153〕

只要彊本節用、養備動時，一切依循正道而行，則天不能使人貧病忒禍；反
之，本荒用侈、養略動罕、悖道而妄行，即使是天也不能保全人。由此看來，
人事的福禍吉凶反應自身的作爲，人的行爲與遭遇之間具有因果關係，上天
在這關係之中上無立錐之地，不起任何影響或保證的作用。這種天人關係，
強調的是人的主觀能動性，而非上天的主宰性。若能明於這種天人之分，則
知成事在人而非天，所以說「故君子敬其在己者，而不慕其在天者；小人錯
其在己者，而慕其在天者」〔註154〕，君子明於天人之分，用力在自己身上，
對上天沒有錯誤不實的期待；小人則是反其道而行，所求在天，完全忽略禍
福是自己言行所召，「故錯人而思天，則失萬物之情」〔註155〕。在荀子看來，
人的作爲才是決定禍福的關鍵，福報災異完全是自作之、自受之。而進一步
來看，抽離掉上天的主導，人的禍福完全落入人間，交由人自己來掌握，以
人力如何確保德與福之間的配稱關係，就成了十分重要的課題。對荀子而言，
禮義制度正可以取代宗教天，而發揮賞善罰惡的功能：

> 天行有常，不爲堯存，不爲桀亡。應之以治則吉，應之以亂則凶。
>
> 〔註156〕
>
> 禮義之謂治，非禮義之謂亂。〔註157〕

天行有常，如何回應天常決定了人自身的吉凶，荀子直指決定吉凶的關鍵——
——應之以「治」的「治」與應之以「亂」的與「亂」，即在於「禮義」——依
禮義規範而行者則吉，悖禮義規範而爲者則凶。吉者必得福，而凶者必遭禍。
決定禍福端視人是否依禮義而行，而非上天的意志，所以說「受時與治世同，

〔註153〕同前註，頁 507～308。
〔註154〕同前註，頁 312。
〔註155〕同前註，頁 317。
〔註156〕同前註，頁 307～308。
〔註157〕《荀子・不苟》，頁 44。

而殃禍與治世異，不可以怨天，其道然也」。而禮義制度之所以可成爲世道準則，分配人間禍福吉凶，正因爲禮義制度原是先王設計用以維持人間合理秩序的制度：

> 夫貴爲天子，富有天下，是人情之所同欲也，然則從人之欲，則勢不能容，物不能贍也，故先王案爲之制禮義以分之，使有貴賤之等，長幼之差，知愚、能不能之分，皆使人載其事而各得其宜，然後使穀祿多少厚薄之稱，是夫群居和一之道也。〔註158〕

先王制禮義以分貴賤長幼，以別智愚能不能，並使優劣各得其所，各適其宜，君王並依不同之職分給予相應而適當的穀祿〔註159〕，人們只要完全遵循君王所制定的禮義之道而行，便能行其所當行，得其所當得，而安穩生活立足於世，社會也得以井然運行，這也是禮義制度的理想。是在這個意義上，荀子才說以禮義回應人處於天地之間的生存挑戰則吉，反之則凶。禮義制度在此取代宗教天，伸張一種完全屬於人間的、分配的正義，讓遵守禮義制度規範的人，能在這個制度所保證的秩序底下，享有與其德行相配稱的一切。自外於這套規則的人，則自亂亂人而得其凶。從這個角度來說，人間的禮義制度是保障人事吉凶的的運作機制與關鍵，也是回應天人關係的根本依據〔註160〕。

　　荀子這一轉，將德福關係的主導權從天的手上完完全全移轉到人的手中，大大突顯了人在禍福上的主控權。在此同時，制定與執掌禮義制度的君王無形中也被賦予更重大的責任，因爲他不僅是人間的君王，他更取代上天，成爲衡量眾人德行，並據以分配人間資源以爲回應的仲裁者。如此，則君王的治理是否能公平開明，就決定了禮義制度能否被落實、人間禍福是否能有公允分判的關鍵。所以，君德變得十分重要，荀子認爲君王的治理必須以德

〔註158〕《荀子・榮辱》，頁70～71。
〔註159〕原文爲「然後使愨祿多少厚薄之稱」，俞樾曰：「愨」當作「穀」，《孟子・滕文公》「穀祿不平」，趙注曰：「穀，所以爲祿也」，此文言「穀祿」，正與彼同。作「愨」者，聲之誤也。王先謙案語亦贊同此說，本文採用此解。參見王先謙：《荀子集解》，頁70～71。
〔註160〕必須注意的是，雖然荀子倡言天人之分，但事實上荀子的天道並不完全與人事割裂，荀子認爲在自然界的運行中，「夫兩貴之不能相事，兩賤之不能相使，是天數也」（《荀子・王制》），君王因順天數而立人之道，所以制禮義使人間有貧富貴賤之等，以治養天下，這種做法就是因應「天數」而來的，可見君王是依自然之理而序定人倫。「有天有地而上下有差，明王始立而處國有制」（《荀子・王制》），人間制度符合天常，如此一來，盡人倫同時也與天地相參，人事不單有人的價值，同時也具備了來自天道根源的超越意義。

為依歸，如授官進爵，即應以臣子之品德才能為標準，有德者始能敘位，有能者始能任官：

> 論德而定次，量能而授官，皆使人載其事而各得其所宜，上賢使之為三公，次賢使之為諸侯，下賢使之為士大夫，是所以顯設之也……故由天子至於庶人也，莫不騁其能，得其志，安樂其事，是其所同也；衣暖而食充，居安游樂，事時制明而用足，則又所同也。〔註161〕

> 德以敘位，能以授官。凡節奏欲陵，而生民欲寬；節奏陵而文，生民寬而安；上文下安，功名之極也，不可以加矣。〔註162〕

所謂君道貴在能「論德而定次，量能而授官」，以德敘位，以能授官，如此，優劣皆得其所，則名分相稱，天子以至於士人，皆能在最適切的位置而得其安頓，衣食飽足，居安游樂，這是荀子論君道之內涵。至於「論德而定次」則表示：在這套制度下，只要有相配的德行修為，就有相應的功名以稱之。爵祿官級的授與，從這個角度看來，其實具備另一個重要意涵，就是還報：

> 凡爵列、官職、賞慶、刑罰，皆報也，以類相從者也。〔註163〕

所謂的報，楊倞注曰：「報，謂報其善惡。各以類相從，謂善者得其善，惡者得其惡也」〔註164〕，賞慶刑罰皆是「報」，修善者得賞慶，為惡者得刑罰，此「報」於是表示一種必然的因果報應關係，是還報。爵列官職、賞慶刑罰皆以類相從，「善者得其善，惡者得其惡也」，這是禮義制度運作的基本邏輯，以確保德行與爵祿的緊密一致相連。所謂「古者刑不過罪，爵不踰德」〔註165〕，德行是授爵的標準依據。如果制度運作有了差錯，人民不只無所措其手足，社會也會因此混亂失序：

> 一物失稱，亂之端也。夫德不稱位，能不稱官，賞不當功，罰不當罪，不祥莫大焉。〔註166〕

無德而在位，無能而任官，其實不當其名，不但才能不足以勝任其職，也無相配德性以孚眾望，世俗毀譽與君王賞罰不同，賞罰失去公正之依據，君王也將失其民心。人主治國，不祥莫甚於此。由此看來，禮義制度中的重要措

〔註161〕《荀子・君道》，頁237～238。
〔註162〕《荀子・致士》，頁262～263。
〔註163〕《荀子・正論》，頁328。
〔註164〕同前註。
〔註165〕《荀子・君子》，頁301。
〔註166〕《荀子・正論》，頁328。

施之一「以德敍位」——依照德行修養之深淺厚薄給予功名爵祿——不僅可以保障德福關係的穩定，它同時也是爲安定社會秩序的力量。就政治效用上來論，有德有能者在位，本來就可以產生最大的政治效益；而就德福理論上來說，有德者必享有相應的爵列賞慶，也可維持無德不報的基本信念。禮義制度是德福關係的具體落實和保障，人人在這套制度中安身立命，行其所當行，得其所應得。

　　雖然在制度立意面上，荀子認爲禮義制度的機制符合無德不報的精神，但即使是本天數以立人道，制度出於人爲設計，本身就是有限的，總有無法涵蓋規範的地方，況且，就算制度設計已幾近完美，在實際運作層面上是否能完全百分百被落實，沒有操作上缺失，都在在影響其成效。有鑑於此，荀子也很務實的體認到：立意再良好、設計再完善的理論制度，都無法避免在執行的過程中出現有心無意的誤差，那就是說，即使在這套內含德福配稱理念的體制運作下，還是極有可能出現德福衝突的情形，荀子即指出：

> 仁義德行，常安之術也，然而未必不危也；汙僈突盜，常危之術也，
> 然而未必不安也。故君子道其常，而小人道其怪。〔註167〕

就禮義制度的設計而言，人的安危禍福，應與其行爲相應召，仁義德行當必走上安榮的道路。但如果已將個人的欲望調節到合理的範圍，也按禮義規範謹言愼行，卻仍然遭遇困窮，甚至落入危難，對於以修德自持的人，又該如何自寬自處？

　　荀子並不否認在現實環境中不乏有德之人遭受危殆，而欺僈淩竊之人，在某些極端的情況下，也未必不獲致尊榮富貴。這些德福相悖的例子，勢必衝擊禮義制度的運作，也打擊無德不報的信念。針對這些人生困境與現實的不合理，荀子並沒有進一步解釋，他並不像孔孟承認客觀命運的存在，他還是把用力的方向轉向自己，認爲修德之人若遇困境，應先將重心轉移到自己身上，將關注重點擺在操持在己的修德，而非有待於外的福報，他藉引述闡釋孔子回應子路詰難的話，來傳達這層轉化：

> 孔子南適楚，阨於陳、蔡之間，七日不火食，藜羹不糝，弟子皆有
> 飢色。子路進問之曰：「由聞之：爲善者天報之以福，爲不善者天報
> 之以禍。今夫子累德、積義、懷美，行之日久矣，奚居之隱也？」
> 孔子曰：「由不識，吾語女。女以知者爲必用邪？王子比干不見剖心

〔註167〕《荀子‧榮辱》，頁62～63。

乎！女以忠者爲必用邪？關龍逄不見刑乎！女以諫者爲必用邪？吳
子胥不磔姑蘇東門外乎！夫遇不遇者，時也；賢不肖者，材也。君
子博學深謀，不遇時者多矣。由是觀之，不遇世者眾矣，何獨丘也
哉！且夫芷蘭生於深林，非以無人而不芳。君子之學，非爲通也，
爲窮而不困，憂而意不衰也，知禍福終始而心不惑也。夫賢不肖者，
材也；爲不爲者，人也；遇不遇者，時也；死生者，命也。今有其
人，不遇其時，雖賢，其能行乎？苟遇其時，何難之有！故君子博
學深謀，脩身端行，以俟其時。」〔註168〕

子路以「爲善者天報之以福，爲不善者天報之以禍」的觀念，直指孔子落難
的不合理，這是站在典型傳統的天報立場，向現實世界的不公現象發出不平
之鳴。而孔子的回應方式，則是將德與福的緊密關連分開，他先強調賢不肖
者，是操之在己的才德修爲，而遇不遇則是有待於外的時機。遇不遇有其時，
博學深謀之君子不遇時者多矣，這本是常態，重點是君子應把握德福關係的
根本——即操持在我的德性修爲，因爲「君子之學，非爲通也」，眞正的君子
如同深山的芷蘭，非爲人而芬芳。君子應當先只問德行是否完滿，才可進而
以博學深謀、脩德端行之身來等待時機。如前文所述，這種強調先德後福的
說法隱然含有重德輕福的意味。但即便遇不遇有時，我們還是無法完全切割
德與福的關係，迴避德福衝突的問題，所以，如果還是長久處於不遇的困境，
等不到時機，又該如何？荀子於是更進一步指出：

而聖王之分，榮辱是也。是有兩端矣，有義榮者，有埶榮者；有義
辱者，有埶辱者。志意脩，德行厚，知慮明，是榮之由中出者也，
夫是之謂義榮。爵列尊，貢祿厚，形埶勝，上爲天子諸侯，下爲卿
相士大夫，是榮之從外至者也，夫是之謂埶榮。流淫汙僈，犯分亂
理，驕暴貪利，是辱之由中出者也，夫是之謂義辱。詈侮捽搏，捶
笞臏腳，斬斷枯磔，藉靡反縛，是辱之由外至者也，夫是之謂埶辱。
是榮辱之兩端也。〔註169〕

荀子解消這個困境的第一步，是先將傳統中的榮辱各再細分爲兩種：即將「榮」
分爲「埶榮」與「義榮」。爵位尊貴、貢祿厚賞、以及自天子諸侯以至於卿相
士大夫等出眾勢位，這些都是外鑠的榮耀，皆有賴於外在形勢的配合才能獲

〔註168〕《荀子・宥坐》，頁526～527。
〔註169〕《荀子・正論》，頁342。

致，所以稱之爲「勢榮」。而志意修正、德行厚美和知慮清明，這些是操之在我的自我修爲，是可以自我肯定的人格美好，相較於外在物質性的榮祿，這種人自身修爲所呈顯的道德成就，則是相對內在的肯定，荀子稱之爲「義榮」，這種「義榮」無待外求，不待外在因緣的配合。依循同樣的判準，「辱」亦分爲「勢辱」與「義辱」，外界能加諸於人身體或精神上的屈辱叫「勢辱」，而個人德性、德行上的缺失叫「義辱」，舉凡流淫汙慢而至於犯分亂理皆屬之。

對荀子而言，君子與小人的分野正在於前者追求的是義榮，後者追求的則是勢榮，追求的目標不同，採取的途徑自然殊異，所以荀子說：「好榮惡辱，好利惡害，是君子小人之所同也；若其所以求之之道則異矣。」〔註170〕好榮惡辱是人之常情，然君子是「自先義而後利」，小人則是「先利而後義」，君子追求的是德性、德行的成就，小人則是在乎物質的享受，所以：

> 故君子可以有埶辱，而不可以有義辱；小人可以有埶榮，而不可以有義榮。有埶辱無害爲堯，有埶榮無害爲桀。義榮埶榮，唯君子然後兼有之；義辱埶辱，唯小人然後兼有之。是榮辱之分也。聖王以爲法，士大夫以爲道，官人以爲守，百姓以成俗，萬世不能易也。〔註171〕

因爲追求不同，所以「君子可以有埶辱，而不可以有義辱；小人可以有埶榮，而不可以有義榮」，不同的追求展現出不同的人生價值觀，然而，不同的價值觀同時也反過來決定追求者本身的價值，因爲「先義而後利者榮，先利而後義者辱；榮者常通，辱者常窮；通者常制人，窮者常制於人。」〔註172〕君子以修養自我品德爲重爲先，把握義榮而後勢榮隨之；小人則走偏鋒，在向外追求勢榮的同時迷失自我，捨本逐末，最後求不到爵祿功名，人格也向下沉淪。〔註173〕「有埶辱無害爲堯，有埶榮無害爲桀」，孰輕孰重，孰本孰末，不言而喻，德福關係自此由從客觀制度面的保障，轉入個人品德的自我肯定。

〔註170〕《荀子・榮辱》，頁61。
〔註171〕《荀子・正論》，頁343。
〔註172〕《荀子・榮辱》，頁58。
〔註173〕關於君子有義榮，亦常有勢榮，小人有義辱，亦常兼有勢辱的說法，唐君毅先生則更進一步指出：「則人之欲求勢榮者，亦同當先有義榮，而人欲去勢辱者，亦同當先自去其義辱。此及本于儒者重義之旨，更順人之欲勢榮惡勢弱之情，而導以求義榮去義辱之教。乃孔孟之教中所未及。而荀子之所以能及之，則由荀子之原正視人之有欲，亦不以欲之本身不當滿足之故也。」參見氏著：《中國哲學原論——原道篇一》，頁483。

而荀子也更進一步地，確認一種超越勢榮肯定的、最高層次的富貴：

> 故君子無爵而貴，無祿而富，不言而信，不怒而威，窮處而榮，獨
> 居而樂，豈不至尊、至富、至重、至嚴之情舉積此哉！故曰：貴名
> 不可以比周爭也，不可以夸誕有也，不可以埶重脅也，必將誠此然
> 後就也。爭之則失，讓之則至，遵道則積，夸誕則虛。故君子務脩
> 其內，而讓之於外；務積德於身，而處之以遵道。如是，則貴名起
> 如日月，天下應之如雷霆。故曰：君子隱而顯，微而明，辭讓而勝。
> 《詩》曰：「鶴鳴于九皋，聲聞于天。」此之謂也。〔註174〕

雖說「義榮埶榮，唯君子然後兼有之」，然而勢榮有待於外，真正的君子若不
遇於時，亦不妨礙他具有獨立而崇高的道德價值，所以，荀子指出君子「無
爵而貴、無祿而富」、「窮處而榮、獨居而樂」，才是至尊、至富、至貴，才是
最高境界的福報，所以「君子務脩其內，而讓之於外；務積德於身，而處之
以遵道」，修德才是真正可以榮耀自身的關鍵樞紐。有勢榮固然值得欣慰，但
義榮才能帶來最真正的榮耀，讓人享有最高層次的滿足感，這觀念可說是《尚
書‧洪範》中修好德爲五福之一觀念的延續。而且，退一步來說，勢榮也要
有相應的德行才能安享其福，「爵當賢則貴，不當賢則賤」〔註175〕，爵賞當賢，
則人自貴此爵賞；若不當賢，人自輕賤其爵賞，也無法真正享有爵祿帶來的
滿足感。成德自有其義榮，敗德亦自有其義辱，這種榮與辱皆是操之在己，
求之必得之，荀子將福禍的內容由世俗價值轉化爲精神層次，試圖爲現實的
德福衝突尋找出路，德福配稱關係的穩定也可由此得到最終極的保障。

由此看來，光從制度面無法使德福一致得到完全確保的窘境，荀子先透
過對榮辱的分析，區隔出德性價值的「義榮」、「義辱」及物質價值的「勢辱」、
「義辱」之不同面向，再進一步據此定出本末輕重，而終究捨外求的勢榮而
重自我可操掌的義榮，將德福在現實層面上常產生衝突的問題，向內進行轉
化與解消。值得注意的是：這一理論之補強，也讓荀子論德福關係的路數最
後還是回到了孔孟以德爲重的基本路數上。

做爲儒家的代表人物之一，荀子論德福關係的基本調性還是不離儒家重
德的路數，然而，雖是同樣的路數，卻仍與孔孟所論同中有異，而其異處正
顯現荀子獨特的見解，這也是荀子理論特出之處。相較於孔孟論德福關係有

〔註174〕《荀子‧儒效》，頁127。
〔註175〕《荀子‧君子》，頁451。

道德天爲依據，荀子之論德福關係，由於其天是自然天，不爲道德形上之根源，荀子失去了天的指導，因此將福報完全交由人間處理。既是人間處理，就更重視德福關係所彰顯的人間價值──正義──的確保及伸張；因此，制定一套足以保障德福相應關係的禮義制度，便是荀子德福觀理論的重心。換言之，相較於孔孟的重德輕福，強調修德本身即有合於天道人性之超越價值，荀子則更致力於從人爲制度面保障德福一致的關係。而雖然推到最後，孔、孟、荀三者皆以德性價值爲重，重視成德之事而淡化福報，但其肯認的理由及路徑也大不相同──孔孟是由修德可體認天道一途，爲德性找到了內在而超越的價值；荀子則是先致力於透過人爲制度面，努力保障人間德福的配稱後，再以「義榮」的觀念彌補制度落實時，所無法完全照顧到的實際德福衝突的缺憾。換言之，荀子的「義榮」觀念是透過禮義制度在回應德福問題上的補強，與孔孟由德性自身肯認福報的途徑與意義皆不同。

總而言之，荀子透過禮義制度確保德福具有配稱的關係，其運作方式首重於對人本身不當欲望的適度節制，其次再依人的德行才能授其官祿爵位，給予一般認知中的福份報酬。至於現實生活中不可避免的德福衝突的狀況，荀子則以「義榮」的自我肯認方式給予消解，而這種肯定「義榮」的方式雖也是孔孟重德的基本路數，但其肯認的途徑和意義卻是具荀學色彩的。

第四章　道家德福理論

　　周文疲弊的大時代挑戰提供了一個絕佳的契機，讓各種型態的思想學說
得以藉由回應這個挑戰嶄露各異的光芒。相較於儒家對殷周以來的文化傳統
自覺性的傳承，自許成為亂世之中一股大無畏的道德力量，以撥亂反正，以
老莊為代表的道家學說則別開生面，以獨特的觀察及思維開創了另一個嶄新
的人生思想領域，影響後世極為深遠。這種跳開歷史傳統的獨特心靈創造，
在相當大的程度上也拉開了與當世主流價值觀的距離。可以預見的是：做為
人生價值觀之一的德福思想，在閃耀著人生智慧光芒的道家學說中應該會發
展出迥然不同的型態。

　　如果說儒家承接了西周以來傳統的德福觀念，並在同樣的意義基礎上進
行因革損益而接續發展之，道家的德福觀念則在相當程度上有著別開生面的
歷史意義。以哲學概念來說，道家使用的語言雖與孔墨是同一語系的語言，
如名、惡、仁、智、聖、忠、信、禮、善、德、孝、慈等等，都是當時流行
的語言，但這些概念在他獨特的文字結構**裏**，多少做了與眾不同的運用〔註
1〕。在道家老莊獨特的心靈創造下，西周以來以倫常規範及品格為內涵的德
的一變而成自然無為，而以富貴爵祿、壽考康寧等世俗價值為主的傳統福分
在道家的學說中更得不到肯定，因為道家追求的自足自在的心靈境界。當然，
也許在某些終極的層次上，儒家與道家有共通之精神展現，不過，就理論發
展的軌跡看來，儒家明顯走在傳統的路上，是以傳統為基底逐漸發展出以德
為重的德福模式，而道家則是在一開頭就跳開而另闢蹊徑，這種另闢蹊徑可

〔註 1〕參見韋政通：《中國思想史》（台北：水牛圖書出版事業有限公司，1994 年），
　　　　頁 138～139。

視爲對孔墨思想的一種反省，故以下對道家德福觀的討論，將直接切入老莊論德、福的理解以及二者之間的關係的探討上，而不像討論儒家一般，是置於西周以來德福觀發展的歷史脈絡上來觀看其變化。

第一節　老子德福觀

一、追求道化之德

　　周公制作之禮樂典章，在春秋戰國時由於實踐制度的貴族的生命墮落，已成爲掛空的形式，孔子因而疾呼「人而不仁如禮何？人而不仁如樂何？」，試圖爲掛空的禮樂制度尋找足以支撐的內在根源——仁，就此決定了儒家思想的基本路向。就這點而言，孔子對傳承周文的使命感無疑的是十分強烈的，這份使命感使得孔子選擇提振人的道德生命，以仁灌注周文新生命，希望能讓曾經真正發揮尊尊親親精神的禮樂制度起死回生，但這並不是老子的追求。關於老子，其人其書歷來爭議頗多〔註2〕，但並不妨礙後人瞭解他的思想性格。對老子而言，生命如何在亂世之中得到最好的保全、最無拘無束的自由，如何在萬變的世局中追索不傷的處世之道，這才是真正值得用力之處。從這個角度出發，周文形式化的一切毋寧就是拖累毀壞真實生命的枷鎖，牟宗三先生指出：「道家就是這樣把周文看成束縛，因爲凡是外在的、形式的空架子，都是屬於造作有爲的東西，對我們生命的自由自在而言都是束縛桎梏」〔註3〕，所謂「夫禮者，忠信之薄而亂之首」〔註4〕，禮在儒家是維持社會秩序最重要的基石，它同時也維持著封建制度下的道德秩序，然而，對禮的強

〔註2〕關於老子其人及其書，勞思光先生曾就《史記》關於老子之傳的謬誤，分別從老子姓名年齡、孔子問禮、出關及著書、年齡、老萊子及太史儋以及世系等六個面向來進行考辨，然其推斷亦未敢以爲最後定論；至於其書，則以相應於《莊子・天下》所述老子觀念之部份，視爲《老子》之原始材料，其餘至可能爲後人所增附而成的部分，最遲應至韓非子時亦已成書。（參見氏著：《新編中國哲學史》，台北：三民書局股份有限公司，1995年，頁213～237。王邦雄先生則認爲老子自云正言若反，若非孔墨有正面有爲之學說成立在先，老子諸多負面無爲的言論，豈非頓失其所指而告落空，故將其哲學定於孔墨之後，莊子之前。此說亦極有參考價值。（參見氏著：《老子的哲學》，台北：東大圖書股份有限公司，2004年8月，頁45～46。）

〔註3〕參見牟宗三：《中國哲學十九講》，頁89。

〔註4〕《老子・第三十八章》，頁43。所引用之版本爲朱謙之撰：《老子校釋》（北京：中華書局，1984年。）

調在老子看來卻只是亂世失序的表徵，尤其，禮在當時不但成爲拘限人心的儀節形式，更成爲有心者剽竊名位的工具，老子因此視禮爲拘絆，爲牽累，是虛僞造作，是殘害人心自由的桎梏。老子對理想世界的描摹並不以僵化的禮爲核心，他試圖以一種更超然的態度來面對種種現實的限制，這種超然的態度就是「無爲」，牟宗三先生指出：

> 無爲是高度精神生活的境界，不是不動……講無爲就函著講自然……道家講的自然就是自由自在、自己如此，就是無所依靠、精神獨立。精神獨立才能算自然，所以是很超越的境界……它針對周文疲弊這個特殊機緣而發，把周文看成是形式的外在的，所以嚮往自由自在，就一定要把這些虛僞造作通通去掉，由此而解放解脫出來，才是自然。自然是從現實上有所依待而然反上來的一個層次上的話，道家就在這個意思上講無爲。〔註5〕

無爲不是無所作爲，而是不妄求不妄爲，不以巧詐滿足私欲而陷入無止盡的名利爭奪衝突中，因而導致生命的紛亂。老子追求的是生命純眞本然的狀態，勞思光先生認爲，老子思想起自觀「變」而思「常」〔註6〕，在世道混亂的時代，對恆長之道的追求的確是許多思想家的思考重心，對老子而言，他認爲經驗界之萬有都是有限的，都是變動不拘的，既是變動，就無法長久：

> 飄風不終朝，驟雨不終日；孰爲此？天地。天地上不能久，而況於人？。〔註7〕

天地尚不能長久，何況是人？而眞正具有終極意義的，當然不是瞬變的萬象或生滅有時的人事，而是一眞正恆長、具有終極價值之物，此超越先在之物在老子名之曰「道」：

> 有物混成，先天地生，寂漠，獨立不改，周行不殆，可以爲天下母；吾不知其名，字之曰道，吾強爲之名曰大，大曰逝，逝曰遠，遠曰返。〔註8〕

此物混成，先天地而生，而爲天下母，勞思光先生指出：「吾人觀其一貫說法，即可知所謂『生』表『道』對『物』之範鑄作用，乃一形式義之決定力，

〔註5〕參見牟宗三：《中國哲學十九講》，頁89～90。
〔註6〕參見勞思光：《新編中國哲學史》，頁238。
〔註7〕《老子・第二十三章》，頁94～95。
〔註8〕《老子・第二十五章》，頁100～102。

非言經驗關係中之『發生』；所謂『先』指超越義之在前，非時間序列中之『先』〔註9〕，牟宗三先生則指出：「道家的道和萬物的關係就在負責萬物的存在……道家的道是無，無起徵向性，徵向性說生萬物。因此首先不能客觀的說客觀世界有個東西叫無來創生萬物，而要收進來主觀地講，靠我們有無限妙用的心境，隨時有徵向性，由徵向性說明客觀事物的存在。它又是不生之生，完全以消極的態度講」〔註10〕，按此而言，「道」並不是一具體有象之物，而且「道」也不實際創生萬物，它是由主觀修行境界上所呈現的觀念，是萬物皆在其自己，自生自長，所謂「道生之，德畜之」〔註11〕，道生化天下萬物的方式，是以下貫於萬物之中而爲德的方式，畜養成全萬物；道是超越之體，而德是內在作用，道生化萬物的特質，總的來說是「生而不有，爲而不恃，長而不宰」〔註12〕，所以是「大道氾，其可左右，萬物恃之以生而不辭，功成不名有，愛養萬而不爲主」〔註13〕，萬物憑恃這種內在的德，自我成長，自我完成，所以說是不生之生。而天地萬物的流轉變生所歸依之理序，就是這種獨立而不改，遍行四方而永不停息的「道」，縱使它不斷向外發展及作用，其軌道都不離其自身的生化作用，所以曰「反」，王邦雄先生指出這已屬「道法自然」的究極之義〔註14〕，對老子而言，自然是天地萬物最原初素樸的狀態，萬物如此，人的生命亦然。生命原初最是純樸美好，但是人的欲念和追求擴張紛馳，使得生命向外狂放失序：

　　　五色令人目盲，五音令人耳聾，五味令人口爽，馳騁畋獵，令人心發

　　　狂，難得之貨，令人行妨。是以聖人爲腹不爲目，故去彼取此。〔註15〕

耳目感官雖是生理本能，但若心知起了執著，那麼，過多繽紛的色彩將使人目眩，紛雜樂音也令人耳聾，豪奢宴飲終使人舌不知味，縱情狩獵使人心放蕩，珍奇之物更挑戰人的欲念，使人爲求擁有而不擇手段。這些嗜欲引動的

〔註9〕 參見勞思光：《新編中國哲學史》，頁242。

〔註10〕 參見牟宗三：《中國哲學十九講》，頁104～106。牟先生以「境界形態的形而上學」定義道家學說形態，道同樣不具儒家中庸「天地之道可一言而盡也：其爲物不貳，則其生物不測」的創生萬物義，而是不禁其性、不塞其源的退開一步讓萬物自生自長，是不生之生的境界形態。

〔註11〕 《老子‧第五十一章》，頁203。

〔註12〕 《老子‧第十章》，頁41。

〔註13〕 《老子‧第三十四章》，頁137。

〔註14〕 參見王邦雄：《老子的哲學》（台北：東大圖書公司，1971年），頁82及頁100。

〔註15〕 《老子‧第十二章》，頁45～46。

智巧造作，在在擾亂了生命原初澄明寧靜的美好狀態，人人競逐外在的聲色之娛，在滿足物欲的同時逐漸喪失了內在的天眞，而終於迷失自我不得復返。老子認爲：唯有使萬物回歸本然初始，生命以最符合自然、符合道的原初面貌呈顯，才是全身之道：

> 夫物芸芸，各歸其根。歸根曰靜，靜曰復命。復命曰常，知常曰明。
>
> 不知常，妄作，凶。〔註16〕

萬物紛芸，要各自返回其根本，回歸原本清明虛靜的狀態，才是恆常的規律，才是道，才是自然。若不瞭解這種天地萬物運作的常道，恣意妄爲，愈是追逐，離道愈遠，生命就愈混亂，生命放失在對欲望名利等外物的追逐之中，終至陷入危難而喪身。認識常道的人不被虛妄的欲望所迷惑，能看透世情萬象，因此可以無執、無爲：

> 爲者敗之，執者失之，是以聖人無爲，故無敗，無執，故無失。〔註17〕

無爲是不妄求不妄作，生命回歸純樸寧靜，如上文所引，牟宗三先生指出這是一種超越現實限制的精神修養，是無所依恃的精神獨立，因爲獨立，所以超脫，透過「致虛極，守靜篤」的工夫，虛一而靜，在靜的工夫底下沉澱生命，使生命不浮動；當主觀的心境靜下來，虛一而靜的心靜朗現出來，由內往外觀之，天地萬物也同時各復其位，各歸其根，各得其正命，「萬物並作，吾以觀復」〔註18〕，道心與萬物的歸復一體呈現，這同時就是不生之生。生命的純眞自然不被競逐名利的巧詐所傷害，心靈的自由自由也不被矯揉造作的人爲規範所拘束，而可呈現原初自然的面貌，萬物各依其自然的本質各自發展，就是老子理想世界最佳的運作模式：

> 道之尊，德之貴，夫莫之命而常自然。〔註19〕
>
> 是以聖人欲不欲，不貴難得之貨。學不學，復眾人之所過，以輔萬
>
> 物之自然而不敢爲。〔註20〕

道以下貫萬物而爲德之方式使萬物自生自長，萬物憑靠於得自於道的德而生長變化。道是自然無爲，分殊於萬物之德也是自然無爲〔註21〕，道與德之尊

〔註16〕 《老子‧第十六章》，頁65～66。
〔註17〕 《老子‧第六十四章》，頁260。
〔註18〕 同註15。
〔註19〕 《老子‧第五十一章》，頁203。
〔註20〕 《老子‧第六十四章》，頁261～262。
〔註21〕 王邦雄先生曾探討老子所謂德的實際內涵，他引《老子》第四十九章中之「德

貴就在於不干擾萬物的成長，順任萬物的自我化育，自我完成，不以外力強加左右之，即便是聖人，也是「以輔助萬物之自然而不敢為」。在大道流行的治世，天地萬物都在這種道的軌跡上運行週轉，各復歸其根，天地之間維持著一種屬道的井然秩序，因為各復其位，人與人之間的倫常關係以及人與萬物之間的物我關係，都處於和諧均衡的狀態之中；但若人的心知有了執著，強欲有為，為了滿足私利私欲而巧詐作偽，如此，心一浮動不靜，萬物錯位失序，大道不行，就成亂世，而老子就從這個角度來檢視世人所謂之仁義：

> 大道廢，有仁義；智慧出，有大偽；六親不和，有孝慈；國家昏亂，有忠臣。〔註22〕

> 故失道而後德，失德而後仁，失仁而後義，失義而後禮。夫禮者忠信之薄而亂之首。〔註23〕

特別表彰倡導某些特定的德行，正好突顯特別欠缺這類德行的社會問題，所以在老子看來，世人標舉的仁義忠孝，正象徵著這是個失道失序的時代，這些德行的提出都是在彌補失道的人心缺口，試圖重建人間秩序，但比起大道流行之下的人際倫理，這些維持人與人之間分際關係的仁義忠孝，都是沒有道化的仁義忠孝，老子雖不否定其價值，但比起在大道覆蓋之下，人相忘於道術，「功成事遂，百姓謂我自然」〔註24〕，所謂的仁義或禮都是低層次的道德規範，是失道後才重德，失德而後才倡仁義，一層一層下落，直到以禮的儀節來規範人們的行止，那就是連內在於人的道德感都已淡薄到無以為繼了。沒有真實生命的周文，成了徒具形式意義的虛文，制度一旦掛空，也就

善」與「德信」兩個似涉德之內容之辭，論證所謂的「善」是自然無為之意。《老子》第二十七章中之「善行無轍跡，善言無瑕讁，善數不用籌策」中之善也是此解——因為是自然無為之行，所以不留轍跡；是自然無為之言，故無瑕讁；是自然無為之數，故不需籌策。所謂「聖人以常善救人」就是以自然無為、虛靜心的觀照，使百姓萬物自顯其德，復歸於自在自得的素樸，不自以為不善，故無棄人無棄物。所以說「聖人無常心，以百姓心為心」，聖人的心是虛一而靜的得道境界，虛靜無為，不執主觀成見，由此覽照百姓，可以朗現百姓之心，並以百姓自身本德為之善為善，以百姓自身本德之信為信。由此可知，「德善」就是本德之善，就是「歸根曰靜，是謂復命」的常德，使人在自然無為之中，不離其本足之常德，並透過致虛守靜、專氣致柔等的主體修證工夫而展現出來。（參見氏著：《老子的哲學》，頁123～127）。

〔註22〕《老子·第八章》，頁72～73。
〔註23〕《老子·第三十八章》，頁152。
〔註24〕《老子·第十七章》，頁70。

成為外在的、束縛人心的桎梏，這是老子對周文疲弊最深切的感觸。

　　但是世亂已成定局，對老子而言，雖然世俗道德的價值層次不高，畢竟也能多少起著維持倫常的作用，以應世變之急，所以，在孔子提出以仁為道德內涵，試圖為掛空的禮樂制度建立一內在根源的同時，老子也更進一步思考如何在現有的治世之方中尋求真正的出路，面對孔子既有的策略，他首先提出以下的態度：

　　　　絕聖棄智，民利百倍；絕仁棄義，民復孝慈，絕巧棄利，盜賊無有……

　　　　見素抱樸，少私寡欲。〔註25〕

所謂的「絕」與「棄」，從字面上來看似乎是否定仁義存在的價值，但事實上，孔子的道德內涵緊扣住人倫之常，仁義禮智都是建立在倫常基礎之上的價值規範，老子就算不同意這種道德內涵或實踐進路，也無法取消倫常規範的存在，所以老子的絕仁棄義並不是拋棄人倫的規範，否定仁義存在的價值，牟宗三先生即指出老子並不是從存有層來否定聖智仁義，而是從作用層上來否定。老子是順著孔子的策略更進一步往前推，思考如何把聖、智、仁、義以最好的方式體現出來，換言之，老子對聖、智、仁、義是採取「作用地保存」，從體現的工夫的層面上來保住儒家的道德〔註26〕。

　　而什麼方式才是體現仁義最好的方式？孔子「我欲仁，斯仁至矣」的德，是靠人格修養而得的德，這是由人文所開出的道，所以是人以弘道，非道弘人。但對老子而言，人文本身就是對自然的一種干擾，不論是對道德的修練，對禮的學習，都是人為造作，這些造作雖可維持人間最低限度的運作秩序，但並不符合自然之道，故非長久之計。王邦雄先生亦指出：「依老子的反省，若不能『復守其母』的回歸到道的形上本源的話，一者人的創造力可能衰退，二者由於其走入世俗之故，呈現一極大的危機，所謂的前進，不一定向上昇越，也可能往下墮落〔註27〕。」沒有更高一層的形上根源的支撐，仁義禮智的效用可能難以為繼，而更嚴重的危險則是被貪欲牽引而無法自拔，以道德之名行反道德之實，心知陷溺其中而不自知。換言之，仁義禮智不是不能用，而是不能陷溺膠著於其中。如何能不陷溺膠著，這就得回到道家「致虛極，守靜篤」的工夫，日損其心知的欲念、造作，損之又損，保持一種虛靜無為

〔註25〕《老子‧第十九章》，頁74～75。
〔註26〕參見牟宗三：《中國哲學十九講》，頁133～135。
〔註27〕參見王邦雄：《老子的哲學》，頁65。

的精神狀態，不尚賢，也不貴難得之貨，心不起執著，回歸澄明寧靜的自然，而達到虛一而靜的境界。以這種清靜無爲的心來應世，萬物各復其位，仁義禮智也各顯其正，此時的仁義禮智便是道化的仁義禮智，是清靜無爲之道貫注於人所彰顯出來的、內在的德，既無須執著，也不會陷溺，所以說：

> 上德不德，是以有德；下德不失德，是以無德。上德無爲而無以爲，
> 下德爲之而有以爲。〔註28〕

真正的德是道化的德，是順任自然無心作爲的表現；人爲造作的德是有意爲之的規準，有心爲之就落入執守的窠臼中，所以說上德是無爲、是不德，卻反而能在虛靜的工夫及境界之中保全了德；下德執守的德是外在的規範，愈是固著於此，就愈加重拘執人心的負累，悖離了清靜無爲之大道，也因此失去了德。所以老子主張「見素抱樸，少私寡欲」，唯有回到虛一而靜的無爲大道上，在上位者不標舉人爲的仁義道德，不追求崇尙聖智境界，不落入巧詐權謀的競逐之中，人人依循內心得自於道的德，各復其位，各適其宜，這樣才能在和諧均衡中達到「民復孝慈」、「民利百倍」，而這也正是聖人治理人民的方式：

> 不上賢，使民不爭。不貴難得之貨，使民不爲盜。不見可欲，使人
> 心不亂。是以聖人之治，虛其心，實其腹，弱其志，強其骨；常使
> 民無知、無欲，使夫智者不敢爲也。爲無爲，則無不治。〔註29〕

治理人民的根本要道就在使人民向外奔馳放失的心念沉澱下來，不讓外在世界中混雜紛立的價值亂人耳目、擾亂民心，聖人不爲造作之事，不助長矯飾之風，使百姓在實腹強骨的養生自足外，不起僞詐心智，不興爭盜欲念。聖人爲自然無爲之事，則「我無爲，人自化，我好靜，人自正，我無事，人自富，我無欲，人自樸」〔註30〕，這即是「爲無爲則無不治」最高政治境界。

總的來說，老子論道德不管在內涵或是實踐進路上都與孔子有著本質上的差別，在孔子努力建立人內在先天道德根源，把德視爲各種符合倫常的品格修養同時，老子則是把人視爲道的載體，道下貫於人而爲德，人人皆有其本足之常德，此德的內容同於道，就是自然無爲，這種自然無爲必須透過致虛守靜、專氣致柔的實踐工夫才能朗現。這種獨特的道德觀與諸子多以倫常論德之內涵有有很大的區隔，也爲老子的政治觀、人生觀等其他價值觀起了

〔註28〕《老子・第三十八章》，頁 150～151。
〔註29〕《老子・第三章》，頁 14～15。
〔註30〕《老子・第五十七章》，頁 232。

根本性的定調作用。

二、福禍相倚之禍福觀

　　老子追求清靜無爲的大道，凡是干擾天眞自然本性實現的事物，他都反對。老子認爲人自然本性之所以會被矇蔽，首先來自對欲望的沒有節度。人的生理欲求與生俱來，這攸關人的生存，本無可厚非，但若嗜欲貪求不知節制，就會陷入對外物永無止盡的追求之中，讓過多的耳目感官刺激麻痺了人的心靈，使人不能復歸虛靜無爲之常德，爲了追求物欲而不擇手段，而導致喪身敗家，從這個角度來看，沒有比貪欲更大的禍患了：

> 罪莫大於可欲，禍莫大於不知足，咎莫大於欲得。故知足之足，常
> 足矣。〔註31〕

老子指出人生最大的禍患在於不知足，最大的罪過在於向外尋求欲望的滿足。欲望擴張的速度遠超過人力所能追求的速度，況且欲望的滿足只會引發更多的欲望，《韓非子・喻老》用了一個很具體的例證說明這個情形：

> 昔者紂爲象箸，而箕子怖。以爲象箸必不加於土鉶；必待犀玉之杯。
> 象箸玉杯必不羹菽藿；則必旄象豹胎。旄象豹胎，必不衣短褐而食
> 於茅屋之下；則錦衣九重、廣室高臺。吾畏其卒，故怖其始。〔註32〕

有了象箸就想要玉杯，吃好穿好便會想要廣室高臺，欲望的滿足沒有盡頭，爲了滿足永不知足的欲求，一昧追求外在的富貴名利而終身汲汲營營，寵辱若驚，生命內在不但一刻不得安寧，就在向外追求的同時，生命也不斷往外流逝，不得貞定，《韓非子・解老》更明白的指出：

> 人莫不欲富貴全壽，而未有能免於貧賤死天之禍也，心欲富貴全壽，
> 而今貧賤死天，是不能至於其所欲至也。凡失其所欲之路而妄行者
> 之謂迷，迷則不能至於其所欲至矣。今眾人之不能至於其所欲至，
> 故曰：「迷」。眾人之所不能至於其所欲至也，自天地之剖判以至于
> 今，故曰：「人之迷也，其日故以久矣。」〔註33〕

富貴全壽爲人之所大欲，即便盡力去追求也不可能避免貧賤夭折的事情發生，若不能因此醒悟而返樸歸根，放棄這種無益於身的追求，回歸自足之常

〔註31〕《老子・第四十六章》，頁 186～188。
〔註32〕《韓非子・喻老》，頁 119。所引版本爲清・王先慎：《韓非子集解》（台北：世界書局，1955 年）。
〔註33〕《韓非子・解老》，頁 99～100。

德，反而使盡一切極端手段及方式想要得到富貴長壽，這就是執迷不悟，所以說「禍難生於邪心，邪心誘於可欲」〔註34〕，欲望是災禍的根源。但若追究人們的欲望，人們追求富貴長壽毋寧是全身的渴望，想讓自己過更好的物質生活，而擁有更好的生命品質，但這種執著與向外追求的方式卻反而斲喪自己的生命，關於這點，老子曾提出一個深刻的反省：

> 名與身孰親？身與貨孰多？得與亡孰病？是故甚愛必大費，多藏必厚亡。知足不辱，知止不殆，可以長久。〔註35〕

過分的追求必須付出極大的代價，這種代價是以生命本身做為償抵，在極端的情況下，名與身、利與身不能並存，孰輕孰重高下立判，唯有知足知止，才可以全身，才是長久之道。更推進一層來說，在老子看來，這種厚養其生的執著，本身就是人之大患，「吾所以有大患者，為吾有身。及吾無身，吾有何患〔註36〕？」生命本來就是一自然的存在，生老病死是最自然的過程，唯有順任其自然發展才是最健康的態度，不實的欲念和妄求不但達不到厚生的效果，這種心知的執著還拘限了生命的可能性，反不能成全生命之自然。

所以，若從更根本的層次來進行反思，生命的混亂除了妄念外，還來自心知的造作與執著，心知的造作與執著最明顯表現在對世間一切價值的對立認知及分判上：

> 天下皆知美之為美，斯惡已；皆知善之為善，斯不善已。故有無相生，難易相成，長短相較，高下相傾，音聲相和，前後相隨。〔註37〕

道是純樸自然的存在，天地萬物渾成一體，但是「智慧出，有大偽」，人逞用其智，分判價值高下，原本一體的世界便起了對立，心一認知何者為善，惡的概念便相對而生；一認知到美，醜的概念也應時而起，所以「有無相生，難易相成，長短相較，高下相傾，音聲相和，前後相隨」，這一切相對而生的概念全都起源於心的認知作用。就天地萬物皆為道之實現而言，天地萬物的本質都是相同的，所以這些分別都是虛相，固著於其上也就成了虛執，長短、高下、難易、美醜如此，關乎價值的善惡也是如此，所以老子指出「善之與惡，相去若何〔註38〕？」從這個角度來看所謂的禍與福，就會發現禍與福在

〔註34〕《韓非子・解老》，頁106。
〔註35〕《老子・第四十四章》，頁179～180。
〔註36〕《老子・第十三章》，頁49。
〔註37〕《老子・第二章》，頁9。
〔註38〕《老子・第二十章》，頁77。

本質上也是互相涵攝的：

> 禍兮福兮之所倚，福兮禍兮之所伏，孰知其極？其無正。正復爲奇，
> 善復爲妖。人之迷，其日固久。〔註39〕

禍福相倚的道理若僅從萬物流轉變化的規律這個層面來看，「將欲歙之，必固張之。將欲弱之，必固強之。將欲廢之，必固興之。將欲奪之，必固與之，是謂微明〔註40〕。」事物在即將衰敗、頹棄之前，都必表現爲強大興盛之貌；況且，飄風不終朝，驟雨不終日，天地尚不能長久，況乎人事的變化？由此可知，萬事萬物都會變化，而其變化都包含著向反面轉化的契機，禍福的關係也是如此，人們多以貧富貴賤、窮困亨通等物質條件來衡量所謂的禍福遭遇，但是，榮華之享也可能勞神傷形，身處絕境也可能砥礪出日後成功的特質，一時的福禍若放在更長遠而宏大的時間座標上來看，恐怕將呈現完全相反的意義，所以關於禍福，「孰知其極？其無正」。

　　若再推進一層扣緊道的層次來說，禍與福之價值相對是心知作用造成的分別，心知是人的主觀意識，主觀意識隨著所處境地不同而改變，事物的價值次第也因地因時制宜而起著變化，所以正可以復爲不正，善可以復爲不善，推到極端，福可以爲禍，禍也可以是福，這些間價值內涵的相互轉換也不足爲奇了。從道的角度來看，事物的本質不變，人的心智認知卻千變萬化，如果不能把握本心，以虛靜應外物，而固著於流轉的現象界，如此就形成了偏執，使人惑於各種紛亂的價值而不知其所從，生命也因此陷入向外追逐的混亂不安中，何福之有？

　　由此可知，傳統意義的禍與福在永恆的道面前並沒有終極的價值，人可以順著生物本能趨吉避凶，但卻不能透過人爲造作去立意追求富貴全壽，因爲禍福的對立只是心知的分別作用，兩者之間有著微妙的轉化關係，看似相反，其實本質互相涵攝，禍爲福之始，福爲禍之端。對老子來說，眞正值得追求的是終極恆定的自然之道，而非這些不能貞定生命的人間價值。世人竭智盡力冀望得福，在老子看來恐是緣木求魚，徒增生命的困擾罷了。

三、寧靜以致福之德福觀

　　雖然老子不認爲積極人事的作爲可以得福，但他並不否定改善生命是一

〔註39〕　《老子・第五十八章》，頁235～236。
〔註40〕　《老子・第三十六章》，頁142～143。

個值得努力的目標，事實上，做為一個應世變而起的思想家，老子努力建構的正是一套使人免於危難、並能使生命更臻美好狀態的學說〔註41〕。在周文疲弊的大時代背景下，孔子對貴族及士人的道德生命進行了十分深刻的反省，而老子則直視廣大生民的痛苦，對底層社會的民不聊生有很深切的感受。老子曾經很痛切的批評當時政風的敗壞：

> 朝甚除，田甚蕪，倉甚虛。服文綵，帶利劍，厭飲食，財貨有餘，
>
> 是謂盜夸，非道也哉。〔註42〕

農田都已荒蕪，倉廩也無存糧，百姓飢寒交迫，貴族卻還過著衣著光鮮、豪奢宴飲的生活，老子直指底層社會的嚴重問題來自上層社會，「民之飢，以其上食稅之多，是以飢」〔註43〕，坑殺百姓以厚養己身，這種為政者簡直與強盜無異，這種為政者的惡形惡狀，稍後的孟子也有率獸食人的痛陳。百姓在貴族的剝削之下過著水深火熱的生活，但諷刺的是，在老子看來，貴族的生命品質卻也沒有因為享有極度奢華的物質生活而有所提升；朝政的隳壞同時表現在生民塗炭及貴族人心墮落這兩個看似面向不同、實則為一體兩面的現象。老子以其獨特的角度面對這個嚴肅的政治及人生問題，思考著如何解決這個時代的病痛，於是他建構了以道為核心的形上學，他的學說首次將道當作一哲學範疇而加以論證，因而在中國哲學史上具有創發性的歷史意義和地位，但其學說核心——道，最後還是必須回歸政治及人生層面，透過主體的體證實踐，才能具體展現其真正價值〔註44〕，這是老子學說中強烈的現實感，也是這個學說應世的姿態。

　　而如上文所述，老子認為混亂生命的罪魁禍首是心知的造作執著與欲念

〔註41〕 張起鈞先生也指出：雖然表面上老子特別厭黜人工，但其實這正是他的內心特別執著於人的緣故。參見氏著：《智慧的老子》（台北：東大圖書股份有限公司，1992年），頁87。

〔註42〕 《老子‧第五十三章》，頁211～212。

〔註43〕 《老子‧第七十五章》，頁292。

〔註44〕 王邦雄先生指出：「老子形上哲學的價值歸趨，就在政治人生。」參見氏著：《老子的哲學》。頁181，陳鼓應先生也指出：「老子哲學，形上學的色彩固然濃厚，但他所關心的仍是人生和政治的問題……形而上的道如果不與人生發生關聯，那麼它只不過是一個掛空的概念而已。當它向下落實到經驗界時，才對人產生重大的意義。這層意義的道——即作為人生指標的道，它呈現了『自然無為』、『虛靜』、『柔弱』等特性，這些特性可說全是為了應和人生和政治的需求而立說的。」參見氏著：《老莊新論》，頁85，台北：五南圖書出版股份有限公司，2006年。

的貪求妄用，而為了使生命恢復平靜，重建個人內在秩序以回復外在的社會秩序，他提出自然無為以化去人為造作，消解虛妄的欲念，而所謂「道法自然」，自然其實就是形上超越的道與下貫於萬物之中的德所蘊含的真實內涵。對老子而言，這個內在自足的德就是一切紛爭困擾最斧底抽薪的解決之道，因為它的實踐進路是致虛守靜、專氣致柔等主體修證工夫，這些工夫所表現出來的形式是不爭、是柔弱、是守靜處下，不妄求、不佔有，而這正是消除執著、化解對立衝突最需要的態度，也是保全生命最好的方式。

　　所以，落實到人生層面來看，只要把握內在的德，透過虛靜的工夫滌除妄念，不爭不造作，不被流轉的現象界所拘限所迷惑，生命就可以不向外放失，而能回歸最樸實自然的生命狀態，得到自足和安頓，所謂「常德乃足，復歸於樸〔註45〕」。這種生命狀態雖然樸實，卻不單薄，因為它來自一種理想的精神修養境界，因而可以蘊育出最好的生命品質，既素樸又強韌，可以涉亂世而不傷，老子就曾以嬰孩的形象來具體描繪這種理想的生命境界：

　　　　含德之厚，比於赤子。蜂蠆虺蛇不螫，猛獸不據，攫鳥不搏。骨弱
　　　　筋柔而握固。未知牝牡之合而全作，精之至也。終日號而不嗄，和
　　　　之至也。〔註46〕

含德深厚的人就像嬰兒赤子，雖然純真而柔和，但精力充實飽滿，即使終日哭號，聲音也不沙啞，展現著一種生命最自然均衡的和諧氣象。嬰兒因任自然卻生氣蓬勃，所以外在的危險都無法傷害他，而這正是老子嚮往的亂世全身之道：

　　　　蓋聞善攝生者，陸行不遇兕虎，入軍不被甲兵，兕無所投其角，虎
　　　　無所措其爪，兵無所容其刃，夫何故？以其無死地。〔註47〕

善攝生者，是不「生生之厚」，不違反自然本性而厚養其生。因為善攝生者自然無為，無妄念妄作，所以不會主動招惹災禍。若不幸遭逢困厄險境，也能化險為夷，因為他因任自然無所求，不離常德，自足安定，就算別人想設計陷害他，也沒有著力之處，所以可以保全自身。從這個角度看來，在人生問題上，老子似乎旨在求福避禍，所以張起鈞先生認為：

　　　　在他（老子）的人生思想中，他是大講其禍福的，並且諄諄告誡，

〔註45〕　《老子・第二十八章》，頁113。
〔註46〕　《老子・第五十五章》，頁218～222。
〔註47〕　《老子・第五十章》，頁200～202。

要人們順應道旨避禍求福，庶幾不遭摧毀長保安福。這完全是在「人」的立場來說的；並且是從「小我」的觀點來出發的……他要人「虛其心，實其腹，弱其志，強其骨」，「爲腹不爲目」。並且要人摒棄一切眩惑紛擾的事務，如五音五色，馳騁畋獵等全都不能沾染，爲的是獲「寧靜之福」……這都是與其尚天黜人的精神背道而馳的。在一個眞正澈底崇尚自然的學說之中，小我的存毀禍福，將不是一個有所堅持和寄予重視的問題。〔註48〕

張起鈞先生認爲老子尚天黜人，但他念茲在茲的仍是人的禍福存毀，戒絕感官享受、弱化心智造作，都是爲了避禍而存身，所以他雖然極言天人之別，卻未能貫通「天」「人」，圓融物我。事實上，老子學說應世變之急而起，他著眼的本來就是人如何在亂世之中自處的現實問題，只是他採取的是墮黜人爲、反璞歸眞的進路，然而這並不代表他離開了原初的問題意識，反過來否定人的存在。所以就算他的學說有尚天黜人傾向，他也只是通過這條路徑來改善人們的生存狀態，提升人們的生命品質。

而從學說內部理路來看，道是既超越又內在的，它並不孤懸在理念的世界，自然無爲不能空泛無著，否則便成玄學，它最終還是要回到天地萬物的身上，透過主體的修證落實來證顯，並發揮實際的效用。所以，因任自然的應世哲學落實在政治上，爲政者修德，不妄爲不妄求，不剝削百姓，以百姓心爲爲心，「我無爲而民自化，我好靜而民自正，我無事而民自富，我無欲而民自樸」〔註49〕，就可以達到無爲而無不爲的政治效用。而落實在人生上，歸於虛靜，復歸於嬰兒的純樸境界，便可以避禍求全，涉險而不傷，而享有一種內在自足的安頓，在紛亂的時代，能得到這種寧靜自足的生命，不就是最大的福分嗎？而且，按老子的理想，天地萬物因任自然，一切都在道的軌道上運行，也不用擔心會有衝突，因爲「天之道，損有餘而補不足」〔註50〕，在這種屬道的理想秩序中，一切都是和諧均衡的，這種和諧均衡蘊含著一種素樸的正義精神，跟傳統思想中以上天來福善禍淫的型態不同，但對公平正義的祈盼卻是一致的。

由此看來，西周以來傳統的德福觀在老子的學說中有了不同的發展。傳

〔註48〕 參見張起鈞：《智慧的老子》，頁87。
〔註49〕 《老子‧第五十七章》，頁232。
〔註50〕 《老子‧第七十七章》，頁299。

統的德是倫常之德，而福則指的是富貴康寧。德是內在的人格修養，福是外在物質回報，所以必然產生德福不一的衝突。這種衝突在老子的德福觀中並不存在，因為老子追求的並不是外在的名位利祿、長壽益生，而是內在心靈的自足自在〔註51〕，至於老子的道是無為大道，德的實質內涵也是自然無為，透過致虛守靜、專氣致柔的實踐進路，日損又損的化去造作、滌除妄念，可以把握住得自於道的德，就能擁有心靈的自足自在，並以此應世。所以可以這麼說，老子是以虛靜無為之德而致寧靜自足之福，而且是有此德必得此福，是一種相即的自我完成。老子這種以自然為本色的德福觀，標幟著一種與有別於儒墨主流的價值歸趨，為當時及後世提供一種獨特而重要的思想養分。

第二節　莊子德福觀

一、對虛靜至德之追求

　　司馬遷說莊子「其學無所不闚，然甚要本歸於老子之言」〔註52〕，道家的學說，由老子極富開創意義的學說定其向後，莊子也以他奔放恣肆的想像力和創造力，透過生動而變化多端的文字表達，建立一套具有強烈個人風格的生命哲學，把道家的學說推升到另一個亦具開創性視野的新境界〔註53〕。

〔註51〕這種對內在自足感的追求並不是受挫於外界的不盡人意之後的退守，而是老子以自然立說之初就必然會發展出的追求目標。

〔註52〕參見司馬遷《史記‧老子韓非列傳第三》，《新校本史記三家注并附編二種三》，頁2143。

〔註53〕老子與莊子學說在思想脈絡上的關聯似乎並不像孔孟之間的傳承，首先莊子並未明言自己的思想繼承自老子，而「老莊」一詞連用也遲至《淮南子》一書才出現。已經有學者提出應正視老學與莊學之間差異的問題，如陳德和先生認為莊學並不全然同於老學，而是老學的創造性轉化，因此「老莊」之名必將改為「老／莊」以謹慎顯現出「以莊解老」的意思。更有甚者，錢穆先生在其《莊老通辨》中一反傳統之見，把莊子推為道家始祖，他從精神兩字在內外雜篇的使用情形，主張《莊子》內篇最先成書，《老子》較晚出，再來才是《莊子》外雜篇，晚近劉笑敢先生及崔大華先生也有類似的主張，這種主張認為《莊子》內篇是莊子獨立發展出來的思想，因而具有與老子同等的價值。相關論述可參見黃漢青《莊子思想的現代詮釋》（台北：五南圖書出版股份有限公司，2006年），頁15～21。關於《老子》與《莊子》二書的思想互涉程度及發生次第的問題，非本文立意探究目標，就德福議題的討論來說，老莊孰先孰後並不影響他們面對這個課題所展現出道家本色，故本文仍先依一般通論將莊子置於老子後來進行論述。

在崇慕自然的相同基調下，相較於老子的學說著重在宇宙論的建置以及政治層面的智慧運用，莊子則更強調個體生命的修養及境界的昇華〔註 54〕。但即便學說各有偏重點，對人生價值的嚮往和追求則有一致的歸趨，在屬於人生價值範疇的德福課題上，兩者的看法也是若合符節的。尤有進者，因著對個體生命的更多關注，莊子對影響生命境遇的時、命等相關因素也就有著比老子更細緻而豐富的論述〔註 55〕。

老子以自然無爲之德，追求寧靜自足之福，莊子也是走在相同方向的路上。對於德，莊子也同老子一般，把德視爲道分殊於萬物內在的根據：

泰初有無，無有無名；一之所起，有一而未形。物得以生，謂之德。
〔註 56〕

夫道未始有封，言未始有常，爲是而有畛也。〔註 57〕

做爲世界的本源，道是未分化的「一」，沒有分別，也沒有界限，「物得以生」者是謂德，可見德是天下萬物得自於道、而賴以實現自我的潛在特質，這與老子的「道生之，德畜之」道德關係有著相同的本質，莊子也明白指出：「故形非道不生，生非德不明，存形窮生，立德明道」〔註 58〕，道爲萬物之本，這無形無名的道，必須透過萬物各別的自我完成才得以彰顯，德立而後道明。進一步來看，德做爲具體事物化成的現實根據，它應該相應地與萬物各自特殊、個別的規定有著密切關係，因而可能呈現著多樣分殊的樣態。如此的分殊，與道強調的一體無分

〔註 54〕徐復觀先生指出：「莊子主要的思想，將老子客觀的道，內在化而爲人生的境界。」（參見氏著：《中國人性論史——先秦篇》，頁 387），陳鼓應先生也指出：「老子的道，本體論和宇宙論的意味較重，而莊子則將它轉化爲心靈的境界。其次，老子特別強調道的反的規律以及道的無爲、不爭、柔弱、處後、謙下等特性，莊子則全然揚棄這些概念而求精神境的超昇。」（參見氏著：《老莊新論》，頁 281。）

〔註 55〕至於莊書內篇與外雜篇的作者及思想屬性問題，外雜篇雖是爲莊子後學雜成，但其思想並不悖離內篇基本調性，陳德和先生曾以《從老莊思想詮詁莊書外雜篇的生命哲學》（台北：文史哲出版社，1993 年 10 月，初版）一書努力證成外雜篇的生命哲學與老莊思想間緊密的承續關係，可見整本《莊子》實可呈現莊學的整體思想樣貌。本文探討的是各個思想派別對德福關係的不同看法，故擬將整本莊書視爲莊子學派思想的完整表現，論述材料將涵蓋內外雜篇，而不獨限於內七篇之文字。

〔註 56〕《莊子·天地》，所引版本爲清·郭慶藩撰，王孝魚點校：《莊子集釋》（北京：中華書局，1961 年），頁 424。

〔註 57〕《莊子·齊物論》，頁 83。

〔註 58〕《莊子·天地》，頁 411。

別似有所捍格〔註59〕，不過，若回歸道法自然的根本層面來看，萬物即使型態各異，實現自我的原理卻都相同，一切以自然為依歸，各依其內在本質自我生化、自我完成，聖人治理天下，也是不加造作，因任萬物自然而為：

> 神農之世，臥則居居，起則于于，民知其母，不知其父，與麋鹿共處，耕而食，織而衣，無有相害之心，此至德之隆也。然而黃帝不能致德，與蚩尤戰於涿鹿之野，流血百里。堯、舜作，立群臣，湯放其主，武王殺紂。自是之後，以強陵弱，以眾暴寡。湯、武以來，皆亂人之徒也。今子脩文、武之道，掌天下之辯，以教後世，縫衣淺帶，矯言偽行，以迷惑天下之主，而欲求富貴焉，盜莫大於子。〔註60〕

在莊子推崇的聖世**裏**，上位者不行干擾，百姓生活單純自足，沒有欺詐相害的心機，只有各自耕織的溫飽生活，這是萬物之德最隆盛顯耀的表現。對道家而言，若非依照自然的原則來運行，就是違反道、違反德的行為，以這種標準來檢驗儒家稱頌的三代聖王之治，簡直就是亂世，興戰暴凌，弒君犯上，雖然高舉仁義的旗幟，卻使得天下爭奪動亂。在莊子看來，這些行文武之道、倡行仁義禮樂的人，矯言偽行，迷惑君王以換取一己富貴，他們的言行對人的純真生命有很大的矇蔽，儒家極力倡導仁義禮樂，這對人內在之德及其天性造成很大的侵擾：

> 且夫待鉤繩規矩而正者，是削其性者也；待繩約膠漆而固者，是侵其德者也；屈折禮樂，呴俞仁義，以慰天下之心者，此失其常然也。天下有常然。常然者，曲者不以鉤，直者不以繩，圓者不以規，方者不以矩，附離不以膠漆，約束不以纆索。故天下誘然皆生而不知其所以生，同焉皆得而不知其所以得。故古今不二，不可虧也。則仁義又奚連連如膠漆纆索而遊乎道德之間為哉，使天下惑也！〔註61〕

〔註59〕楊國榮先生即認為：「莊子以『德』（具體規定）為事物所以存在的根據，並在關注『德』的同時突出了『殊理』的意思，由此要求『不遷其德』（避免個體性的失落），反對無視存在的獨特性，無疑也體現了對個體性原理的關注。對個體性原理的以上肯定，既為本體論上確認存在的多樣性、差異性、偶然性等提供了形而上的根據，也為價值論上考察個人與社會的關係提供了邏輯的前提；它對『道通為一』所蘊含的忽視特殊、差異、偶然等邏輯趨向，似亦有所抑制。」參見氏著：《以道觀之——莊子哲學思想闡釋》（臺北：水牛圖書出版事業有限公司，2007年），頁204。

〔註60〕《莊子·盜跖》，頁995～996。

〔註61〕《莊子·駢拇》，頁321。

> 及至聖人，屈折禮樂以匡天下之形，縣跂仁義以慰天下之心，而民
> 乃始踶跂好知，爭歸於利，不可止也。此亦聖人之過也。〔註62〕

天下萬物本有其「常然」，即其自然天眞之本性，不需鉤墨規矩來定其曲直圓方，它有最初的樣貌，並以其自然的稟賦自然成長，人力不能增添絲毫、減損絲毫，所以「天下誘然皆生而不知其所以生，同焉皆得而不知其所以得」，這也是老子所言「百姓皆謂我自然」的理想政治。在莊子看來，聖人標舉仁義禮樂，把它當作天下人行爲舉止的唯一標準，這無疑是強迫天下萬物修改自己本然的樣貌，來符合外在的唯一規範；尤其，標舉這些外在規範價值之後，更造成眾人對這些價值的執著，不計代價向外追求，以身殉名、以身殉天下者比比皆是，造成對自然本性的嚴重傷害：

> 有虞氏招仁義以撓天下也，天下莫不奔命於仁義，是非以仁義易其性
> 與？故嘗試論之，自三代以下者，天下莫不以物易其性矣。小人則以
> 身殉利，士則以身殉名，大夫則以身殉家，聖人則以身殉天下。故此
> 數子者，事業不同，名聲異號，其於傷性以身爲殉，一也。〔註63〕
> 禮者，世俗之所爲也；眞者，所以受於天也，自然不可易也。故聖
> 人法天貴眞，不拘於俗。愚者反此。不能法天而恤於人，不知貴眞，
> 祿祿而受變於俗，故不足。〔註64〕

「有虞氏招仁義以撓天下也，天下莫不奔命於仁義」，聖人行仁義有風行草偃之效，天下遂汲汲營營於仁義之行，但對莊子而言，不論以身殉利、殉名或是殉國、殉天下，都是「以物易性」，都是捨本逐末的向外追求，這種追求扭曲生命最自然純眞的狀態，造成對生命的戕害，而與莊子法天貴眞以求生命安頓的終極目標背道而馳，反向拉扯，所以莊子批評儒家以仁義禮樂蠱惑人心，使人陷於對外物的無止盡追求而不自知。

不過，更進一步來看，莊子雖然不像儒家一樣，把仁義視爲內心沛然而生的眞實道德情感，但事實上，他也並不全然否定仁義的價值及內涵，在他看來，眞正的仁義本是出自人的眞實性情：

> 意仁義其非人情乎！彼仁人何其多憂也？……今世之仁人，蒿目而
> 憂世之患；不仁之人，決性命之情而饕貴富。故意仁義其非人情乎！

〔註62〕 《莊子·馬蹄》，頁341。
〔註63〕 《莊子·駢拇》，頁323。
〔註64〕 《莊子·漁父》，頁1032。

自三代以下者，天下何其囂囂也。〔註65〕

人人內在都有得之於道的德，此德既是人之為人最根本的依據，它能使人成為一個完全的人，必然蘊含處世所需的人格特質。而仁義做為一種與人交接的理想品格，它勢必根植於人的內在之德，出自人最真實的性情，所以，「意仁義其非人情乎」，莊子認為仁義本乎人內在的真實性情。而既然仁義內在於人，就應該透過保全自然本性的途徑來保全仁義，而不是特意把仁義標舉出來，成為外在的規範而要求天下人共同遵守，因為如果沒有內在的工夫，沒有全然的修養以為內在支撐，這種規範性質的仁義禮樂反而會變成外在枷鎖，桎梏人心使人不得自由〔註66〕，所以莊子直指：「毀道德以為仁義，聖人之過也〔註67〕。」尤有甚者，仁義變成了虛名，變成爭奪富貴名利的幌子：

> 為之仁義以矯之，則並與仁義而竊之。何以知其然邪？彼竊鉤者誅，
> 竊國者為諸侯，諸侯之門而仁義存焉，則是非竊仁義聖知邪？〔註68〕

標榜仁義，反使仁義淪為工具，讓有心之人得以利用仁義多行不義，從此陷入對名利的競相追逐而不知返，所謂「屈折禮樂以匡天下之形，縣跂仁義以慰天下之心，而民乃始踶跂好知，爭歸於利，不可止也」〔註69〕，這種無止盡的追逐將使自我生命陷入不安，天下也因此爭亂不得安寧。世人視之為善的道德，恰好是最大的惡源，所以，如何面對舉世皆奉為圭臬的仁義德目，便成為一個嚴肅而重要的議題。莊子認為：仁義若真有價值，也僅止於工具性價值，「止可一宿，而不可久處」：

> 仁義，先王之蘧廬也，止可一宿，而不可久處，覯而多責。古之至
> 人，假道於仁，託宿於義，以遊逍遙之墟，食於苟簡之田，立於不
> 貸之圃。〔註70〕

外在的仁義或許可以發揮暫時性的功能，讓全然失序的時代維持基本的運作，但它畢竟不是究竟之道，它所能達到的境界也不是至高的逍遙境界，所以不能執著陷溺於其中，否則便可能落入「以物易性」的下場。對莊子而言，

〔註65〕 《莊子·駢拇》，頁319。
〔註66〕 吳怡先生也指出：「他（莊子）只是認為至德是本，仁義是末，如果祇講仁義，而透不上去，仁義反成了人性的一種枷鎖。」參見氏著：《逍遙的莊子》（台北：東大圖書股份有限公司，1991年），頁96～97。
〔註67〕 《莊子·馬蹄》，頁336。
〔註68〕 《莊子·胠篋》，頁350。
〔註69〕 《莊子·馬蹄》，頁341。
〔註70〕 《莊子·天運》，頁517。

要能看透萬事萬物的本質是眞實或虛幻，才能依此決定相應的態度，避免被外物所累而不自知，而這個智慧則來自「道」，所謂「知道者必達於理，達於理者必明於權，明於權者不以物害己」﹝註71﹞，瞭解道的人必定能通達事理，通達事理便能有所權變，懂得權變就不會拘泥固著於外物，因此不會被外物所傷。這種權變不是一種投機的心態，更非權謀的策略，而是一種對天地之間終極價值的豁然明瞭後，所展現出的一種體道的精神和自然應世的態度，有了這種通達權變的態度來面對聖人標舉的仁義，就不致以仁義害性﹝註72﹞。莊子稱這種「知道者」爲「至德者」，一個通於大道的人，就是擁有全然美德的人，這種人能從道的高度，透視萬物的本質，給予萬事萬物正確的評價與對待。以這種認知及態度來應世，才能不役於物，而遊於逍遙之墟。這種至德者的人格，正是莊子立意追求的理想人格：

> 至德者，火弗能熱，水弗能溺，寒暑弗能害，禽獸弗能賊。非謂其薄之也，言察乎安危，寧於禍福，謹於去就，莫之能害也。故曰：天在內，人在外，德在乎天。知天人之行，本乎天，位乎得；蹢躅而屈伸，反要而語極。……無以人滅天，無以故滅命，無以得殉名。謹守而勿失，是謂反其眞。﹝註73﹞

這種擁有完美品德的人，遇害而不傷，並不是他靠近這些危險而不會受到傷害，而是他能明察危險和安全的分際，平靜的順應禍福﹝註74﹞，謹慎思考自己的出處，小心謹愼不傷害自己的天眞本性，以此避禍而全身。這種至德之人的心像一面鏡子，它只是眞實自然的反映外在事物，不隨外物生滅，所以能勝物而不傷：

> 至人之用心若鏡，不將不迎，應而不藏，故能勝物而不傷。﹝註75﹞

成玄英疏曰：「夫物有生滅，而鏡無顯隱，故常能照物而物不能傷」﹝註76﹞，

﹝註71﹞《莊子・秋水》，頁588。
﹝註72﹞楊國榮先生指出：「道總是體現於事物的具體規定（德）和理（殊理），明於權，也就是了解和把握這些具體的規定以及殊理，以確定相應的行爲方式。『權』所側重的，是對特定境遇的具體分析，它可以看作是個體性原理在生活實踐中的具體體現。在『明於權』的形式下，對象及境遇的個體性、獨特性，無疑處於優先的地位。」參見氏著：《以道觀之——莊子哲學思想闡釋》，頁202。
﹝註73﹞《莊子・秋水》，頁588。
﹝註74﹞成玄英疏曰：「至德之人，唯變所適，體窮通之有命，達禍福之無門，故所樂非窮通，而所遇常安也。」所言甚是。（參見郭慶藩《莊子集釋》，頁589。）
﹝註75﹞《莊子・應帝王》，頁307。

用心若鏡是一種極高的修養境界，鏡子本身沒有遮蔽，可以如實照顯外物，就如同以不帶成見之心臨萬物，也就可以朗現萬物的本眞狀態，而萬物也能在這種自然的臨照中看見自我，完成自我，所以說「夫吹萬不同，而使自己也，咸其自取，怒者其誰邪？」〔註77〕。在這種超越的精神境界中，沒有以人滅天，也不會爲了名利外物而殉名滅命，一切「反其眞」，回歸自然的性分，百姓反樸歸眞，無知無欲，人人相親相愛、互相信任，有仁義之實而無仁義之名，事實上，這也就是莊子理想中的至德之世：

> 至德之世，不尚賢，不使能；上如標枝，民如野鹿；端正而不知以爲義，相愛而不知以爲仁，實而不知以爲忠，當而不知以爲信，蠢動而相使，不以爲賜。是故行而無跡，事而無傳。〔註78〕

> 夫至德之世，同與禽獸居，族與萬物並，惡乎知君子小人哉！同乎無知，其德不離；同乎無欲，是謂素樸；素樸而民性得矣。〔註79〕

在這種理想社會中，「同乎無知，其德不離，同乎無欲，是謂素樸」，人人不離內在之德，回歸素樸本質，沒有虛妄不實的欲望，也沒有智巧造作的僞詐，人人安於自己的性分，社會在一片安詳和諧的氛圍中相交接，遍行仁義卻不標舉仁義，沒有虛名的迷障，天地萬物融爲一體，一切「行而無跡，事而無傳」，這是聖人治世的最高境界，也是個人最上乘的修養。

　　這種至德在莊子而言又稱爲全德，它超越所有形體的限制，〈德充符〉篇中有許多形體殘缺、容貌醜陋的得道之士，雖然外形不堪卻不被眾人排拒，

〔註76〕　參見郭慶藩《莊子集釋》，頁309。

〔註77〕　《莊子・齊物論》，牟宗三先生疏解郭象注時即指出：「天籟並非一物，只是一『意義』，一『境界』。此意義，此境界，即就『吹萬不同之自己、自取、而暗示之，故即『自然』也。『自己而然，謂之天然』。背後並無一怒發之者使之如此。」參見牟宗三，《才性與玄理》，頁229。（收於《牟宗三先生全集》第三冊，台北：聯合報系文化基金會，2003年）。王邦雄先生也指出：「吾心虛靜如鏡，鏡照萬物，照現萬物，吾心沖虛如淵，深藏萬物，包容萬物，前者生人，後者救人，不是救贖你的罪，消除你的業，而是在生人中救人，從莫須有的不善不信中，找回你的德善德信。這是平反，把所有的『怨』，化解於無形，『以德』來化解，讓『莫之能止』的人生，可以『吉祥止止』，坐馳的人可以坐忘，並還歸你的天眞本德，不是消極的救人，而積極的生人，在照現中奧藏，直是現世的生人現世的救人，存在困境與人間難關，在此消解，通通化掉。」（參見氏著：《21世紀的儒道：儒道兩家思想的現代出路》，台北：立緒文化事業有限公司，1999年，頁275。）

〔註78〕　《莊子・天地》，頁445。

〔註79〕　《莊子・馬蹄》，頁336。

反而深受眾人喜愛信任，莊子藉孔子之口，說他們是才全德不形的全德之人，這種全德之人具有超越形體限制及個人好惡之情的強大感召力量，這正是至德境界所展現出的力量，所謂「德者，成和之脩也」〔註80〕，成玄英疏曰：「夫成於庶事，和於萬物者，非盛德孰能之哉〔註81〕！」在透過修養所達到的至德境界中，內心保有純和之氣，像靜止的水一般不起波動，以這種虛靜之心應物，外界事物在內心的虛靜臨照下復歸其真，沉澱平靜下來；就在這種沉澱平靜中，天地萬物達到一種和諧的均衡，使得無事不成，無物不和，這就是盛德的作用，至德的境界。而形體缺陷在德的虛靜無執之下，也通通被忘懷，不顯歧異，所謂「德有所長而形有所忘」〔註82〕，含德愈厚，去執愈多，於是，小至形體的殘缺或美適，大至個人的生死窮達、毀譽貴賤，在至德的境界中都回歸成事物最自然的變化流行，而不起任何侵擾粘滯心神的干擾作用，這就是莊子追求的至德、全德。

二、窮通有時之命定禍福觀

而在確立了至德的最高修養境界之後，由這個境界往外看，人間事物的價值也有了全然不同的定位：

> 夫天下之所尊者，富貴壽善也；所樂者，身安厚味美服好色音聲也；
> 所下者，貧賤夭惡也；所苦者，身不得安逸，口不得厚味，形不得
> 美服，目不得好色，耳不得音聲；若不得者，則大憂以懼。其為形
> 也亦愚哉！〔註83〕

對大多數的人來說，富貴壽善之為福，求之唯恐不得，貧賤夭惡之為禍，避之唯恐不及；對生活美適安逸的追求無疑是益生，但這種益生在莊子看來卻是愚昧不堪的舉動，因為：

〔註80〕《莊子·德充符》，頁214。

〔註81〕參見郭慶藩：《莊子集釋》，頁215。

〔註82〕高柏園先生指出：「〈德充符〉既是以德來保住形之作用與價值，而德又以虛靜之和為主要內容，是以其對形之保存在本質上便是一種主觀的境界型態，蓋德之虛靜、德之和皆隸屬於個人的境界修養。此種主觀境界型態的德固然能保住形，但卻也僅是消極地虛靜以保全之，而並未積極地多以開發，此其對形畢竟也只是「德有所長而形有所忘」的「忘」了。此義亦正是典型的道家義理型態。」參見氏著：《莊子內七篇思想研究》，台北：文津出版社，2000年，頁158。

〔註83〕《莊子·至樂》，頁609。

夫富者，苦身疾作，多積財而不得盡用，其爲形也亦外矣。夫貴者，
夜以繼日，思慮善否，其爲形也亦疏矣。人之生也，與憂俱生，壽
者惛惛，久憂不死，何苦也！其爲形也亦遠矣。烈士爲天下見善矣，
未足以活身。吾未知善之誠善邪，誠不善邪？若以爲善矣，不足活
身；以爲不善矣，足以活人。故曰：「忠諫不聽，蹲循勿爭。」故夫
子胥爭之以殘其形，不爭，名亦不成。誠有善無有哉？〔註84〕

追求富貴以益生的代價往往是無止盡的勞神傷形，以爲是對生命存在的狀態
有所改善的做法卻反過來戕害生命本身，「苦身疾作」、「夜以繼日，思慮善
否」，生命在辛苦的追求過程中不斷的向外耗損、流逝，而終至枯竭，所以說
「貴富顯嚴名利六者，勃志也」〔註85〕，富有、尊貴、顯達、威勢、聲名和
利益，是心志的擾亂者。而且，就算真能如願得到富貴利祿，這些世俗價值
也不能爲生命帶來真正的喜樂，反而平添患得患失的煩惱：

古之所謂得志者，非軒冕之謂也，謂其無以益其樂而已矣。今之所
謂得志者，軒冕之謂也。軒冕在身，非性命也，物之儻來，寄者也。
寄之，其來不可圉，其去不可止。故不爲軒冕肆志，不爲窮約趨俗，
其樂彼與此同，故無憂而已矣。今寄去則不樂，由是觀之，雖樂，
未嘗不荒也。故曰：喪己於物，失性於俗者，謂之倒置之民。〔註86〕

莊子認爲：現代人追求的高官厚祿並不是本性所有，而是要來要走都由不得人
的、暫寄於生命的外物。人們在尚未擁有時處心積慮追求，擁有之後又怕失去
而擔心驚恐，終日栖栖皇皇不得息，爲了這些短暫停留的外物時而高興時而難
過，莊子說這是「喪己於物，失性於俗者」，是不知本末輕重的「倒置之民」，
他們任由變動的外物主導自己生命，生命就隨著無常外物的來來去去而永不得
安寧。古人之所以可以無憂，正在於他們「不爲軒冕肆志，不爲窮約趨俗」，不
以物喜不以己悲，所以可以長保生命的安寧無傷。在莊子看來，不僅是富貴軒
冕，連一生的窮達貧富、生死存亡，都是命中註定，不是人力可以改弦易轍的：

死生存亡，窮達貧富，賢與不肖毀譽，飢渴寒暑，是事之變，命之
行也。〔註87〕

〔註84〕 《莊子・至樂》，頁 610。
〔註85〕 《莊子・庚桑楚》，頁 810。
〔註86〕 《莊子・繕性》，頁 558。
〔註87〕 《莊子・德充符》，頁 212。

我諱窮久矣，而不免，命也；求通久矣，而不得，時也。〔註88〕
所謂命，是「不知吾所以然而然」〔註89〕，它外在於人、且不受人力所掌控，
對莊子來說，「軒冕在身，非性命也」，壽夭窮達、貧富毀譽既是外在於人，
它就是屬命的範疇，是「命之行也」。而對於命，人只有面對順應的問題，並
沒有主宰的可能。莊子藉孔子之口點出困窮是命運所致，通達與否也受各種
客觀條件而成的時勢所限制，從這個角度來看，所謂的「時」，其實也就是必
然之「命」的具體展現，楊國榮先生指出：

> 對莊子而言，個體的存在總是既爲特定之「時」所制約，也受必然
> 之「命」的影響，在此意義上，「時」與「命」難以截然相分，事實
> 上，莊子往往將「時」與「命」合稱爲「時命」……「時命」即特
> 定境域與必然之勢的統一，它既表現爲「命」向「時」的滲入，也
> 可視爲「時」之中體現「命」。〔註90〕

「時命」是特定境遇與必然之勢的統一，是人所必然面臨的遭遇，它對人的
窮通起著絕對的作用，「當時命而大行乎天下」、「不當時命則大窮乎天下」〔註
91〕，遭逢時命則得志飛騰，不逢時命則困窮危厄，所以說「貴賤有時，未可
以爲常也」〔註92〕，人的遭遇起落無常，「時命」決定了人們生存境遇的好壞，
也在在挑戰著生命內在純和寧靜的本質狀態。如果看不透貴賤有時、窮通有
時是「事之變，命之行也」，耗盡心力向外追求，生命就不免隨之擺盪而陷入
以物易性的悲哀中。

而更進一步來看，莊子對於人們視之爲福分的富貴利祿所抱持的鄙棄態
度，實源自一個更爲根本的反思──對人自身存在意義的反思。在莊子看來，
不僅外在物質不屬於人，人的自身也不屬於人自己：

> 舜曰：「吾身非吾有也，孰有之哉？」曰：「是天地之委形也；生非
> 汝有，是天地之委和也；性命非汝有，是天地之委順也；孫子非汝
> 有，是天地之委蛻也。」〔註93〕

> 人之生，氣之聚也；聚則爲生，散則爲死。若死生爲徒，吾又何患！

〔註88〕 《莊子·秋水》，頁596。
〔註89〕 《莊子·達生》，頁658。
〔註90〕 參見楊國榮：《以道觀之──莊子哲學思想闡釋》，頁240。
〔註91〕 《莊子·繕性》，頁555。
〔註92〕 《莊子·秋水》，頁580。
〔註93〕 《莊子·知北遊》，頁739。

〔註94〕

人只是氣的聚散，氣聚則生，氣散則死，這種氣的流轉聚散是天地的自然運作，所以人的形軀是「天地之委形」、「天地之委和」，只是暫寄於世的短暫生滅之物，沒有永恒終極的意義。能看透「死生爲徒」，便不會執著於這個壯盛有時、毀敗有時的有限軀體。如果連生死都可以隨順不執著，那麼，在人在世間所遭遇的一切也就可以淡然處之，因爲舉凡富貴貧賤、窮達夭壽，也不過是這個物質意義的軀殼短暫停留的某個歷程，它不內在於人的生命，也不會給生命帶來深刻的意義，勞思光先生指出：

> 然人誤以『形軀』爲『自我』時，即生出一障執。有此障執，則自我即使自身陷繫於形軀感受之中……此種物理性之生命歷程，本身僅爲一套對象性之事實。而此一歷程之始終，即常識中之『生死』問題所在。倘能證『生死』實與『自我』無干，則整個物理性之生命歷程，即皆與自我無干。〔註95〕

以物易性的迷失來自對外物的執著，對外物的執著又來自對自我生命的誤解，以爲形軀即是自我本性，供養形軀就是保全自我，所以汲汲營營於一己的得失禍福，無法虛以待物，在莊子看來，這就是「一受其成形，不忘以待盡，與物相刃相靡，其行盡如馳，而莫之能止」〔註96〕，拿自己的生命與外物相磨擦碰撞，造成生命嚴重的耗損，而這種無止盡的追求又是徒勞，「終身役役而不見其成功，苶然疲役而不知其所歸」〔註97〕，這才是眞正的悲哀！面對這種以物易性的悲哀，莊子透過破除人們對生死的迷障，從根本處否定了生滅有時的形軀做爲自我本性的意義，這也等於間接否定了人們在生命的過程中，對那些自以爲益生的福祿壽考等一切價值的追求，徹底化解了人們求福避禍的執著和迷思，也避免了這種捨本逐末的追逐帶來的對生命的斲喪。

　　所以總的來說，傳統以個人生命境遇之好壞、年壽之長短爲主要內涵的禍福，對莊子而言，都是命運之流行，窮通有時，禍福難料，既非人所能掌握左右，也非人所能理解，更非人之自然性分〔註98〕。忠臣孝子不保證一定

〔註94〕《莊子‧知北遊》，頁733。
〔註95〕參見勞思光：《新編中國哲學史》，頁257。
〔註96〕《莊子‧齊物論》，頁56。
〔註97〕同前註。
〔註98〕成玄英在疏解〈秋水〉「謹守而勿失，是謂反其眞」二句時認爲：「夫愚智天

福壽康寧，亂臣賊子也未必不享富貴壽考；聖人以仁義行，還是無逃於遭逢時命的無常天地。莊子的觀點很忠實的反映出在現實社會中所謂禍福的發生，並無必然規律可以把握的實際情況。可以如此說：在承認福禍的發生完全是命的作用，並且否定人力作爲的這一點上，莊子的態度無疑是相當消極的。

三、由虛靜至德以臻逍遙至樂之境

由上可知，既然福壽康寧及疾病困厄等福禍都是時命所致，是由不得人的，與其緣木求魚、耗費心神氣力去求福避禍，倒不如坦然面對命運，對莊子而言，面對時命最好的態度就是隨順它，「知不可奈何而安之若命，唯有德者能之」〔註 99〕，這種「安」不是無視於禍福的麻痺心態，也不是對形軀眞實感受的刻意忽略，而是一種高度的精神修養，是在外生死的基礎上，所展現的一種對世事了然豁達的通透超越境界，這是至德的境界，所以說「唯有德者能之」。

在這種至德的境界中，心可臨照萬物而不凝滯於萬物，它可以如實的體驗人生，卻不被人生的境遇所惑所困，就像庖丁解牛般遊刃人間而無傷，因此可以從容地面對人生的起伏順逆而不逃遁，這是莊子從消極的認命態度中轉出的積極作爲，「知窮之有命，知通之有時，臨大難而不懼者，聖人之勇也」

壽，窮通榮辱，稟之自然，各有其分。唯當謹固守持，不逐於物，得於分內而不喪於道者，謂反本還源，復於眞性者也」（參見郭慶藩：《莊子集釋》，頁591），這段疏解將窮通榮辱視爲內在於人的自然性分，已有定數，強調人當謹固守持，不逐於外物。這種將人生境遇好壞視爲內在命定、不可更易的歷程的說法，看來完全否定了人事的作用，容易導致極端的消極放任主義，因爲既然好壞都是性分所定，人又何必需要後天修爲？若此，莊子的修養工夫也就整個掛空了。嚴格說來，莊子雖然強調不以物易性，但他把窮達貧富視爲命之流行，是把命視爲外在客觀條件的隨機組合變化，以及由此變化形成的不同境遇：這與〈人間世〉中視不可解的自然親情爲命是不同的內涵及發展理路，但兩者在「命」是不可易、不可解又無可逃的這點上是共通的。這些時運的綜合變化外在於人的性分，非人所能預測、掌控，但卻實實在在對人的存在產生重大的影響。而這種屬命的窮通貧富因爲外在於人的性分，所以往內求不可得，往外求亦是徒勞，不僅追求時必須付出勞神傷形的代價，就算得到了也對生命本質無所助益。就是在這種認知下，莊子才強調要固守本心，不隨外界變動而擺盪，強調「安時而處順」、「安之若命」的重要。換句話說，命是外在必然的時勢時運，人唯有穩固自我本心，才能從容面對而遊刃不傷，莊子心齋坐忘等主體修養的工夫論才有存在的堅實依據。

〔註 99〕《莊子·德充符》，頁 199。

〔註100〕，唯有對窮通有時的命運流行了然於心，才能對人生境遇的大起大落無所畏懼，也才能虛以應物，不起執著之心以及因執著而生的哀樂之情，所以說「且夫得者，時也，失者，順也；安時而處順，哀樂不能入也」〔註101〕，有了執著才會患得患失，患得患失就會哀樂不定，得之則喜，失之則怒，這種情緒起伏表示內心已經失去和諧，內在純眞自然的德受到嚴重的干擾：

> 夫恬惔寂漠，虛無無爲，此天地之平而道德之質也。故曰：聖人休
> 休焉則平易矣，平易則恬惔矣。平易恬惔，則憂患不能入，邪氣不
> 能襲，故其德全而神不虧……悲樂者，德之邪也；喜怒者，道之過
> 也；好惡者，德之失也。故心不憂樂，德之至也。〔註102〕

道德的本質原是恬靜淡泊、寂然沉靜，它是一種致虛無爲的狀態，唯有保住內在的道德，虛以應物，心無所累，憂患才能不侵入內心，影響內心本有的平靜；心中若有悲樂、好惡這些不平靜，那就是「德之邪」、「德之失」，因爲至德的境界是心不憂樂的、平靜的境界，而且在這至德境界中，世人所追逐的那些福分也翩然而至：

> 若夫不刻意而高，無仁義而修，無功名而治，無江海而閒，不道引
> 而壽，無不忘也，無不有也，澹然無極而眾美從之。此天地之道，
> 聖人之德也。故曰：夫恬惔寂漠虛無無爲，此天地之平而道德之質
> 也。〔註103〕

天地的正道至德是虛無無爲，在這境界之中，不磨練意志而行爲自然高尚，不稱美仁義而自然有修爲，不需建立功名而天下自然太平，不需避居江海也可自然閒散，不導引練氣而自然長壽，沒有什麼不足的，澹泊到了極點，所有美好的事物都會隨之而來。但是這些美好的事物也只是從世俗的眼光視之爲美好，對莊子而言，他崇尚的是在這境界中一種更高層次的和諧感，而不是壽考治平之類的福分。在這種眞正虛靜的道德狀態之中，「心不憂樂」，但由這種虛靜而呈現出的和諧之境，其實就是一種高級的喜樂──一種超越情緒層次、不與悲哀對舉的喜樂，這種高級的喜樂可稱之爲「至樂」，至高的喜樂，所謂「至樂無樂，至譽無譽」〔註104〕，這種至樂不是官能物欲的滿足所帶來的愉悅，而是以

〔註100〕《莊子·秋水》，頁596。
〔註101〕《莊子·大宗師》，頁260。
〔註102〕《莊子·刻意》，頁538。
〔註103〕《莊子·刻意》，頁537。
〔註104〕《莊子·至樂》，頁611。

虛無無為為內涵，「吾以無為誠樂矣，又俗之所大苦也」〔註105〕，無為之為樂，正在於「無為則俞俞，俞俞者憂患不能處」〔註106〕，因為恬靜無為，心不為外物所累，不為俗情所縛，可以逍遙自在，無入而不自得，所以說：

> 古之得道者，窮亦樂，通亦樂。所樂非窮通也，道德於此，則窮通
> 為寒暑風雨之序矣。故許由娛於潁陽而共伯得乎共首。〔註107〕

從得道的高度往下看，人的際遇就像四時的反覆循環，它是最自然的變化，人們要學會順應自然的時序，而不是企圖改變它，所以無論窮通，都能安之若命，並在這種不浮動不躁進的安心之中得到一種相應的和樂，這就是至樂；這種對天地間的正道至德的徹悟，是「與天和者也」，這種與天相和合，也叫做「天樂」：

> 明白於天地之德者，此之謂大本大宗，與天和者也；所以均調天下，
> 與人和者也。與人和者，謂之人樂；與天和者，謂之天樂。莊子曰：
> 「吾師乎！吾師乎！齏萬物而不為戾，澤及萬世而不為仁，長於上
> 古而不為壽，覆載天地刻彫眾形而不為巧，此之為天樂。故曰：『知
> 天樂者，其生也天行，其死也物化。靜而與陰同德，動而與陽同波。』
> 故知天樂者，无天怨，无人非，无物累，无鬼責。故曰：『其動也天，
> 其靜也地，一心定而王天下；其鬼不祟，其魂不疲，一心定而萬物
> 服。』言以虛靜推於天地，通於萬物，此之謂天樂。天樂者，聖人
> 之心，以畜天下也。」〔註108〕

能體會這種天樂的人，生能順天而行，死也是順著萬物的自然變化，或行或止、或靜或動，無一不與天地自然的運行節奏合拍，所以「德合於天，故無天怨；行順於世，故無人非；我冥於物，故物不累我；我不負幽顯，有何鬼責也〔註109〕！」既是按自然的規律運行，遂能符合自然變化的脈動，應世而不累於世，與天地萬物和合，這是「以虛靜推於天地，通於萬物」之效，也是「天樂」〔註110〕。而這種以合於天地正道的恣態行走人間，處物不傷物，

〔註105〕同前註。
〔註106〕《莊子・天道》，頁 457。
〔註107〕《莊子・讓王》，頁 983。
〔註108〕《莊子・天道》，頁 458。
〔註109〕成玄英疏「故知天樂者，无天怨，无人非，无物累，无鬼責」，參見郭慶藩：《莊子集釋》，頁 464。
〔註110〕此段描述「天樂」的文字實則有二層指涉，陳鼓應先生指出：「『天樂』的意義，可分身的修養境界及其施愛與百姓兩層來說，『以虛靜推於天地，通於萬

亦不爲物所傷，可以悠遊人間，就是莊子嚮慕的乘天地之正、以遊於無窮的逍遙境界，：

> 若夫乘天地之正，而御六氣之辯，以遊無窮者，彼且惡乎待哉！故
> 曰：至人無己，神人無功，聖人無名。〔註111〕

徐復觀先生指出：「乘天地之正，郭象以爲『即是順萬物之性』……人之所以不能順萬物之性，主要是來自物我之對立；在物我對立之中，人情總是以自己作衡量萬物的標準，因而發生是非好惡之情，給物以有形無形的干擾。自己也會同時感到處處受到外物的牽掛、滯礙。有自我的封界，才會形成我與物的對立；自我的封界取消了（無己），則我與物冥，自然取消了以我爲主的衡量標準，而覺得我以外之物的活動，都是順其性之自然，都是天地之正〔註112〕。」欲順萬物之性，首在消除自我的封界，在莊子而言，這種消除就是心齋坐忘的修養工夫：

> 若一志，無聽之以耳而聽之以心，無聽之以心而聽之以氣！聽止於
> 耳，心止於符。氣也者，虛而待物者也。唯道集虛。虛者，心齋也。
> 〔註113〕

> 墮肢體，黜聰明，離形去知，同於大通，此謂之坐忘。〔註114〕

一志是專注而有定向，「聽之以耳」泛指耳目官能的感性感知方式，「聽之以心」則主要指的是理性的思考方式；耳目之知與理性之知具有對象性：耳所聽的是感性的對象，心所指向的是理性的範疇，而與此二者相對的是以「虛」爲內涵的「氣」，它不具有對象性或意向性，莊子以「聽之以氣」來取代「聽

物，此之謂天樂。』這是對自身而言。聖人透過虛靜的工夫，摒棄智巧雜念，解除內心種種蔽障，使心靈臻於澄靜空明之境，此空靈明覺之心，可以「推於天地，通於萬物」，與他人他物相感通相融和。『天樂者，聖人之心，以畜天下也。』這是對百姓而言。聖人自由因任，解除人民的桎梏；無所干預，不加制約，使人民各自得以充分自由地生成發展。聖人任自然，以爲天下，人民乃得安然自在，這便是『天樂』。」（參見氏著：《老莊新論》，頁209。）此處雖講聖人修德以與他人他物相感通融和，不過就理論上來說，聖人只是代表一種超凡的理想人格，其意並非唯獨聖人才能通過這種工夫而臻此天樂境界，應是凡致力於虛靜修養工夫者，亦都能達到相同的得道境界而享有天樂才是。

〔註111〕《莊子・逍遙遊》，頁17。
〔註112〕參見徐復觀：《中國人性論史──先秦篇》，頁394。
〔註113〕《莊子・人間世》，頁147。
〔註114〕《莊子・大宗師》，頁284。

之以耳」「聽之以心」，意味著由從對象性的關注和有意向性的活動，返歸虛而無物的精神形態〔註115〕，這種對耳目官能及心智作用的抽離，就是「墮肢體」的「離形」，「黜聰明」的「去知」。離形不是拋棄形體，而是超越形體的限制；去知指的是去除心智作用的偽詐，而達到一種真知。超越形軀限制和心智偏執，被能不被外物所累，而後可以達到一種絕對的精神自由，這種精神自由其實也就是一種虛靜的狀態，徐復觀先生指出：

> 虛靜乃是從成見欲望中的一種解放、解脫的工夫；也是解脫以後，
>
> 心所呈現的一種狀態，亦即是人生所到達的精神境界……虛靜之
>
> 心，本是超越一切差別對立，而會涵融萬有之心。〔註116〕

能虛以待物才能超越一切差別對立，不凝滯於物，而與萬物和通，這就是心齋，也是坐忘，是即工夫即境界。這種心齋坐忘的工夫所顯現的虛靜境界也是「無己」的境界，無己而無功、無名，一切以天地運行的自然法則為原則，於是可以「乘天地之正，而御六氣之辯，以遊無窮者」，而到達一種絕對自由的逍遙境界。從這種逍遙的境界往下看，世間的一切禍福、貴賤、貧富頓失其差別，人間一切價值衝突對立也可以得到弭平，不再紛馳，而呈現一種均衡和諧，這是人間的最佳狀態，也是每個人生命的最佳狀態，人人可以在這種自然和諧的狀態得到一種和樂，這種和樂就是超越情緒層次的天下至樂。

所以，總的來說，透過不斷化解心知、欲望以及自我的執著，莊子追求保有本真的至德境界，而在這種體道證德、同於大通的境界之中，萬物與我一體，一片融通和樂，這就是最高級的喜樂和福分。傳統的德福關係是以倫常規範的道德內涵來規定與窮通禍福的關係，有德者配享福，敗德者遭禍；但對莊子而言，首先，他的道德並非人倫性質，而是以虛靜無為為其內涵，再者，他的修養論雖然旨在保身全生，但他並不立意追求所謂的福分喜樂，所以，他對所謂的德福關係的看法與傳統的德福觀已有本質上的不同，但這也並不代表莊子不嚮慕美好順遂的生命，相反的，他追求的正是一種生命的完滿無缺，這種生命的圓滿來自他的修養，透過心齋坐忘的虛靜工夫，超越形軀與時命的限制，而達到一種和於萬物的盛德，生命就在這種與萬物相融

〔註115〕 參見楊國榮：《以道觀之——莊子哲學思想闡釋》，頁 142。楊國榮還進一步認為儘管莊子藉孔子之口區分了心齋之「齋」與祭祀之「齋」，以此突出心齋與外在形式的區別，但二者似乎仍存在著某種連繫。

〔註116〕 參見徐復觀：《中國人性論史——先秦篇》，頁 384。

通的和諧之中，得到圓滿的喜樂，這就是莊子思想中德福關係：在至德的境界中，至樂自然呈顯，這是完全超越人間價值的精神境界，在這種境界中，德與福永遠得以統一，沒有因爲命之流行而致德福相悖衝突的問題。相較於其他諸子，這種以虛靜之德以臻至樂之境的德福型態，與老子的德福型態一致，都在在彰顯了道家特殊的義理型態。

第五章　墨家德福理論

　　據孫詒讓考據，墨子所處的時代約當於孔子之後孟子之前〔註1〕，其學在當時有著後人無法想像的主流地位，孟子就曾說：「天下之言，不歸於楊，則歸於墨〔註2〕。」韓非也說：「世之顯學，儒墨也〔註3〕。」可見墨家學說在當時之影響力。雖然，西漢司馬遷單獨爲孔子撰世家，爲其他諸子立傳，卻只僅僅在孟荀列傳後以「蓋墨翟宋之大夫，善守禦，爲節用，或曰並孔子時，或曰在其後」短短二十四字簡單記錄這支戰國時代的顯學學派〔註4〕，就不難知道墨家在戰國之後衰敗的速度，但即便如此，墨家做爲諸子之一，它的光熱曾經輝煌過中國想想起源的黃金時代，對當時及後世的人都造成深刻的影響，所以，要探究先秦時代的德福對應關係，墨家也是十分具代表性的一支學派，尤其，他對天的態度十分不同於其他諸子，他的德福觀當更能彰顯異於他家的特色。

第一節　以義爲核心之道德承擔

　　相對於孔子以貴族及士階層的道德自覺來重振周文的精神，墨子的學說雖然同樣也在回應時代問題，但或許因爲出身較接近社會底層〔註5〕，墨子著

〔註1〕 見〈墨子年表〉，收於清・孫詒讓撰《墨子閒詁》（台北：河洛圖書出版社，1975年）。以下《墨子》引用版本爲此書。孫詒讓定其生年爲周定王元年至周安王二十六年，凡九十有三歲。
〔註2〕 《孟子・滕文公下》，頁117。
〔註3〕 《韓非子・顯學》，引王先慎《韓非子集解》，頁351。
〔註4〕 參見司馬遷《史記・孟子荀卿列傳第十四》，頁2350。
〔註5〕 《墨子・公輸》一文記載墨子與公輸盤較量攻守策略與攻城守圍之器，墨子大獲全勝，〈魯問〉中墨子也曾對公輸盤誇耀自己的工藝技術之高超，可見墨

眼的並不是王室貴族的違禮亂紀，也不是士人的出處進退，而是各國日益頻
繁的征戰殺伐所造成的社會亂象，以及亂象底下百姓所承受的痛苦。對於墨
子而言，他的問題意識聚焦在周文疲弊所造成的嚴重社會問題，對戰爭造成
的殘酷傷害，墨子有著很深刻的體認：

> 以攻罰無罪之國，入其溝境，刈其禾稼，斬其樹木，殘其城郭，以
> 御其溝池，焚燒其祖廟，攘殺其犧牷，民之格者，則勁拔之，不格
> 者，則係操而歸，丈夫以爲僕圉胥靡，婦人以爲舂酋。〔註6〕

大國爲了顯示自己的兵強馬壯，國勢強盛，必得攻伐小國以爲證明，所以無故
發動戰爭，攻入他國後大肆進行破壞，縱火焚燒他人祖廟，奪殺別國的牲口，
毀壞所見一切建設。奮力反抗者必遭屠殺，歸順之降民雖可保住一命，終不免
淪爲奴隸。戰爭滿足大國虛妄的野心，這些國君貪圖的是「伐勝之名，及得之
利」〔註7〕，但是，墨子分析引發戰爭這一方所要付出的代價也相當巨大：

> 今師徒唯毋興起，冬行恐寒，夏行恐暑，此不可以爲冬夏爲者也。
> 春則廢民耕稼樹藝，秋則廢民穫斂。今唯毋廢一時，則百姓飢寒凍
> 餒而死者，不可勝數。今嘗計軍上，竹箭羽旄幄幕，甲盾撥劫，往
> 而靡獘腑冷不反者，不可勝數。又與矛戟戈劍乘車，其列住碎折靡
> 獘而不反者，不可勝數。與其牛馬肥而往，瘠而反，往死亡而不反
> 者，不可勝數。與其涂道之脩遠，糧食輟絕而不繼，百姓死者，不
> 可勝數也。與其居處之不安，食飯之不時，飢飽之不節，百姓之道
> 疾病而死者，不可勝數。喪師多不可勝數，喪師盡不可勝計，則是
> 鬼神之喪其主后，亦不可勝數。〔註8〕

冬寒夏暑，不利出兵；春耕秋收，若此時出兵則有違農時，農事荒廢，百姓
將不得溫飽。無論何時興戰，百姓都將受饑寒凍餒之苦，受害者不計其數；
那些做爲戰爭武器的竹箭甲盾、矛戟戈劍，也是無限消耗的戰爭物資；因爲

子本身對工藝之精通；而《墨子》書中也收錄了墨家後學對力學、光學及一
般物理學等談論純工藝學理的篇章，可知墨子及其門徒都是出身於是百工之
人的勞力階層，這也就是爲何楚國大臣穆賀很欣賞墨子的主張，卻擔心這是
「賤人之所爲」而不被君王所採用的原因（《墨子·貴義》）。墨子曾自謂「翟
上無君上之事，下無耕農之難」（《墨子·貴義》），他既沒有實際權位以管理
眾人，也不是直接參與農事勞動者，可見他是有著社會底層生產背景的士人。

〔註6〕《墨子·天志下》，頁28。
〔註7〕《墨子·非攻中》，頁5。
〔註8〕同前註，頁3～5。

路途遙遠，物資接濟不上而導致餓死、或在路途中勞病而死的百姓，難以計數，便別提那些陣亡沙場的戰士，全軍覆沒的情況。戰爭所耗費的人力物力遠超乎戰爭所能贏得的東西，因爲殺戮慘烈，即便攻戰成功，攻下的也只是一座座虛城。墨子認爲對國君而言，有的是國土，缺的是人民，而發動戰爭無疑是消耗有限的人民去換取已有的土地，「則是棄所不足，而重所有餘也」〔註9〕，這根本是本末倒置的做法。這是墨子從國君的立場對戰爭利弊的分析，同時也是他對戰爭底下的人民生活最寫實的觀察，而墨子眞正關心的是後者，是戰爭之下的生靈塗炭，因爲戰爭所帶來的災難遠遠超乎原已貧苦的人民所能承受，勞思光先生即指出墨子的基源問題就是「改善社會生活」〔註10〕，這種對嚴重社會問題的重視，成了墨子學說最初也是最終的關懷，墨學的基調也定調於此，展現出類似宗教家那種博愛世人的偉大精神。

要解決這個重大的社會問題，就要先釐清問題的徵結，墨子認爲戰爭頻傳的根本原因起於人們的不相愛：

> 聖人以治天下爲事者也，不可不察亂之所自起，當察亂何自起？起不相愛。臣子之不孝君父，所謂亂也。子自愛不愛父，故虧父而自利；弟自愛不愛兄，故虧兄而自利；臣自愛不愛君，故虧君而自利，此所謂亂也。雖父之不慈子，兄之不慈弟，君之不慈臣，此亦天下之所謂亂也。父自愛也不愛子，故虧子而自利；兄自愛也不愛弟，故虧弟而自利；君自愛也不愛臣，故虧臣而自利。是何也？皆起不相愛。雖至天下之爲盜賊者亦然，盜愛其室不愛其異室，故竊異室以利其室；賊愛其身不愛人，故賊人以利其身。此何也？皆起不相愛。雖至大夫之相亂家，諸侯之相攻國者亦然。大夫各愛其家，不愛異家，故亂異家以利其家；諸侯各愛其國，不愛異國，故攻異國以利其國，天下之亂物具此而已矣。察此何自起？皆起不相愛。〔註11〕

> 凡天下禍篡怨恨，其所以起者，以不相愛生也。〔註12〕

小至父子不以慈孝相待、兄弟鬩牆，大至諸侯相攻大夫亂家，所有爭亂都起因於只愛自己不愛別人，對他人沒有感情，所以侵犯別人也不覺得自疚，凡

〔註 9〕同前註，頁 6。
〔註10〕參見勞思光《新編中國哲學史（一）》（台北：三民書局股份有限公司，1995年），頁 290～291。
〔註11〕《墨子‧兼愛上》，頁 1～2。
〔註12〕《墨子‧兼愛中》，頁 5。

事只從自利的角度出發，虧人而利己，天下因此陷入爭奪紛亂，所以說「凡天下禍篡怨恨」都是源於不相愛。而從更根本的層次來看，這種亂象呈現的不僅是一種感情的缺乏，它本質上是一種道德失據的狀態，墨子認爲這種道德失據就是「失義」，因爲天下治亂的根據就是義，有義則治，無義則亂，義在這裏的內涵，就是正道，所謂：

> 義者，正也。何以知義之爲正也？天下有義則治，無義則亂。我以
> 此知義之爲正也。〔註13〕

以義爲政的表現，是強大不欺侮侵犯弱小，勢眾不賊害勢寡，不允許多數暴力，富貴得勢的王公貴族也不鄙視貧窮卑賤的百姓，這種強弱之間的制衡力量，展現出的是一種迥異於時代氛圍的、難得的公義精神，這種義帶有符合公義、公正的原則，與儒家以敬長或行事得宜來詮解義有不同的偏重〔註14〕。對墨子而言，虧人自利者就是不義，不論是偷盜或殺人，皆是不義，而攻伐無罪之國，更是最大的不義：

> 今有一人，入人園圃，竊其桃李，眾聞則非之，上爲政者得則罰之。
> 此何也？以虧人自利也。至攘人犬豕雞豚者，其不義又甚入人園圃
> 竊桃李。是何故也？以虧人愈多，其不仁茲甚，罪益厚……苟虧人
> 愈多，其不仁茲甚矣，罪益厚。當此，天下之君子皆知而非之，謂
> 之不義。今至大爲攻國，則弗知非，從而譽之，謂之義。此可謂知
> 義與不義之別乎？殺一人謂之不義，必有一死罪矣。若以此說往，
> 殺十人十重不義，必有十死罪矣；殺百人百重不義，必有百死罪矣。
> 當此，天下之君子皆知而非之，謂之不義。今至大爲不義攻國，則
> 弗知非，從而譽之，謂之義，情不知其不義也，故書其言以遺後世
> ……今小爲非，則知而非之。大爲非攻國，則不知非，從而譽之，
> 謂之義。此可謂知義與不義之辯乎？是以知天下之君子也，辯義與
> 不義之亂也。〔註15〕

竊一桃李或殺一人都會受到世人譴責並受罰，竊國之大事卻被眾人苟同，稱之爲義，墨子感慨當世之人能在小事上分別是非對錯，反而在大事上混淆是

〔註13〕《墨子・天志下》，頁22。
〔註14〕《孟子・盡心上》說：「敬長，義也」，〈離婁上〉也說：「義之實，從兄是也」，大抵是強調對長上的敬從。孟子同時也把羞惡之心視爲義之端，這也隱含了不違禮法、行事得宜的原則意義。
〔註15〕《墨子・非攻上》，頁1。

非黑白。為了私利而攻打他國，這是所有傷害他人的行為中最為嚴重的，是最大的不義，但是興戰之國卻自以為正義之師，還不斷發動這種不義的征戰殺伐，「是以攻伐世世而不己者，此吾所謂大物則不知也。」〔註16〕

　　虧人自利是不義的行為，興戰竊國更是大不義，反過來說，義的表現就是不侵害別人、損害他人的權益，所以墨子主張非攻〔註17〕。墨子深知戰爭的殘酷，也深察戰爭生活下的民生疾苦，他認為戰爭是「國家發政，奪民之用，廢民之利」〔註18〕，無論發動戰爭的理由有多麼冠冕堂皇，戰爭滿足的只是君王虛妄的野心，實際上無論是對天地鬼神、對萬民百姓都是有百害而無一利的：

> 意將以為利天乎？夫取天之人，以攻天之邑，此刺殺天民，剝振神之位，傾覆社稷，攘殺其犧牲，則此上不中天之利矣。意將以為利鬼乎？夫殺之人，滅鬼神之主，廢滅先王，賊虐萬民，百姓離散，則此中不中鬼之利矣。意將以為利人乎？夫殺之人，為利人也博矣。又計其費此，為周生之本，竭天下百姓之財用，不可勝數也，則此下不中人之利矣。〔註19〕

墨子認為人民是天之子民，所謂戰爭就是讓上天之子民攻打上天在世間所擁有的城邑，這是殘害天民，毀壞神位，可說是對天不利；殘害天民，毀滅鬼神的祭主，廢滅先王，就是對鬼神不利；耗盡人民的錢財投入讓人民受苦的戰爭，又是對人民不利。墨子從利的角度出發，析論戰爭的百害無一利，這是違背先王智者「順天鬼百姓之利」的治天下之道，所以墨子認為治國要能趨利避害、求安而無危，「故當攻戰而不可不非」〔註20〕。

　　而除了非攻之外，以義為政應該要有更積極的做法，所以墨子主張君王要以「兼相愛交相利」之法來使百姓受益，這個做法之所以能消弭爭亂禍事的基本邏輯是：天下禍篡怨恨皆起於不相愛，而「愛人者，人必從而愛之；利人者，人必從而利之；惡人者，人必從而惡之；害人者，人必從而害之」

〔註16〕《墨子・天志下》，頁31。
〔註17〕墨子不是反對所有的戰爭，事實上，他是反對以強欺弱的不義的戰爭，像是商湯代夏桀、周武代商紂，都是討伐暴君之戰，在墨子的定義中，「彼非所謂攻，謂誅也」（見《墨子・非攻下》），墨子是支持以「誅」為名的這種義戰的。
〔註18〕《墨子・非攻中》，頁5。
〔註19〕《墨子・非攻下》，頁16。
〔註20〕《墨子・非攻中》，頁8。

〔註21〕，愛人者人恆愛之，利人者人恆利之，所以若能視他人如己身，愛惡皆與己身同，就能彼此相愛而相利：

> 然則兼相愛、交相利之法將奈何哉？子墨子言：視人之國若視其國，視人之家若視其家，視人之身若視其身。是故諸侯相愛則不野戰，家主相愛則不相篡，人與人相愛則不相賊，君臣相愛則惠忠，父子相愛則慈孝，兄弟相愛則和調。天下之人皆相愛，強不執弱，眾不劫寡，富不侮貧，貴不敖賤，詐不欺愚。凡天下禍篡怨恨可使毋起者，以相愛生也，是以仁者譽之。〔註22〕

諸侯相愛則偃旗息鼓，家主相愛則無篡弑之事，人人相愛則不相傷害，如此，則君惠臣忠，父慈子孝，兄友弟恭，倫理規範又重新維繫了人與人的關係；社會上強者不欺凌弱者，富貴得勢的貴族不鄙視低賤的百姓，沒有欺詐盜騙，天下人各安其位，各盡其分，紛爭不起戰爭不生，社會在一片祥和的氛圍中維持正常運作，民生和樂，百姓富足，人人皆得其利，這就是實施兼愛的效用，所以說：

> 今天下之君子，忠實欲天下之富，而惡其貧；欲天下之治，而惡其亂，當兼相愛，交相利，此聖王之法，天下之治道也，不可不務為也。〔註23〕

> 故兼者聖王之道也，王公大人之所以安也，萬民衣食之所以足也……故君子莫若欲為惠君、忠臣、慈父、孝子、友兄、悌弟，當若兼之不可不行也，此聖王之道而萬民之大利也。〔註24〕

墨子把天下動亂的原因單純歸咎於人與人的不相愛，似乎只要解決這個病灶，一切都會好轉，這種略去各個階層複雜的利益衝突和矛盾，把問題簡化為道德感情的缺乏的想法，歷來已有許多學者提出批評；但是，兼愛理論展現出的那種強不凌弱、甚至是「有力相營，有道相教，有財相分」濟弱扶傾的公義精神〔註25〕，在生靈塗炭的亂世之中是十分難能可貴的，在墨子看來，能夠發揮這種「義」的政治才是君王為政的最高境界：

> 曰義正者何若？曰大不攻小也，強不侮弱也，眾不賊寡也，詐不欺

〔註21〕《墨子・兼愛中》，頁7。
〔註22〕同前註，頁6。
〔註23〕同前註，頁104。
〔註24〕《墨子・兼愛下》，頁32。
〔註25〕《墨子・天志中》，頁10。

> 愚也，貴不傲賤也，富不驕貧也，壯不奪老也……故凡從事此者，
> 聖知也，仁義也，忠惠也，慈孝也，是故聚斂天下之善名而加之。
> 〔註26〕

以義爲政的基本原則就是給予弱勢族群最根本的尊重與保障，這種強大不侮弱小、智巧不欺愚賤的自我約束，彰顯一種抑強扶弱的正義精神，也唯有在這種精神的護持之下，才能維持一種和諧平衡的人間秩序。一個和諧穩定、富有公義、互愛精神的封建社會，必然也是個慈孝忠惠、合乎仁義道德的社會，因爲「君臣相愛則惠忠，父子相愛則慈孝，兄弟相愛則和調」，更何況義的要求是一種超越親疏遠近倫理關係的要求，它要的不僅是自我的守禮守分，而是在這個基礎之上，更進一步談到對弱勢的照顧，所以它是一種更高層次的自我要求。一個暴虐無道、違法亂紀的人，若連最基本的倫理都照顧不到，更遑論要跳過自己應盡的倫理義務而去照顧其他不相關的弱勢族群。由此可知，君王所行之義政若是一種富含公義精神的政治，它必然也是符合道德倫理分際的政治，所以，能行義政，「聖知也，仁義也，忠惠也，慈孝也，是故聚斂天下之善名而加之」，從這個角度來看，義也是聖知、仁義、忠惠、孝慈眾多德行的美稱，是眾德之最，它是最高的德行：

> 萬事莫貴於義。今謂人曰：「予子冠履，而斷子之手足，子爲之乎？」
> 必不爲，何故？則冠履不若手足之貴也。又曰：「予子天下而殺子之
> 身，子爲之乎？」必不爲，何故？則天下不若身之貴也。爭一言以
> 相殺，是貴義於其身也。故曰，萬事莫貴於義也……必去喜，去怒，
> 去樂，去悲，去愛，而用仁義。手足口鼻耳，從事於義，必爲聖人。
> 〔註27〕

> 夫義，天下之大器也。〔註28〕

「萬事莫貴於義」，義是最高的德行，凡能摒除個人喜怒好惡而行義者，必爲聖人。這種義雖然可以成爲個人最重要的德行準則，但墨子更強調它做爲君德的修爲，因爲透過君王，義才能成爲治理天下之利器，可以眞正發揮抑強扶弱、維持和平的效用，而徹底解決戰爭的發生及其帶來的災害，兼愛和非攻也就是在這種公義精神之下產生的具體政治主張，這些主張都是爲解救天

〔註26〕《墨子·天志下》，頁 26。
〔註27〕《墨子·貴義》，頁 1。
〔註28〕《墨子·公孟》，頁 26。

下百姓於水深火熱之中提出的策略，義政其實就是使百姓得利之政：

> 義，志以天下為芬，而能能利之，不必用。〔註29〕

孫詒讓校注曰：「志，疑者誤。芬，疑分誤。以利天下，為其分而能之而能利之。」對墨子而言，義就是能使他人得利，念茲在茲都是「寒者得衣，勞者得息，亂者得治」〔註30〕，務使天下人過得更好，這種強烈的人道關懷，已經趨近宗教家的精神，無怪乎墨子認為：能克制一己的私欲和好惡之情而行義於天下，就是聖人。

墨子面對天下疾苦的蒼生，從利的角度對君王極言戰爭的弊端及兼愛的益處，勸誘君王行義政，不濫興戰，最就目的就是要拯救生民於水火之中，這種強烈的愛民意識，可說是承紹自周初《尚書》中關懷人民的「義」的精神，徐復觀先生指出：

> （《尚書》）天、天命、民，三者並稱，隨處可見。因此，便產生「若保赤子」、「用康保民」（〈康誥〉）等強烈地愛民觀念，而將刑殺之權，離開統治者的意志，以歸於客觀的標準，因而首先提出道德節目中的「義」的觀念來。〈康誥〉說「非汝封刑人殺人，無或刑人殺人」，「用其義刑義殺，勿庸以次（就）汝封」，「汝乃其速由茲義率殺」。這是開始由道德地人文精神之光，照出了人民存在的價值，因而使人民在政治中得到生存的最低限度的保障。〔註31〕

《尚書》中的人道啟蒙精神，在墨子的手中有了更豐富的發展——雖然墨子的主張並沒有推翻封建體制的革命性意義，但他高舉「義」的旗幟，制衡強權，為弱勢的國家及人民發聲，這和《尚書》一樣，旨在保障人民在政治中得到最低限度的生存保障，而墨子在這樣的基礎上，更進一步主張「有力相營，有道相教，有財相分」，這種濟弱扶傾是更積極的公義作為，是訴求建立一個符合公平正義精神的理想社會。但真正的公平正義其實也隱含抹去一切差別對待的思想成分，所以墨子的主張推到極端也將不免牴觸到封建社會的基本組織架構，這也就是荀子批評墨子「僈差等」的根據之一〔註32〕。

總的來說，在墨子看來，真正能對百姓生活造成決定性影響的是君王的

〔註29〕《墨子‧經說上》，頁 23。
〔註30〕《墨子‧非命下》，頁 19。
〔註31〕參見徐復觀：《中國人性論史——先秦篇》，頁 30。
〔註32〕《荀子‧非十二子》，頁 92。

意志和行為，所以要改善人民的生活，最釜底抽薪的辦法就是改變君王，墨子就是在這種用心下，建構他對義的認知。相較於孔子以「仁」統攝眾德，把淑世的關鍵放在貴族及士階層道德生命的提振上，墨子論德是以「義」為其核心的道德承擔，而且，強調「義」做為君王的政治品德之重要性及其效益。事實上，墨子幾乎沒有單獨討論道德的內涵，在《墨子》一書中，德字出現之處也幾乎都是泛指德行之意，如「王德不堯堯者」、「列德而尚賢」、「德威維威，德明維明」、「夫無德義將何以哉」、「夏德大亂」、「以德求諸侯也」、「遠者歸其德」、「後世稱其德」等等，都是一般德性德行的稱謂，並無特殊的指涉。然而，在眾多德目之中，墨子其實特別闡揚「義」的理念和精神，並且將「義」視為最重要的君德和政治原則，這種強調以政治作為為中心的道德論述，多少也決定了墨子對德福關係的價值論述將以政治其主要的討論場域。

第二節　天志天意之超越的道德依據

墨子對道德的肯定態度雖然一如孔子，但墨子所重者在義，孔子提點世人者在仁，兩者不僅重心不同，就連道德依據之根本亦大相逕庭。相較於孔子強調道德自覺，以孝弟的真實道德情感做為德之基礎，墨子大力鼓吹之義卻不是由內心之感悟而生，而是來自於外在的天：

> 今天下之君子之欲為仁義者，則不可不察義之所從出……義者，善政也。何以知義之為善政也？曰：天下有義則治，無義則亂，是以知義之為善政也。夫愚且賤者，不得為政乎貴且知者，然後得為政乎愚且賤者，此吾所以知義之不從愚且賤者出，而必自貴且知者出也。然則孰為貴？孰為知？曰：天為貴，天為知而已矣。然則義果自天出矣。〔註33〕

墨子認為以人的愚賤無法發明「義」這麼高明的道德理論，他以此推論這種完美的理念必出自至高至貴、萬能的天，「義果自天出矣」，把義的理論根源提到了天的高度，換句話說，義是出自天的意志：

> 天之意不欲大國之攻小國也，大家之亂小家也，強之暴寡，詐之謀愚，貴之傲賤，此天之所不欲也。不止此而已，欲人之有力相營，

〔註33〕《墨子・天志中》，頁8。

有道相教，有財相分也。又欲上之強聽治也，下之強從事也。上強
聽治，則國家治矣，下強從事則財用足矣。若國家治財用足，則內
有以潔爲酒醴粢盛，以祭祀天鬼；外有以爲環璧珠玉，以聘撓四鄰。
諸侯之冤不興矣，邊境兵甲不作矣。內有以食飢息勞，持養其萬民，
則君臣上下惠忠，父子弟兄慈孝。故唯毋明乎順天之意，奉而光施
之天下，則刑政治，萬民和，國家富，財用足，百姓皆得煖衣飽食
便寧無憂。是故子墨子曰：今天下之君子，中實將欲遵道利民，本
察仁義之本，天之意不可不慎也！〔註34〕

「天之意」在於伸張一種與時局緊張氛圍相反的、濟弱扶傾的正義，這不僅
是強者不欺侮弱小，更是「有力相營，有道相教，有財相分」的道義扶持。
在墨子看來，君王爲政之要道，首在知天意而順天意，而上天所意欲者，就
在於將眼前局勢的劍拔弩張轉爲溫情的共享互助，在一種和諧氣氛之中，透
過資源的共享互助，建立一個國治民安的富足社會，而這也是古代聖王所行
的仁義之道，是完全遵循上天意志而行的義政。因爲仁義本於天意，所以說
「本察仁義之本，天之意不可不慎也」，實行仁義就是順天意，可見仁義的根
源是超越的上天意志。墨子指出：在以義爲政的理想社會中，君惠臣忠，父
慈子孝，人與人的關係也全在倫理的規範之中，換句話說，惠忠慈孝等其他
德目，通過「義」的落實，也得到必然施行的保證，從這個角度來看，惠忠
慈孝等德目也可視爲天所欲者，如此，則墨子所論之道德皆全然出自於天志。
事實上，對墨子而言，不僅仁義出自於天意，他所宣揚的其他道德主張也全
源自於天意：

今天下之士君子之欲爲義者，則不可不順天之意矣。曰順天之意何
若？曰兼愛天下之人。〔註35〕

故古聖王能審以尚賢使能爲政，而取法於天。雖天亦不辯貧富貴賤，
遠邇親疏，賢者舉而尚之，不肖者抑而廢之。〔註36〕

不單單是行義，舉凡兼愛、尚賢，以及前段義政思想中隱含的非攻主張，皆
是天意的內容，由此可知，墨子所認知的這個上天無疑具備強烈的道德意識，
這些道德意識也終將成爲人間的善惡標準及道德法則：

〔註34〕同前註，頁10。
〔註35〕《墨子・天志下》，頁23。
〔註36〕《墨子・尚賢中》，頁19。

> 觀其行，順天之意，謂之善意行，反天之意，謂之不善意行；觀其
> 言談，順天之意，謂之善言談，反天之意，謂之不善言談；觀其刑
> 政，順天之意，謂之善刑政，反天之意，謂之不善刑政。故置此以
> 爲法，立此以爲儀，將以量度天下之王公大人卿大夫之仁與不仁，
> 譬之猶分黑白也。〔註37〕

順天意之言行爲善言善行，逆天意之言行爲惡言惡行，天意成爲天下人遵循的法則，「故置此以爲法，立此以爲儀」，天意是用來度量仁與不仁、道德與不道德、善與惡的唯一判準，簡單而絕對，沒有模糊的灰色地帶，所以人僅能做的，「莫若法天」〔註38〕，墨子也明白指出：

> 我有天志，譬若輪人之之有規，匠人之有矩；輪匠執其規矩，以度
> 天下之方圓。〔註39〕

> 故子墨子之有天之意也，上將以度天下之王公大人爲刑政也，下將
> 以量天下之萬民爲文學出言談也。〔註40〕

上至王公貴人刑政表現，下至百姓萬民的言談舉止，都是天意度量的對象，因爲天意、天志是所有人的行事準則，所以人間的一言一行都必須接受上天的檢驗。合不合乎天志天意，還將引發一連串的後續效應，但是，人間的道德準則，至此可完全確認來自於上天。君王順天意而行義、非攻、尚賢並兼愛四方，即可達到百姓暖衣飽食、國家富足的政治效用，這種作爲上利於天地鬼神，下利於百姓眾生，是最大的德行，墨子稱之爲「天德」：

> 曰順天之意者，兼也……兼之爲道也，義正……是以天下庶國，莫
> 以水火毒藥兵刃以相害也。若事上利天，中利鬼，下利人，三利而
> 無所不利，是謂天德。〔註41〕

墨子認爲：上天之德在於利益眾生，天意主張兼愛、非攻的義政，就是利益眾生的具體德目，按天意而行就能完成上天利益眾生的意志，這就是天德之彰顯，是無所不利的雙贏。這種天德在墨子的學說中象徵最高的德行，換言之，對墨子而言，最高的德行就是服從天意。

　　從上述的討論可知，墨子的道德依據是超越人間意志和力量的天意天

〔註37〕　《墨子‧天志中》，頁 20。
〔註38〕　《墨子‧法儀》，頁 21。
〔註39〕　《墨子‧天志上》，頁 8。
〔註40〕　《墨子‧天志中》，頁 20。
〔註41〕　《墨子‧天志下》，頁 26。

志，對墨子而言，天有其意志，因爲天地鬼神是眞實的存在，他在〈明鬼〉中列舉古史所記杜伯、秦穆公、燕簡公、齊莊王的經歷，來論證鬼神確有，並以三代聖王行祀之嚴謹態度以爲佐證，雖然，墨子的三表法論證並不能有力證成天地鬼神的眞實性，但這並不影響他對鬼神的眞實信仰，唐君毅先生即指出：

> 墨子之天志鬼神之論，吾人一方須知墨子論證天與鬼神之在之言，不必有效，一方須知墨子實相信有鬼神與天志。在另一方，吾人又須知墨子天志明鬼之論，原不重在論證天與鬼神之存在，而要在論此天與鬼神乃能知義，而本義以行其賞罰者。其中之天，尤自始爲一兼愛萬民，公而無私，至神至明，而恒能知義，本義以行賞罰，而其行賞罰之事，無不周遍者。蓋此天與鬼神之存在，固當時一般人民之所共信，墨子之所不疑。故其論證天與鬼神之存在之言是否有效，實亦無關大體。蓋在承認此天與鬼神存在之前提下，則由天之「兼生、兼養、兼食萬民」，亦固未嘗不可證天之爲一「兼愛無私，兼愛萬民，而爲能知義，更本義，以行賞罰者」。〔註42〕

墨子論證天與鬼神存在之言論是否有效並非重點，因爲在當時的宗教氛圍中，天地鬼神仍爲一般人民所信仰，而墨子是在民間深厚的鬼神信仰基礎之上，接合西周以來以德配天的思想，來建構他所認知的天，以及由此延伸出來富含道德意味的天的意志。事實上，這種關心人間社會的運作、希望維持人間和平和正義的天，正是因著它內含的道德屬性，才能成其天，唐君毅先生也指出：「墨子固言天者義之所從出，言『天爲知』、『天爲義』，即言天爲知義行義者。然天亦唯以其義所從出，而知義、行義，方得成爲天〔註43〕。」雖然，墨子並沒有多論相關之宗教儀節，而是偏重以理性去理解及定義一個具有道德性格的上天〔註44〕，但這並不影響他對天地鬼神的眞實信仰。墨子的學說充滿了對天地鬼神的依賴，天地鬼神是人間重要道德原則的依據，也是墨子學說最終的價值根源。

〔註42〕 唐君毅：《中國哲學原論──原道篇一》，頁 190～191。

〔註43〕 同前註，頁 189。

〔註44〕 當然，這也同時決定了墨學不能發展成爲一個宗教，唐君毅先生即指出：「而他（墨子）之重天志與明鬼，則又似爲一超人文的思想。不過其動機仍爲實用的，故不能眞發展爲宗教。」參見氏著：《中國人文精神之發展》，頁 18。

第三節　天地鬼神對賞善罰惡之保證

從上天展現的意志不是抽象高懸的口號理念、而是完全可以落實的具體主張看來，在墨子學說中，上天的意志要求被落實的意圖相當明顯，既然要求被落實，就必須講求成效。天意要求君王落實的良好德行是以「義」爲核心的非攻、兼愛等作爲，都是可受檢驗的具體作爲，在無人可以超越並監督君王的封建時代，唯一能對君王作爲進行檢驗及規範者，就是天意之所出的天地鬼神了。墨子認爲：天地鬼神具有鑑察人事作爲的強大能力，人間的一舉一動，都逃不過上天的明察：

> 故鬼神之明，不可爲幽閒廣澤，山林深谷，鬼神之明必知之。鬼神
> 之罰，不可爲富貴眾強，勇力強武，堅甲利兵，鬼神之罰必勝之……
> 則此言鬼神之所賞，無小必賞之；鬼神之所罰，無大必罰之。〔註45〕

天地鬼神是全知的，它明察秋毫，不被任何事物所矇蔽，從至小到至大的善舉惡行，鬼神都將明鑑。而鬼神的明察其實就是對君王的評量，評量他是否有按照天意而行，所以在鉅細靡遺的審視人間作爲之後，賞罰必定隨評量的結果而來，上天降下的賞罰強過人間所有的勢力，是值得敬畏的偉大力量。如果能對天地鬼神強大的能力有所認識、知所畏懼，執政者就不至於違逆天意而恣意妄爲，而能按天意行義政，得天佑助。面對當時天下失義的爭戰亂象，墨子認爲這正是人們執無神之說、對鬼神賞賢罰暴的能力有所質疑而導致的後果：

> 逮至昔三代聖王既沒，天下失義，諸侯力正……是以天下亂。此其
> 故何以然也？則皆以疑惑鬼神之有與無之別。不明乎鬼神之能賞賢
> 而罰暴也，則夫天下豈亂哉？〔註46〕

> 古聖王皆以鬼神爲神明，而爲禍福，執有祥不祥，是以政治而國安
> 也。自桀、紂以下，皆以鬼神爲不神明，不能爲禍福，執無祥不祥，
> 是以政亂而國危也。〔註47〕

人們不遵循天志並非不畏懼鬼神，而是根本就不相信鬼神具備賞善罰惡的能力。缺乏上天這個更高層次的外在監督，人人心中無所忌憚，各逞其所欲，天下於是陷入爭亂。在墨子而言，這種輕忽的態度是不可取的，他舉歷史上

〔註45〕《墨子・明鬼下》，頁24。
〔註46〕同前註，頁1。
〔註47〕《墨子・公孟》，頁18。

的聖王及暴君為例，極言天報之確實可信〔註48〕：

> 順天意者，兼相愛，交相利，必得賞。反天意者，別相惡，交相賊，
> 必得罰。然則是誰順天意而得賞者？誰反天意而得罰者？子墨子言
> 曰：昔三代聖王禹、湯、文、武，此順天意而得賞也。昔三代之暴
> 王桀、紂、幽、厲，此反天意而得罰者也。〔註49〕

> 昔之聖王禹、湯、文、武，兼愛天下之百姓，率以尊天事鬼，其利
> 人多，故天福之，使立為天子，天下諸侯皆賓事之。暴王桀、紂、
> 幽、厲，兼惡天下之百姓，率以詬天侮鬼，其賊人多，故天禍之，
> 使遂失其國家，身死為僇於天下，後世子孫毀之，至今不息。故為
> 不善以得禍者，桀、紂、幽、厲是也；愛人利人以得福者，禹、湯、
> 文、武是也。愛人利人以得福者有矣，惡人賊人以得禍者亦有矣。
> 〔註50〕

墨子以歷史為最佳證明：禹、湯、文王武王之所以得天下，是因順天意，兼相愛交相利，尊天事鬼，對鬼神表現出絕對的信服，所以天福佑之，而以天下至高權位賞之，使之成為天子，受天下敬重；相反的，桀、紂、幽王、厲之失天下，也正是因為這些人違逆天意，非義相賊，詬天侮鬼，對鬼神表現出輕蔑的態度，所以上天降下禍端，使他們失去國家、遺臭萬年以示懲罰。得福受禍反應的不僅是君王本身德性的良窳，也是對天意是否絕對服從的態度。

這種上天賜福降禍的觀念基本上也是《尚書》天道福善禍淫思想的繼承，上天具備道德屬性也是周人以德配天的基本思維型態。但對墨子而言，天地鬼神賞罰的依據有特別明確的標準，那就是他視為天之旨意的「義」，「然則天亦何欲何惡？天欲義而惡不義」〔註51〕，就精神和原則而言統稱為義，落實便成兼愛和非攻等具體政治主張，能行義兼愛者必得賞，反之則得罰，所

〔註48〕墨子屢言鬼神可禍福人間，又言順天意者得賞、逆天意者得罰，可見墨子是把上天與鬼神合而視之的，指的就是天地間那股象徵正道的無形權威力量，這就是周初天報思想的承續，劉滌凡先生在其《唐前果報系統的建構與融合》書中為求方便論述並能與周初的天報系統對舉，故將墨子納入鬼報系統，事實上墨子雖有〈明鬼〉一篇，但談及報應都是鬼神並舉，並不特別強調鬼，且如上所述，其所謂鬼神之報其實與周初天道福善禍淫的本質無異，劉氏之分判可再商榷。
〔註49〕《墨子·天志上》，頁5。
〔註50〕《墨子·法儀》，頁22。
〔註51〕《墨子·天志上》，頁3。

以說「順天意者，兼相愛，交相利，必得賞。反天意者，別相惡，交相賊，必得罰」，上天做為最高的審判者，裁量人間的功過而給予賞罰，賞罰內容則是傳統福報的富貴、官祿及高壽：

> 然則禹、湯、文、武其得賞何以也？子墨子言曰：其事上尊天，中事鬼神，下愛人，故天意曰：「此之我所愛，兼而愛之；我所利，兼而利之。愛人者此爲博焉，利人者此爲厚焉。」故使貴爲天子，富有天下，業萬世子孫，傳稱其善，方施天下，至今稱之，謂之聖王。
> 然則桀、紂、幽、厲得其罰何以也？子墨子言曰：其事上詬天，中詬鬼，下賊人，故天意曰：「此之我所愛，別而惡之，我所利，交而賊之。惡人者此爲之博也，賊人者此爲之厚也。」故使不得終其壽，不歿其世，至今毀之，謂之暴王。〔註52〕
> 故唯毋明乎順天之意，奉而光施之天下，則刑政治，萬民和，國家富，財用足，百姓皆得暖衣飽食，便寧無憂……是以天之寒熱也節，四時調，陰陽雨露也時，五穀孰，六畜遂，疾菑戾疫凶饑則不至。〔註53〕

君王行義政，所能得到的獎賞就是擁有天下至爲尊貴的政治地位，富有天下，後世百代稱揚其聖人美名；相反的，所謂的懲罰就是剝奪君王的所有，包括他的國家、他的產業，使他不得壽終，並且蒙受暴王惡名，天下百姓都詆毀他，遺臭萬年。這就是上天給予的賞罰，是版圖事業、聲名、人間的榮華富貴和年壽的增添減損。君王的德與福由上天來權衡，維持一種穩定的配稱關係。

　　而值得注意的是：雖然上天期待君王行義政，但做爲被統治者的士人庶民，理應也要有相應的作爲來配合君王施政，才能達到上下和睦的政事通達、民生和樂。士人庶民是否盡忠行孝、惠愛恩慈，在在影響著君王的政治成效，尤其在宗法封建制度下更是如此，從這個角度來看，士人庶民也有修德行德之必要。而在墨子的論述中，士人眾庶的德行並不由天來評判，這群廣大的被統治者的功過賞罰主要是由人間最高的統治者——君王——予以明察衡量，行善積德者君王施以獎賞，爲惡敗德者則處罰之，一切秉持「義」的公平正義原則來處理。除了君王無法掌握的年壽之外，其他諸如官祿、財富等百姓能享有的福，在相當大的程度上是由君王來執掌的，君王如果失政，賞

〔註52〕同前註，頁5。
〔註53〕《墨子·天志中》，頁12。

罰失據，聽訟決獄不得其當，使百姓蒙冤委屈，上天就會出面糾正君王：

> 天子賞罰不當，聽獄不中，天下疾病禍福，霜露不時，天子必且犓
> 豢其牛羊犬彘，絜爲粢盛酒醴，以禱祠福於天……且天之愛百姓也，
> 不盡物而止矣。今天下之國，粒食之民，殺一不辜者，必有一不祥，
> 曰誰殺不辜？曰人也。孰予之不辜，曰天也。若天之中實不愛此民
> 也，何故而人有殺不辜，而天予之不祥哉。〔註54〕

做爲上天在人間的代言人，天子不依天意以公平正義的原則來治理百姓，上天就會降下災禍以示警惕，而天子也必須趕緊向上天虔敬祭祀以示懺悔，因爲上天是厚愛百姓的，「且天之愛百姓厚矣，天之愛百姓別矣」〔註55〕，上天意志很直接明顯，就是要建立一個公平正義的社會，撫恤百姓，天子是在這種理念的認同之下，才能成其爲天子。所以，從上天監督天子賞罰人間的作爲看來，士人庶民的德行與福分之間的相應關係，基本上是由上天表達最直接的愛民意向，並迂迴的給予保障，而交由君王來執掌落實的。

　　從上文的討論不難看出墨子所論德福相應的機制基本上是以君王爲核心的運作模式，在這種模式中，不僅百姓的德福是否能維持穩定的相應關係，端視君王是否能公平開明的治理；若從更高的層面來看，君王行義，上天遂護佑風調雨順，如此，百姓可以得到來自君王和上天的雙重的照顧，得以盡享福壽；反之，君王不義，上天降災以爲懲罰，百姓先受君王暴政在先，又遭天災之害在後，可說是雙重的傷害。很明顯的，墨子的德福觀是以君王德與福的對應關係爲立論中心，在這種論述中，百姓並沒有相對獨立的德福對應關係，就主觀面而言，儘管他們個人修德行善，能否得到公允的回報也得看君王是否有德能維持公平正義的治理；就客觀面而言，他們所面臨生存環境的好壞也是上天評量君王之德的結果，百姓只有概括承受，沒有左右改變的可能，所以，無論從哪個向度看，他們的福完全脫離不了君王之德，君王之德在相當大程度上決定百姓的禍福。百姓的福祉雖然受到上天的保障，但百姓的福還是得透過君王之德才能得到實踐，從這個角度看來，百姓之福可說收攝在君德之中。有別於孔子擇取道德自覺的路向，強調貴族及士人的道德承擔，墨子對德的要求既然主要以君王爲核心，立基於其上的德福論述就聚焦具君王身份的天子身上，百姓之福也就涵蓋在天子之德中。

〔註54〕《墨子‧天志下》，頁24。
〔註55〕同前註，頁25。

　　所以，在這種模式當中，最好的狀態就是上下皆行義，「然則率天下之百姓以從事於義，則我乃爲天之所欲也」〔註56〕，天意之所趨就是天子率民以行義，天子順此天意，上下皆以義行，上天便使四季調和，陰陽變化有節度，災難瘟疫不生，五穀豐登六畜興旺，國家因此富足，政清獄簡，百姓也得以在安定富足的社會中安居樂業，養生送死無憾，人人享受自然的福壽。

　　而更進一步來說，從上天據德以賞罰的模式來看，德福在墨子學說中具有一定的配稱關係，並且，在上天絕對威力的保證下，德行與福報的相應必然保持一致。這種理論當中的天人關係非常單純而明確，人們完成了上天的心願，上天也就滿足人們的欲望：

> 然則率天下之百姓以從事於義，則我乃爲天之所欲也。我爲天之所欲，天亦爲我所欲。然則我何欲何惡？我欲福祿而惡禍祟。若我不爲天之所欲，而爲天之所不欲，然則我率天下之百姓，以從事於禍祟中也。〔註57〕

「我爲天之所欲，天亦爲我所欲」，從某種角度來看，這種天人的關係本質上是一種交換性質的對待，是類似交易性質的還報，與《尚書》中那種「天不可信，我道惟寧王德延，天不庸釋于文王受命」的天人關係是很不同的〔註58〕。《尚書》中的天是高高在上，其意志神秘難測，人只能謙卑的修德自持以聽憑上天的處置；但墨子所謂的天卻是清楚透明的，天的意志清晰可辨，很容易掌握，人也不需戰戰兢兢，只要順天之意，就能與上天換取應有的回報，唐君毅先生也指出：

> 墨子言天人關係，純爲對等的交互關係，亦如人間之施報關係，爲一對等的交互關係……以天欲義，而我其所欲，故天賞我，亦正如人與人之投桃而報李耳。〔註59〕

〔註56〕《墨子・天志上》，頁3。

〔註57〕同前註。

〔註58〕《尚書・君奭》，頁245。

〔註59〕參見唐君毅：《中國哲學原論——原道篇》，頁201～202。唐君毅先生同時認爲：「義自天出，與義自人出，固不相悖。義固自天出，而天人之交互關係中亦有義道，天亦須自遵義道以待人，則義道有大於天者矣。至於墨子之所以教人法天者，則以天恆知義行義，亦恆遵義道以待人，而人則或義或不義，故天之義道大，而人之義道小……故不說義自人出，而人不可不法天。」唐先生指出墨子的天人關係是對等的交互關係，在義道的實踐上，天與人有一致歸趨，這是很精闢的見解。唐先生又認爲墨子言義自天出不自人出，是因

雖然天的位階遠高於人，但從酬報的角度來看，天與人的確存在著一種對等的交互施報關係。更進一步來看，雖然福禍大權掌握在上天手上，但得福得禍完全取決於人自身的作為，順天者得福，逆天者得禍，人的遭遇與自身的行為之間顯然存在著一種明確的因果關係，這種因果關係透過上天的賞善罰暴得到了保證與實踐，而真正掌握禍福的是人自身，所以，相較於莫之致而至者的「命」，墨子強調的是操之在我的「力」：

> 昔桀之所亂治，湯治之；紂之所亂，武王治之。當此之時，世不渝而民不易，上變政而民改俗。存乎桀、紂而天下亂，存乎湯、武而天下治。天下之治也，湯、武之力也；天下之亂也，桀、紂之罪也。若以此觀之，夫安危治亂存乎上之為政也，則夫豈可謂有命哉！故昔者禹、湯、文、武方為政乎天下之時，曰：「必使飢者得食，寒者得衣，勞者得息，亂者得治。」遂得光譽令問於天下。夫豈可以為命哉？故以為其力也！今賢良之人，尊賢而好功道術，故上得其王公大人之賞，下得其萬民之譽，遂得光譽令問於天下。亦豈以為其命哉？又以為力也！〔註60〕

墨子認為決定一切的是力不是命，他舉三代聖王及暴君為例，「世不渝而民不易，上變政而民改俗」，社會百姓不變，時代卻有治亂之別，這是因為君上用心為政，政通人和，百姓暖衣飽食，安居樂業，天下於是大治；君上暴逆無道，棄生民於不顧，使百姓陷於飢寒凍餒之中，盜賊四起，天下必定動亂。所以治亂安危都是人力所為，得福得禍也是人自招之，是單純的因果律。對君王如此，對士人百姓亦然。在墨子以天地鬼神為保證的賞罰機制底下，有德者勢必得福，敗德得必遭禍，為了對人事努力表示的最大肯定及強化其效用，墨子並不承認任何人力以外能影響禍福的因素存在，比如莫之致而至者的命運，墨子曾表示時人對命運的主張是：

> 命富則富，命貧則貧，命眾則眾，命寡則寡，命治則治，命亂則亂，

為人之義道小，天之義道恆長恆久，所以從天。但是在墨子的定義中，天之所欲與人之所欲並不相同，天欲義而人欲福祿，人是為求福祿才順天之意而行義，所以義道並不出於人自身，其根源在天，墨子也明白指出「義果出於天」，人是順天之意以行義，何以墨子義自天出之說是因為人之義道不如天？另外，在墨子的主張中，人所追求的福祿完全掌握在天的手裏，但人又不能不滿足其欲望，所以嚴格說來，這種天人關係便不只是一種單純自願對等的交換，它的本質更像是一場不得不進行的交易。

〔註60〕《墨子·非命下》，頁18。

命壽則壽，命夭則夭，命，雖強勁何益哉？……上之所賞，命固且
賞，非賢故賞也。上之所罰，命固且罰，不暴故罰也。〔註61〕

接受命運的人，相信一切都是命中註定，貧富壽夭治亂自有定數，得賞受罰
也不是因為人的德行優劣有別，因為人的力量並無法左右命運。這種否定人
事的言論無異嚴重破壞了墨子極力建構的善得賞、暴得罰的理論，危及上天
據德賞罰人間的權能，也撼動了善惡必然有報的基石：

今用執有命者之言，則上不聽治，下不從事。上不聽治，則刑政亂；
下不從事，則財用不足，上無以供粢盛酒醴，祭祀上帝鬼神，下
無以降綏天下賢可之士，外無以應待諸侯之賓客，內無以食飢衣寒，
將養老弱。故命上不利於天，中不利於鬼，下不利於人，而強執此
者，此特凶言之所自生，而暴人之道也。〔註62〕

如果一切歸諸於不可變異的命，那麼「上不聽治，下不從事」，群吏怠於職分，
百姓怠於農事，國家勢必貧窮危亂，執有命者的主張會帶來荒廢人事的後果，
所以墨子說直指執有命者是「暴人之道」，是「天下之大害也」，這正是墨子
批評當時的儒家把貧富窮達視為命的原因〔註63〕。但事實上，上天保證的善
惡有報，在現實世界中往往無法得到全面的驗證，這也導致墨子強勢的德福
理論在面對現實考驗時，遇到無法突破的瓶頸：

有游於子墨子之門者，謂子墨子曰：「先生以鬼神為明知，能為禍人
哉福，為善之富之，為暴者禍之。今吾事先生久矣，而福不至，意
者先生之言有不善乎？鬼神不明乎？我何故不得福也？」子墨子
曰：「雖子不得福，吾言何遽不善？而鬼神何遽不明？子亦聞乎匿徒
之刑之有刑乎？」對曰：「未之得聞也。」子墨子曰：「今有人於此，
什子，子能什譽之，而一自譽乎？」對曰：「不能。」「有人於此，

〔註61〕《墨子·非命上》，頁1。
〔註62〕同前註，頁10。
〔註63〕墨子認為儒者主張「壽夭貧富，安危治亂，固有天命，不可損益。窮達賞罰，
幸否有極，人之知力，不能為焉。」儒者以此為教，是賊天下之人（參見《墨
子·非儒下》）。事實上，儒家對貧富窮達的態度並不如墨子所言如此消極被
動，孔子是十分強調盡人事的入世者，如前文所述，孔子認為「邦有道，貧
且賤焉，恥也」，士人在有道的治世中還過著貧賤的生活是一種恥辱，所以孔
子並不是墨子定義的那種輕視人事的極端執有命者，相反的，他是在肯認人
的主觀能動性之後，還能進一步承認外在客觀世界的存在。由此看來，墨子
對儒家的批評其實是不到位的。

百子，子能終身譽亓善，而子無一乎？」對曰：「不能。」子墨子曰：「匿一人者猶有罪，今子所匿者若此亓多，將有厚罪者也，何福之求？」〔註64〕

子墨子有疾，跌鼻進而問曰：「先生以鬼神爲明，能爲禍福，爲善者賞之，爲不善者罰之。今先生聖人也，何故有疾？意者先生之言有不善乎？鬼神不明知乎？」子墨子曰：「雖使我有病，何遽不明？人之所得於病者多方，有得之寒暑，有得之勞苦，百門而閉一門焉，則盜何遽無從入？」〔註65〕

德福觀討論的是人的內在德性與外在福報的關係，所以不論各家主張爲何，都必然要接受外在現實的檢驗。墨子雖然極言天必有報，但是現實世界中仍然不乏德福不一的例證，在在都構成對墨子學說的嚴峻挑戰。他的學生就以自身爲例，質疑墨子何以自己遵循墨子之道已有年，卻仍不得福？更有甚者，弟子跌鼻以墨子染疾爲例，挑戰墨子何以聖人不受天福反得疾？面對這些問難，墨子是胸有成竹的。關於自己的病痛，墨子很科學的指出造成生理病痛的原因很多，寒暑勞苦都有致病的可能，不單是德行良窳所致，此回應是有理的，然而面對另一個行墨子之道卻不得福的質難，墨子的回應顯然保守很多。墨子回應弟子的理由是因爲弟子的德行還不足，所以沒有福報，這跟他在〈魯問〉中回答曹公子虔誠祭祀鬼神卻反而遭遇更多厄運的問題時是一樣的態度：

子墨子出曹公子而於宋，三年而反，睹子墨子曰：「始吾游於子之門，短褐之衣，藜藿之羹，朝得之，則夕弗得，祭祀鬼神。今而以夫子之教，家厚於始也。有家厚，謹祭祀鬼神。然而人徒多死，六畜不蕃，身湛於病，吾未知夫子之道之可用也。」子墨子曰：「不然！夫鬼神之所欲於人者多，欲人之處高爵祿則以讓賢也，多財則以分貧也。夫鬼神豈唯擢季拊肺之爲欲哉？今子處高爵祿而不以讓賢，一不祥也；多財而不以分貧，二不祥也。今子事鬼神唯祭而已矣，而曰：『病何自至哉？』是猶百門而閉一門焉，曰『盜何從入？』若是而求福於有怪之鬼，豈可哉？」〔註66〕

〔註64〕《墨子·公孟》，頁26。
〔註65〕《墨子·公孟》，頁28。
〔註66〕《墨子·魯問》，頁13。

曹公子代表的是一種普遍的心態：祭祀鬼神爲的是求鬼神福佑，所以當他面對祭祀愈豐反而離福愈遠的難堪時，自然懷疑起墨子力倡的鬼神之說。在曹公子與上述游於墨子之門而福久未至的例子中，墨子都是要沒有福報的人先內省自己的德行是否足以配享天賜的福報，因爲雖然「我爲天之所欲，天亦爲我所欲」，但鬼神要的並不是人的祭品，「夫鬼神豈惟擢黍拑肺之爲欲哉」，天地鬼神要的是人們「從事於義」，是「欲人之處高爵祿則以讓賢也，多財以分貧也」的德行表現，這些合於義的德行才是鬼神要的豐盛祭品，而不是犬豚牛羊，所以墨子很明白的說：「今以一豚祭，而求百福於鬼神，鬼神唯恐其以牛羊祀也〔註67〕。」至於祭祀，就只是向鬼神表達虔敬之心罷了，「古者聖王事鬼神，祭而已矣」〔註68〕。

　　不過，必須注意的是：墨子要求沒有福報的人先進行自我省察的態度固然不錯，但這樣還是無法解決必然發生的德福不一的困境，就上述兩例而言，發言挑戰鬼神報應之說的墨子弟子和曹公子何嘗不是認爲自己是有德的才會期待福報？何況墨子指出弟子的德行缺失是沒有稱譽他人之賢，並不眞的是在德行上有嚴重的缺憾，而曹公子雖未讓賢濟貧，卻也不至於敗壞德性，但已然遭遇厄運，按墨子「夫鬼神之所欲於人者多」邏輯推論下去，墨子可以把德行的標準無限上綱，如此一來，恐怕只有全德的聖人才配得天之福報了。按墨子的回應，德福不一的困境仍沒有解決，因爲問題又回到提問者身上，一切的德福衝突都可以歸咎爲德行不足所致。墨子無法正面面對德福衝突的狀況，並從根本的層面上給一個究竟的、合理的解釋，這個困境，恐怕在他不承認莫之致而至者的命運的當下，就已形成，這也是他以天地鬼神來保障德福一致的德福理論中，無法根本解決的理論困境。

　　《禮記・表記》指出「殷人尊神，率民以事神，先鬼而後禮」，而「周人尊禮尚施，事鬼敬神而遠之」〔註69〕，從周初至孔子的強調務民之義、敬鬼神而遠之之後，周朝的人文發展已逐漸從原始宗教氛圍中脫出，但實際上，知識階層以理性化爲特點的信仰與行爲，跟統治集團及俗民大眾仍有所不同〔註70〕，鬼神的信仰在民間仍居於主流，在頻繁從事國家祭祀的統治階層中，

〔註67〕　同前註，頁140。
〔註68〕　同前註。
〔註69〕　《禮記・表記》，頁914。
〔註70〕　陳來先生也進一步指出西周以後隨著知識階層觀念理性化的逐步展開，精英文化信仰和觀念的代表由統治階層的國家祭祀體系轉移到知識階層的精神創

鬼神觀念的影響力恐怕仍不可小覷，墨子在這廣大的信仰基礎之上，提出天地鬼神賞善罰惡的主張，無非是要透過信仰的力量來影響、牽制居上位的統治階層，使他們可以正視生民之需，關懷生民之苦，其用心是值得肯定的。換言之，墨子是藉上天的權威來為其政治理論的正當性進行必要的加持，從這個角度上來看，上天其實就是墨子的代言人，天意就是墨子之意。墨子是在這種特殊的用心上，展開他對天的論述。不過，它畢竟與整個知識階層發展的大趨向背道而馳，加以其理論隱含無法完全通過現實世界檢驗的內在困境，墨學在漢以前就已幾乎斷了承續的命脈，史遷甚至沒有為曾為春秋顯學的墨子立傳。關於墨學，莊子曾給予一個很全面而公允的評價：

> 其生也勤，其死也薄，其道大觳；使人憂，使人悲，其行難為也，恐其不可以為聖人之道，反天下之心，天下不堪。墨子雖獨能任，奈天下何！離於天下，其去王也遠矣……墨翟、禽滑釐之意則是，其行則非也。將使後世之墨者，必自苦以腓無胈、脛無毛相進而已矣。亂之上也，治之下也。雖然，墨子真天下之好也，將求之不得也，雖枯槁不舍也。才士也夫！〔註71〕

莊子指出墨子胸懷偉大，為天下奔走，是「真天下之好也」的才士，但是墨子踐道的方式是自苦至極，是努力刻苦到了形容枯槁仍不能停歇，這種自苦的踐道方式與天下人的性情相反，縱使墨子自己可以實踐這種苦行，但這並不是常人所能長久忍受。一種與天下人脫節、只有少數人可以踐履的學說，恐怕就不是聖人之道了。莊子肯定墨子的用心很可貴，但其學說終究非王道。有了這種死而後已的強烈使命感的驅策，對這批墨家之徒而言，個人的福報恐怕得等到理想實現的那天才會真正來臨，這種福報不是個人的安樂，而是天下的太平。雖然，這個理想從未實現，墨子的學說仍傳達了封建社會中無聲底層的吶喊，低沉而富含力量，在當時曾引起廣大的迴響，而具有一種不可忽視的歷史意義和價值。而墨子對德福關係的看法，也在他對天地鬼神的堅定信仰和對廣大生民的悲憫情懷之下，展現一種迥異於其他諸子的、獨特的強烈報應色彩。

造，對後世的精神文化發揮了強大的範導作用，這也就是國家祭祀文化在春秋之後不再被思想史研究者重視的原因，但這並不表示國家祭祀活動已失去了意義。參見氏著：《古代宗教與倫理——儒家思想根源》，頁135。

〔註71〕《莊子‧天下》，頁1075～1080。

第六章　法家德福理論

　　法家思想的源流有其悠久的歷史，春秋以降，隨著各諸侯國本身及彼此之間的衝突日漸增多，矛盾日益尖銳，各種專門處理政治實務領域的學理隨著各國政局的激化不斷應運而生，雖然，如商君書、管子書等與法家之學應有所淵源的著作幾乎已可確認為後人偽託，但不可否認的，為了解決嚴峻的政治現實所產生的各種政治主張，到韓非之時的確累積了許多政治學的能量，韓非身為弱國之貴族，為應亂世之急，遂水到渠成的在這些基礎之上提出具有總結性質的、集大成之法家系統學說。韓非的學說是專門討論政治的學說，它處理的是真正政治實務問題，牟宗三先生即指出：「同是針對周文疲弊，然而產生的態度有二：一是向著人生之基本問題方向發展；一是將周文疲弊視為一政治社會之客觀問題來處理。後者在當時是一有迫切需要的問題……能切當時問題的只有法家。」〔註1〕勞思光先生也指出韓非思想中的基源問題僅是：「如何致富強？」或「如何建立一有力統治」〔註2〕，相對於儒家及道家，韓非的法家學說具有極強烈的現實感，所以對當時的政治最能發揮實際、直接的效用。

　　而雖然韓非立論完全是政治屬性，但他的論政是本於他對人生文化社會政治有一基本之看法與態度，這也代表一種形態的人生思想與政治思想〔註3〕，所以，在檢視先秦時期的德福理論時，也不能忽略韓非的看法，尤其，相較於儒家及道家向著人生的基本問題方向發展，韓非為君王立說的學說本

〔註1〕參見牟宗三：《中國哲學十九講》，頁158。
〔註2〕參見勞思光：《新編中國哲學史（一）》，頁353。
〔註3〕參見唐君毅：《中國哲學原論——原道篇卷一》，頁506。

質勢必引導出迥異於儒家及道家的價值論述，做為大一統時代來臨的先導思想，這些論述無疑極具歷史意義。

第一節　自為心基礎上之道德觀

　　史遷以「其極慘礉少恩」形容韓非〔註4〕，很精準的點出韓非學說嚴峻冷酷的整體印象。韓非面對的不是士階層個人出處進退的原則問題，而是如何在殘酷萬變的政治局勢中存亡繼絕、富國強兵，這是當時所有國君都想達到的政治目標，也是至為艱鉅的政治任務。就是這種極其嚴肅冷酷的政治課題，在很大程度上決定了韓非學說的基本調性，這種基調很鮮明的反應在韓非對人性的認識，以及立基於其上的道德觀：

> 人為嬰兒也，父母養之簡，子長而怨。子盛壯成人，其供養薄，父母怒而誚之。子、父，至親也，而或譙、或怨者，皆挾相為而不周於為己也。夫賣庸而播耕者，主人費家而美食、調布而求易錢者，非愛庸客也，曰：如是，耕者且深耨者熟耘也。庸客致力而疾耘耕者，盡巧而正畦陌畦畤者，非愛主人也，曰：如是羹且美錢布且易云也。此其養功力，有父子之澤矣，而心調於用者，皆挾自為心也。〔註5〕

> 且父母之於子也，產男則相賀，產女則殺之。此俱出父母之懷衽，然男子受賀，女子殺之者，慮其後便、計之長利也。故父母之於子也，猶用計算之心以相待也，而況無父子之澤乎！〔註6〕

親子是人倫中最為親近緊密的關係，對待至親的態度可以表現出人最本然的面貌，韓非就從這個角度切入，從父子之間的對待來認識人的本性。韓非指出即使親如父子，彼此之間也充滿自為之心的算計，父母產男則相賀，產女則殺之，同樣都是懷胎十月而生，卻有截然不同的對待，這都是因為父母計算生養男子帶來的效益比生養女子來得更大更長遠所致。而孩子對待父母也是同樣功利的態度，就算有父子恩情，卻同時也要求滿足自己的需求，孩子希望父母養育不得怠慢，父母期待孩子的供養豐厚，這都是人自為自利的心

〔註4〕參見（漢）司馬遷：《史記》〈老子韓非列傳第三〉，頁2156。

〔註5〕《韓非子‧外儲說左上》，所引用版本為清‧王先慎：《韓非子集解》（台北：世界書局，1955年。）頁204。

〔註6〕《韓非子‧六反》，頁319。

態，總是認爲別人爲自己所做的不夠週到，父子之間如此，其他的遇合更是如此，僱主與傭工，君上與臣下，都是計利的關係，但是人又不能不計利，因爲「安利者就之，危害者去之，此人之情也」〔註7〕，趨利避害是人之常情，而這種對自己利益斤斤計較的自私自爲，就成爲韓非對人性最主要的認識。

　　韓非師事荀子，在人性的認識上不無荀師的影響，他們著眼的人性面向都是負面、否定的觀點，但不同的是：荀子從欲求的層面上來論人性之爲惡，他還是主張人性可以禮義制度教化之，並由此肯定道德的重要價值及教化功能；但反觀韓非，他以自爲自利之心來論人性，本也可循著荀師的解決路徑，用道德來爲人性的困境解套，但他卻從這裏開始，另闢獨具法家色彩的新徑，開始以完全不同的標準來衡量傳統道德的功能與價值：〔註8〕

> 世之學術者說人主，不曰「乘威嚴之勢以困奸衺之臣」，而皆曰「仁義惠愛而已矣」。世主美仁義之名而不察其實，是以大者國亡身死，小者地削主卑……吾以是明仁義愛惠之不足用，而嚴刑重罰之可以治國也。〔註9〕
>
> 見大利而不趨，聞禍端而不備，淺薄於爭守之事，而務以仁義自飾者，可亡也。〔註10〕
>
> 今世皆曰「尊主安國者，必以仁義智能」，而不知卑主危國者之必以仁義智能也。故有道之主，遠仁義，去智能，服之以法。〔註11〕
>
> 言先王之仁義，無益於治，明吾法度，必吾賞罰者亦國之脂澤粉黛也。故明主急其助而緩其頌，故不道仁義。〔註12〕

從「仁義愛惠之不足用」、「先王之仁義，無益於治」這些論調看來，很明顯的，韓非並不以教化功能的角度來談論道德，反而是以仁義愛惠等德目能否發揮實際治國效用的角度來檢視道德的價值，更進一步來看，先王所提倡之

〔註7〕《韓非子・奸劫弒臣》，頁69。
〔註8〕至於人性是否有教化的可能或其他面向的展現，韓非遂不再深究，由韓非對人性如此片面淺層的了解，可見韓非之論人性只是爲其重法之學說尋求一可用的人性上的支點。也正因爲韓非對人性的觀點是如此絕對而負面，相較於荀子，韓非之論人性恐怕在本質上比荀子還更接近性惡論。
〔註9〕《韓非子・奸劫弒臣》，頁74。
〔註10〕《韓非子・亡徵》，頁79。
〔註11〕《韓非子・說疑》，頁306。
〔註12〕《韓非子・顯學》，頁355。

仁義在當時之所以無法發揮良好的政治作用，韓非很精準的指出是時代因素：

> 古者文王處豐、鎬之間，地方百里，行仁義而懷西戎，遂王天下。徐偃王處漢東，地方五百里，行仁義，割地而朝者三十有六國，荊文王恐其害己也，舉兵伐徐，遂滅之。故文王行仁義而王天下，偃王行仁義而喪其國，是仁義用於古不用於今也。故曰：世異則事異……上古競於道德，中世逐於智謀，當今爭於氣力……夫仁義辯智，非所以持國也。〔註13〕

仁義之能用於古而不能用於今，首先是世局情勢已截然不同：上古先民地少人寡，國情單純，能以道德維持秩序，而眼前環境則是各種大小勢力林立，各國之間利害關係錯雜交綜，存亡的原則是弱肉強食，連智謀也無法主導局勢的發展，真正決定勝負存亡的是各國的戰鬥實力，兵強國富者存，國勢貧弱者亡。在韓非看來，儒家以仁義治國的仁政學說根本就是不合時宜的主張，君王若以先王仁義之道為治國方針，國必危亡，「夫仁義辯智，非所以持國也」。再者，儒家所倡的道德在內涵上也是不正確的：

> 天下皆以孝悌忠順之道為是也，而莫知察孝悌忠順之道而審行之，是以天下亂。皆以堯、舜之道為是而法之，是以有弒君，有曲於父。堯、舜、湯、武，或反君臣之義，亂後世之教者也。堯為人君而君其臣，舜為人臣而臣其君，湯、武為人臣而弒其主、刑其尸，而天下譽之，此天下所以至今不治者也。〔註14〕

堯舜湯武是儒家崇敬的聖人典範，韓非卻批評這些聖人為天下稱譽的行為正有悖孝悌忠順之道。他認為：世人以孝悌忠順之道為行事準則，卻不仔細考察孝悌忠順應有的內涵。堯當君王，卻視舜為君；舜為人臣，卻視堯為臣；商湯周武皆弒君奪位，這些都是君臣易位、敗壞君臣分際的人，世人卻不明究理的稱譽他們，結果是人人尊崇這些悖反的行為，「故至今為子者有取其父之家，為人臣者有取其君之國者矣」，導致天下大亂，故韓非站在維護君權的尊君立場，直指「孔子本未知孝悌忠順之道也」〔註15〕。

　　這就是韓非學說的本色，在服務政治的大前提下，所有事物的價值都是

〔註13〕《韓非子・五蠹》，頁341。
〔註14〕《韓非子・忠孝》，頁358。
〔註15〕同前註，頁359。

建立在是否具有政治效益、是否有益於治國的標準之上，道德也不例外。從某種角度來說，對政治價值的獨尊將導致對其他價值的全面否定，包括儒墨崇尚的道德價值，所以勞思光先生認為韓非的價值觀念是一純否定的觀念，所謂否定的觀念，就是韓非只以「治亂」為價值標準，而將一切德性否定〔註16〕。但是，必須注意的是，從上述韓非批評儒家仁義之言看來，韓非否定的是儒墨諸子定義下的道德內涵，反對的是儒家的忠孝仁義觀。而「德」做為一種良好人格及行為特質的展現，韓非勢必也有相應於其學說的對「德」的要求。事實上，即使韓非批評以堯舜禹湯為典範的儒家忠孝仁義道德觀，他也不能否認人與人之間還是必須有倫常規範以維繫穩定的關係，「人生必事君、養親，事君、養親不可恬淡」、「臣事君，子事父，妻事夫。三者順，則天下治；三者逆，則天下亂。此天下之常道也」〔註17〕，君臣、父子、夫婦甚至手足朋友，這些都是無法逃遁的身份與人倫關係，如何為每個身份設計適宜的行為規範，也是穩定社會不可獲缺的重要倫理道德基礎。韓非雖然認為儒家仁義不足用，孝悌忠順為天下亂術，但也肯定倫常規範的重要性。所以，韓非批駁儒家的倫理道德觀，並不意味他否認倫理道德存在之必要性，而是表示韓非自有一套相應於法家學說的倫理道德觀：

> 或曰：桓公不知仁義。夫仁義者，憂天下之害，趨一國之患，不避卑辱謂之仁義。故伊尹以中國為亂，道為宰干湯；百里奚以秦為亂，道為虜干穆公；皆憂天下之害，趨一國之患，不辭卑辱，故謂之仁義。今桓公以萬乘之勢，下匹夫之士，將欲憂齊國，而小臣不行，見小臣之忘民也，忘民不可謂仁義。仁義者，不失人臣之禮，不敗君臣之位者也。是故四封之內，執會而朝名曰臣，臣吏分職受事名曰萌。今小臣在民萌之眾，而逆君上之欲，故不可謂仁義。仁義不在焉，桓公又從而禮之。使小臣有智能而遁桓公，是隱也，宜刑；若無智能而虛驕矜桓公，是誣也，宜戮；小臣之行，非刑則戮。桓

〔註16〕　參見勞思光：《新編中國哲學史（一）》，頁 362。關於韓非人性論及道德觀，學界有著分歧看法，可參見于霞，〈韓非倫理思想研究述評〉一文，文中對近五十年來對韓非倫理思想的研究成果做一檢視分類，當中亦不乏學者主張韓非是鄙薄仁義的「非道德者」，不過必須指出的是，韓非的反對仁義並不是倫理的理由，而是政治的理由。收於《燕山大學學報》（哲學社會科學版）第 7 卷第 4 期，2006 年 11 月，頁 22～27。

〔註17〕　同前註，頁 358。

公不能領臣主之理，而禮刑戮之人，是桓公以輕上侮君之俗教於齊

國也，非所以爲治也。故曰：桓公不知仁義。〔註18〕

韓非舉齊桓公五訪小臣稷而自以爲仁義的例子，強力批評桓公「不知仁義」。從韓非批評的標準中，可以很清楚看到他對仁義的定義是「憂天下之害，趨一國之患，不避卑辱」、「不失人臣之禮，不敗君臣之位」，任何能人如果志在謀天下萬民福祉，就必須不避卑賤屈辱的以求君王所用，透過效命君王忠於職守，以對國事有所裨益；而君王也必須把守君臣間的職責分際，不使逾越，才是眞正好仁義之君。以這種標準來看，小臣稷自以爲賢能，不顧君臣之義，避不見齊桓公，棄萬民之利於不顧爲先，又違背臣子禮節於後，何仁義之有？至於齊桓公不能理解臣子和君王應有的分際，反而禮遇該殺該罰的人，這種輕慢君王之尊的作爲，爲齊國人民做了最壞的示範，亦何仁義之有？所以，韓非批評「桓公不知仁義」。

很明顯的，儒家以德本位的仁義忠孝觀，在韓非手上一轉而成以尊君爲本位的政治道德——仁義不是君王用來砥礪自身品德修爲、尊賢使能、施行仁政的根據，而用以維護君臣尊卑分際的法度。介子推義隨文公，雖無爵祿卻乃忠心耿耿割股餵食，韓非也引之以爲「明主厲廉恥、招仁義」的例子〔註19〕，可見在韓非的理解中，道德是爲政治而服務的，所有的道德都變成了政治品德，完全以尊君的政治目的爲依歸，維護君上利益者，是爲仁義，是爲忠孝〔註20〕：

〔註18〕 《韓非子·難一》，頁 270。

〔註19〕 《韓非子·用人》，頁 153。

〔註20〕 韓非在〈解老〉中對仁義及禮分別有所定義：「仁者，謂其中心欣然愛人也。其喜人之有福，而惡人之有禍也，生心之所不能已也，非求其報也」，「義者，君臣上下之事也，父子貴賤之差也，知交朋友之接也，親疏內外之分也。臣事君宜，下懷上宜，子事父宜，賤敬貴宜，知交朋友之相助也宜，親者內而疏者外宜。義者，謂其宜也，宜而爲之」，「禮者，所以貌情也，群義之文章也，君臣父子之交也，貴賤賢不肖之所以別也……禮者，義之文也」。這是韓非不從政治角度，單純對仁義進行道德概念的詮釋，正因爲所言與儒家仁義觀甚爲接近，此篇是否出自韓非之手遂成爭議焦點。胡適《中國哲學史大綱》、容肇祖《韓非子考證》、梁啓雄《韓子淺解》皆以爲所作另有其人；鄭良樹《韓非之著述及思想》則認爲此篇爲韓非早期不成熟之作品。相關討論參見張純、王曉波：《韓非思想的歷史研究》（北京：中華書局，1986 年）。本文無意再爲此爭論添上一筆，但審視篇中對仁義的詮釋，明顯是純道德概念的解釋，這種解釋其實并不妨礙吾人理解韓非書中大量菲薄仁義的言論，韓非批評的主要是仁義的政治功用，換年言之，韓非主要是從治國實效的功利角度來論道

> 孝子之事父也，非竞取父之家也；忠臣之事君也，非竞取君之國
> 也……爲人臣常譽先王之德厚而願之，是誹謗其君者也。非其親者
> 知謂之不孝，而非其君者天下此賢之，此所以亂也。故人臣毋稱堯、
> 舜之賢，毋譽湯、武之伐，毋言烈士之高，盡力守法，專心於事主
> 者爲忠臣。〔註21〕

孔子論父子之倫不避「幾諫」，論君臣則是「君使臣以禮，臣事君以忠」〔註22〕；孟子的主張則更具進步意義，指出君臣關係是相對的，「君之視臣如手足，則臣視君如腹心；君之視臣如犬馬，則臣視君如國人。君之視臣如土芥，則臣視君如寇仇」〔註23〕，並且，君臣之間也是以義相遇合的，「君子之事君也，務引其君以當道，志於仁而已」〔註24〕，這種要求君上自勵、臣下以道義事君，務使君王行仁政的德治主義下的倫理原則，正是韓非所反對的。韓非認爲：所謂忠和孝是對君王及父親的絕對服從，爲人臣下者，只有盡力守法、爲君王所驅使任用，才可稱爲忠臣。儒者稱譽先王品德崇高，並對當朝君王有道德上的期待，這些都是僭越臣子的職分、傷害君王不可侵犯的神聖性的做法，何忠之有？孝子忠臣最大的功能在於爲父親君王分憂解勞，「家貧則富之，父苦則樂之」，「國亂則治之，主卑則尊之」，不但要對父之家、君之國有實質貢獻，還要維護、穩固長上的尊貴地位，「忠臣不危其君，孝子不非其親」〔註25〕，韓非這種揚棄儒家以親情論父子、以道德仁義維繫君臣分際的倫理原則，代之以絕對服從爲主要內容的忠孝觀，成爲後來三綱的濫觴。

　　由上述討論可知，韓非並不否定道德存在之必要，就像他也肯認道德曾發揮重要作用，是上古社會賴以維繫存續的軸心。他反對的是特定時空背景下的道德觀，是儒家德治主義下的道德內涵。韓非以治國的實效檢討儒家仁義忠孝的政治價值，直指儒家以道德自覺爲主要內涵的仁義慈惠、孝悌忠順，都無益於爭於氣力的現世，因此必須揚棄，韓非是在這個意義上「務法不務德」的。唐亞武先生指出：「法家學派之重法治而輕德治，其本意並非要廢棄倫理道德規範。實際上，他們所強調的法治所維護的恰恰就是以忠孝、仁義

德的政治價值，而非道德的倫理價值。

〔註21〕　《韓非子・忠孝》，頁359。
〔註22〕　《論語・八佾》，頁30。
〔註23〕　《孟子・離婁下》，頁142。
〔註24〕　《孟子・告子下》，頁218。
〔註25〕　《韓非子・忠孝》，頁359。

爲核心道德原則的社會秩序……在道德問題上，他們同儒家爭論的焦點並不在於要不要道德，而是如何理解人們的道德生活及其規範，以及怎樣去確立和實行封建統治所需要的倫理道德規範」〔註26〕，此言甚得之。

韓非從政治效用的角度否定儒家德治主義下的道德觀同時，也站在法家立場，重新詮釋了相應於法家法治要求的道德倫理原則，建立符合君王統治需求的道德規範。這種法家道德觀最明顯的特色即是「尊君」，雖然這其實就是法家爲君王立說的本色，但對韓非來說，尊君的口號背後有著更崇高的目標：尊君不是圖君王一人之私，而是圖君國之大利。韓非認爲：君王代表了公利，而非一人一家的私利，尊君正是將國家公利置於第一位，是大公無私的作爲，所謂「匹夫有私便，人主有公利」〔註27〕，韓非論仁義時，曾盛贊伊尹、百里奚心懷天下，爲趨一國之患而不避卑辱，以求君用，向君王盡一己之智能，就等同於向天下國家貢獻一己的力量，這表示君王等同於天下國家，儒家所謂貞節烈士，都是不能爲君所用的背臣，上文所引齊桓公五訪小臣稷而後得見一事，韓非批評小臣稷不見桓公是忘民之利，也正是因爲齊桓公代表的就是齊國萬民之利益，是一國的公利，非桓公個人的私利。從這個角度來看，對韓非而言，道德的內涵雖以尊君爲依歸，但道德並不是爲迎合君王一人之私利而設，它有更宏大而崇高的目標，那就是君王象徵的一國的公利。

從公私有別的角度來論道德也是韓非道德觀一個重要的面向〔註28〕，韓非從公私二字的本義說起，認爲「古者蒼頡之作書也，自環者謂之私，背私謂之公，公私之相背也，乃蒼頡固以知之矣」〔註29〕，公私有別，此分別義自造字之初便已朗現，自環者公，背私爲公，對韓非而言，重點不僅是公與私有別，這兩者更是嚴重對立的利益衝突，「公私之相背也」，公利與私利是不可能並存的，韓非舉父子之親與君臣之義的衝突以爲說明：

> 楚之有直躬，其父竊羊而謁之吏，令尹曰：「殺之」，以爲直於君而曲於父，報而罪之。以是觀之，夫君之直臣，父之暴子也。魯人從君戰，三戰三北，仲尼問其故，對曰：「吾有老父，身死莫之養也。」

〔註26〕 參見唐亞武：〈法家學派之德治思想探微〉，收於《湖南師範大學社會科學學報》，2003 年。
〔註27〕 《韓非子·八說》，頁 325。
〔註28〕 關於仁義與公私的關係，可參見于霞：〈韓非以公爲根本內涵的仁義觀〉，收於《學術研究》2005 年第 2 期，頁 27～32。
〔註29〕 《韓非子·五蠹》，頁 344。

仲尼以爲孝，舉而上之。以是觀之，夫父之孝子，君之背臣也。故
令尹誅而楚姦不上聞，仲尼賞而魯民易降北。上下之利若是其異也，
而人主兼舉匹夫之行，而求致社稷之福，必不幾矣……故不相容之
事，不兩立也。〔註30〕

從舉發老父偷羊到苟且求敗偷生以養老父這兩個道德兩難的例子來看，「夫君
之直臣，父之暴子也」、「夫父之孝子，君之背君也」，道德的公域領和私領域
之間的確存在著尖銳的對立衝突，大公者必有害於私，循私者也必有害於公，
公與私是「不相容之事」，不可能兩全其美，對君王而言，爲追求國之大利，
不可不明公私相背的道理：

禁主之道，必明於公私之分，明法制，去私恩。夫令必行，禁必止，
人主之公義也；必行其私，信於朋友，不可爲賞勸，不可爲罰沮，
人臣之私義也。私義行則亂，公義行則治，故公私有分。人臣有私
心，有公義。修身潔白而行公行正，居官無私，人臣之公義也。汙
行從欲，安身利家，人臣之私心也。明主在上則人臣去私心行公義，
亂主在上則人臣去公義行私心，故君臣異心……害身而利國，臣弗
爲也；害國而利臣，君不行也。臣之情，害身無利；君之情，害國
無親……故曰：公私不可不明，法禁不可不審，先王知之矣。〔註31〕

對韓非而言，所謂「公」是以法制爲依歸，而「私」則爲各人從其所欲，遂
行其私，由此推及開去，公義就是站君王及國家的立場，明法制去私恩，務
使令行禁止，而私義則剛好相反，是臣民從個人立場，用其私心，信於朋友，
汙行從欲，安身利家，不爲君王的賞罰所驅使規範〔註32〕。若按韓非對人性
的認識，人性自爲自利，行私是很自然的事，行私悖法於是成爲最普遍存在
的現象，「害身而利國，臣弗爲也」，爲了達到國家富強這個終極目標，君王
必須慎辨公私之別，一切以法爲依歸，不使臣下以私害公，「夫立法令者，以

〔註30〕　《韓非子‧五蠹》，頁344。
〔註31〕　《韓非子‧飾邪》，頁92。
〔註32〕　韓非此處論及私義的具體内涵，涉及儒、墨、道三家所宣揚的義，儒家講義
　　　　　以親親爲主要精神，孝德本身就是私，所以韓非有「夫父之孝子，君之背臣
　　　　　也」的批評：湯武等儒門之聖王，以下犯上，以臣弒君，更是「必行其私」。
　　　　　儒家也講信，信於朋友個人，當然也是「必行其私」。其餘諸如墨家力倡兼相
　　　　　愛交相利，務使天下人皆得利之「義」，與韓非以君王之利爲義的主張也是大
　　　　　異其趣；而「不可爲賞勸，不可爲罰沮」則主要指的重生輕物、不爲人主賞
　　　　　罰所規範的道家。相關論述可參見焦國成：《中國倫理學通論》，頁194～196。

廢私也。法令行而私道廢矣。私者，所以亂法也」〔註33〕，法令之所設正是用以立公廢私，故君王明法制，君臣皆行公義，以君王所代表的國家公利爲唯一的追求，如此，「公義行則治」，國家富強便是指日可待了〔註34〕。

　　總的來說，韓非道德觀的特色，是將道德置於政治範疇中強化其政治內涵，仁義忠順的價值完全建立在他們所能發揮有益於君王統治的政治功能上，一切皆以君王象徵的公利公義爲依歸。韓非反對儒家道德觀的根本原因，也在於它們代表的是私情私義，陳少峰先生指出：「事實上，韓非子與其前輩法家一樣主張序定倫理，其對於禮的重視是相當明朗的。其定尊卑、貴賤、君臣、父子之倫，忠孝之德，大體同於儒家，只是棄其親親而已」〔註35〕，儒家強調親親的倫理精神，發展出差序格局的倫理道德觀，對韓非而言，這就是有礙君國公利追求的私情私義，必須揚棄。韓非把道德建立在政治基礎之上，以符合君國公利爲內涵，把修德一事從個人修身領域，過渡到以君國利益爲主的公共範疇，其道德觀在形式上雖然與儒家大抵相同，但本質完全不同。而從某種程度來說，這種強烈政治屬性，似乎又返回西周初年德字初義，不過，德字初義強調的是統治者良好的治國能力及品德，與韓非論德的尊君調性是截然不同的歸趨。

第二節　以法爲核心之德福運作機制

　　既然道德以政治效用爲其內涵，道德與非道德的善惡標準當然也就是政治屬性的標準——以向君王建功盡忠者爲善，悖君行私者爲惡。陳少峰先生

〔註33〕《韓非子・詭使》，頁317。
〔註34〕至於君國的公利是否眞爲公共的利益，歷來學者有不同見解。有學者認爲韓非以君王之大私爲公，而以臣下庶眾的利益爲大私；也有學者持相反意見，認爲韓非之以君國公利爲先的原因，正在於唯有確保君國的利益，人民的利益才能受到保障。相關論述可參見于霞〈韓非倫理思想研究述評〉。筆者則認爲無論韓非是否將人民的利益建築在國家的富強基礎之上，韓非學說主要爲君王立說，旨在富國強兵，在此最高目標之下，君王的利益是最具優先性的。尊君必得適度限制甚至犧牲臣民的個人利益，方能成就君王之所欲；君王所欲即在國富兵強，國家富強後，不受強敵威脅，人民自可得到一種相對穩定的生活，在這種穩定的社會環境中安居樂業。故按韓非理想，公私雖然相背，但追求君國公利之後，還是可以回頭照顧到萬民眾庶的；故韓非反對私義的理由，並不在於否認臣民之欲，而在於它妨礙公利的優先性追求。
〔註35〕參見陳少峰：《中國倫理學史》上冊（北京：北京大學出版社，1996年），頁114。

指出：「（韓非）他十分明確指出了所謂的善與惡判斷現實依據，這種依據不是從個人修身養性或施與之舉而來，而是行爲上眞正表現出盡一己之職能，勤勉、節儉、向上之美德」〔註36〕，盡職、勤勉等諸項品德，都是臣子盡忠職守的表現，韓非把人臣的絕對服從視爲善，行私怠惰視爲惡，前者對君王有利，後者則有害於君王之治國，善惡的標準同樣在於能否尊君、利君。

更進一步來看，韓非將善惡的內涵進行轉化，並賦予君王賞善罰惡的權柄，藉以強化臣民對君王國家的認同與效忠，但君王賞罰並不能依照君王個人的好惡，而要有一明確公開的標準，在韓非的理想中，此標準即是「法」，「明主之法，揆也」〔註37〕，「言行而不軌於法令者，必禁」〔註38〕，「治民無常，唯法爲治」〔註39〕，人民以法爲教、動無非法，它是衡量人民行爲的準則，同時也是君王賞罰的依據，「賞存乎愼法，而罰加乎奸令」〔註40〕，君王的賞罰與人民的行爲有共同的根據，一歸於法，如此，賞善罰惡才不致失準；賞罰不失準，人民對官府法令才會由衷信服，並透過外在的服從行爲進而建立起內在的信心，這才是人民信守法令的最終保障，也是君王廣收以法治民之效的最終保障：

> 聖人之治也，審於法禁，法禁明著則官法；必於賞罰，賞罰不阿則民用。〔註41〕

> 故有道之主，遠仁義，去智能，服之以法。是以譽廣而名威，民治而國安，知用民之法也。〔註42〕

臣民依法而行，君王據法而治，賞罰不阿，守法立功者有賞，逆主悖法者得罰，善惡均有報，韓非在此以法初步建立起德福相應的模式。在韓非的設計中，驅使臣民最好的工具就是賞罰，賞罰的工具一爲刑、一爲德，所謂「殺戮之謂刑，慶賞之謂德。爲人臣者畏誅罰而利慶賞，故人主自用其刑德，則群臣畏其威而歸其利矣」〔註43〕，在趨利避害且自利自爲的人性基礎上，賞

〔註36〕同前註，頁117。
〔註37〕《韓非子·六反》，頁320。
〔註38〕《韓非子·問辯》，頁301。
〔註39〕《韓非子·心度》，頁365。
〔註40〕《韓非子·定法》，頁304。
〔註41〕《韓非子·六反》，頁319。
〔註42〕《韓非子·說疑》，頁306。
〔註43〕《韓非子·二柄》，頁26。

以其所欲，罰以其所惡，賞罰可以起著絕對的作用，去引導、規範一個人的作為。至於人之所欲及所惡，韓非指出：臣民最大的滿足就是物質性的榮華富貴，「富貴者，人臣之大利也」〔註44〕，建立功業以換取高爵厚祿，既富且貴，就是人臣最大的利益；相反的，刑罰會剝奪臣民的所有，為臣民最厭惡畏懼之事，所以必得設嚴刑峻罰以威嚇之；

> 設民所欲以求其功，故為爵祿以勸之；設民所惡以禁其奸，故為刑
>
> 罰以威之。〔註45〕

爵祿為民之所欲，刑罰為民之所惡，此二者為君王賞罰之資，君王設爵祿以為賞，設重刑以為禁，臣民必然為求爵祿而盡賢能，為避刑罰而禁奸邪，君王便可廣收民治國安之效。站在君王的立場來說，明主設官職爵祿，旨在「進賢材勸有功」〔註46〕，而站在人民的立場來看，官職爵祿正是盡忠立功的報酬，是功名富貴，人臣之大利；換言之，表現出君王要求的德行，必然得到君王賞賜的福報，這是法家政治格局內的德福一致。

對所有的臣民而言，善者得賞，惡者得罰，善惡仍是有報，不過善惡的判準從個人內在的道德自覺，一變而成服從君王的外在規範，以盡力事君者得君王之賞，行私背主者受君王之罰；同時，君王也取代了傳統報應觀中福善禍淫的天，成為最高的審判者與施報者，傳統的天在韓非的學說中完全退位，善惡報應的原則不變，但執掌賞罰權柄的位階已由「天」下降至「人」的層次，修好德求好報的傳統德福觀，已由善惡有報的人生信仰，限縮降格為政治場域中的趨利避害。

而為了使人民對這套賞罰機制產生足夠的信心，並完全歸服於其中，君王賞罰除了以法為依歸外，還必須做到信賞必罰，「賞莫如厚而信，使民利之；罰莫如重而必，使民畏之」〔註47〕，「凡賞罰之必者，勸禁也」〔註48〕，「凡人臣者，有罪固不欲誅，無功者皆欲尊顯。而聖人之治國也，賞不加於無功，而誅必行於有罪者也」〔註49〕，法是人民行為舉止所能遵守的唯一準則，唯有信賞必罰，才能建立起法的絕對權威性，法也才能真正成為一民之軌，所

〔註44〕《韓非子・六反》，頁319。
〔註45〕《韓非子・難一》，頁266。
〔註46〕《韓非子・八奸》，頁39。
〔註47〕《韓非子・五蠹》，頁343。
〔註48〕《韓非子・六反》，頁320。
〔註49〕《韓非子・奸劫弒臣》，頁72。

以說「法莫如一而固」。爲了強化君王賞罰的效用，韓非更主張要嚴刑厚賞，加重賞罰的力道，以強化人民趨避之心：

> 且夫重刑者，非爲罪人也。明主之法，揆也。治賊，非治所揆也；治所揆也者，是治死人也。刑盜，非治所刑也；治所刑也者，是治胥靡也。故曰重一奸之罪而止境內之邪，此所以爲治也。重罰者，盜賊也；而悼懼者，良民也；欲治者奚疑於重刑！若夫厚賞者，非獨賞功也，又勸一國。受賞者甘利，未賞者慕業，是報一人之功而勸境內之眾也，欲治者何疑於厚賞！〔註50〕

韓非主張厚賞重刑，「重一奸之罪而止境內之邪」、「是報一人之功而勸境內之眾也」，明顯欲收勸功止邪之效，而非僅針對功罪本身。重刑若能止奸，則韓非之法實寓「以刑去刑」之深意〔註51〕，期待從根本上化解犯法行惡的動機與可能性。而主張刑賞宜重不宜輕，其實也是從結果反推守法盡忠之重要，得福受禍完全掌握在人民自己手中，君王也只是依法賞善罰惡。由此看來，對人民而言，所謂的法，不僅是他們的行爲準則，更是他們的德福得以一致的最終保障，任何可能破壞這種德福相應機制的行爲都不被允許，例如君王法外開恩：

> 故善爲主者，明賞設利以勸之，使民以功賞，而不以仁義賜；嚴刑重罰以禁之，使民以罪誅而不以愛惠免。是以無功者不望，而有罪者不幸矣。〔註52〕

> 故明主之治國也，適其時事以致財物，論其稅賦以均貧富，厚其爵祿以盡賢能，重其刑罰以禁奸邪，使民以力得富，以事致貴，以過受罪，以功致賞而不念慈惠之賜，此帝王之政也。〔註53〕

違反賞罰必信的原則，在法外施慈愛恩惠，這無異是打破以法所保障的德福相應關係，使無德者得賞，有過者倖免於難，這種舉動不僅使法的威信受到嚴重的破壞，更會養成臣民苟且僥倖的心態，降低守法的意願。在自利的人性面前，君王的賞罰如果失準，這套以法爲核心的機制也即將失去規範善惡的能力，所以韓非主張唯法是論，讓無功者不望，有罪者不幸，臣民不存苟且之心，法才不致於落空，而能真正成爲規範臣民的唯一準則。又如儒家提

〔註50〕　《韓非子・六反》，頁320。
〔註51〕　「以刑去刑」之說可參見王邦雄：《韓非子的哲學》（台北：東大圖書出版，1993年），頁158～159。
〔註52〕　《韓非子・奸劫弒臣》，頁74。
〔註53〕　《韓非子・六反》，頁322。

倡道德自覺，崇慕德性修爲的美好，並表彰這種品高德重的人，以韓非的觀
點看來，這種不以尊君崇法爲賞罰依據的做法，也是亂國危主：

> 然則爲匹夫計者，莫如脩行義而習文學。行義脩則見信，見信則受
> 事；文學習則爲明師，爲明師則顯榮；此匹夫之美也。然則無功而
> 受事，無爵而顯榮，爲有政如此，則國必亂，主必危矣。〔註54〕

儒者修養自身德性無疑的對實際政治事務毫無實質貢獻，卻得以身顯名揚，這
種「無功而受事，無爵而顯榮」的情形，明顯違背了君王的利益，犯了君王治
國的大忌，所以韓非批評「爲有政如此，則國必亂，主必危矣」。事實上，君
王依法施以爵祿刑罰之所以能產生積極作用，其根本的理據來是來自韓非對人
性的認識。如果人性是自利行私，那麼，規範臣民惡行的最佳利器就是以利誘
之。在韓非的觀察裏，君臣遇合的赤裸本質本來就是互相算計的利益交換：

> 君以計畜臣，臣以計事君，君臣之交計也。〔註55〕

> 臣盡死力以與君市，君垂爵祿以與臣市，君臣之際，非父子之親也，
> 計數之所出也。〔註56〕

> 霸王者，人主之大利也。人主挾大利以聽治，故其任官者當能，其
> 賞罰無私。使士民明焉盡力致死、則功伐可立而爵祿可致，爵祿致
> 而富貴之業成矣。富貴者，人臣之大利也，人臣挾大利以從事，故
> 其行危至死，其力盡而不望。〔註57〕

「霸王者，人主之大利也」，「富貴者，人臣之大利也」，君王有人臣所追求之
利，人臣是幫助君王完成雄圖霸業的資具，那麼，只要順著趨利避害的人性，
使君王賞賜爵祿來交換臣下的盡忠效力，完成霸業得其大利，本來就是順理
成章之事。如此看來，君臣關係是一種異利卻互利的謀合模式，相反相成。
當然，韓非這種對人性的認識在現實世界中一定顯得偏狹，因爲總有人爲了
其他價值追求而不被一己私利所囿，對於這種人而言，君王的賞罰無法對他
們產生積極的意義，也無法發揮效用，如果臣民皆如此，那麼君王就無法驅
使臣民盡力致力以完成大業，整個法治也因此掛空，所以韓非對那些看輕爵
祿的所謂高士、烈士之類的人物進行嚴厲的批評：

〔註54〕《韓非子・五蠹》，頁344。
〔註55〕《韓非子・邪飾》，頁92。
〔註56〕《韓非子・難一》，頁93。
〔註57〕《韓非子・六反》，頁267。

夫立名號所以爲尊也，今有賤名輕實者，世謂之高。設爵位所以爲
賤貴基也，而簡上不求見者，世謂之賢。威利所以行令也，而無利
輕威者，世謂之重。法令所以爲治也，而不從法令、爲私善者，世
謂之忠。官爵所以勸民也，而好名義、不進仕者，世謂之烈士。刑
罰所以擅威也，而輕法、不避刑戮死亡之罪者，世謂之勇夫。民之
急名也，甚其求利也。〔註58〕

世人所謂忠賢、烈士、勇夫者，在韓非眼**裏**，都是敗壞君王法令者，他們輕
視君王法令規範，不爲爵祿所誘，不畏重罰所禁，君王的賞罰對他們毫無作
用，韓非舉了許由、伯夷、叔齊等十二人爲例，指出他們們都是「見利不喜，
上雖厚賞無以勸之；臨難不恐，上雖嚴刑無以威之」的人〔註59〕，這些「不
令之民」，游離於法的規範與賞罰之外，在韓非看來，不但不配得福，也破壞
法治內的賞罰機制。由此可知，韓非的德福關係建立在臣民強烈的逐利欲望
上，唯有臣民看重君王所授的爵祿，君王的賞罰才得以施展，法令也才能推
行，「爵祿所以賞也。民重所以賞也，則國治」〔註60〕。

　　總的來看，爲達到富國強兵的最高政治目標，韓非設計出以法爲核心的
政治學說，法家的德福觀也就依附在這套政治學說之中。人民行止、君王賞
罰皆以法爲依歸，臣民守法建功，向君王盡忠效命者爲善，爲善者必得爵祿
富貴以爲回報；悖法循私而有害於君王所象徵之公利者爲惡，爲惡者必遭嚴
罰酷刑之禍，在這套穩固的福善禍淫的德福關係中，君王是爲最高審判者，
執賞罰大柄，厚賞重刑，賞罰有必，韓非從統治的角度，把社會上一切是非
善惡都納入這個賞罰系統，由君王而給予正確的審判和公正的對待。而這種
以法爲軸心的德福機制運作，也成爲法家德福觀最重要的特徵。

第三節　以術勢確保德福之一致

　　配合著自利的人性觀，這套蘊含在政治學說中、以法爲核心的德福觀明
確規範了善惡和賞罰的內容及對應運作關係，在理論上的完整度應該是足夠
的，而其在實際運作的層面上如果產生德福不一的衝突，除了前述君王本身

〔註58〕　《韓非子・詭使》，頁 319～320。
〔註59〕　《韓非子・說疑》，頁 307。
〔註60〕　《韓非子・八經》，頁 337。

不依法施政的主觀因素之外，還有兩個可能的客觀情勢將造成德福相悖：一為君王統治權力旁落，有位無權，因而無力賞罰；二則為臣下蔽主，不使君王明辨善惡，賞罰得當。針對第一種可能，韓非提出「勢」以為應對：

> 國者、君之車也，勢者、君之馬也。夫不處勢以禁誅擅愛之臣，而必德厚以與天下齊行以爭民，是皆不乘君之車，不因馬之利車而下走者也。〔註61〕

> 有主名而無實，臣專法而行之，周天子是也。偏借其權勢，則上下易位矣。此言人臣之不可借權易位矣。此言人臣之不可借權勢也。〔註62〕

勢為治國之具，即統治權力，也是君王執賞罰二柄的力量，君王之為君王，正在於擁有實際的權勢。若君王不處勢，使得大權旁落，君王成了有名無實的虛位，臣下也將擅權專政，遂行其私。德福機制中的審判及賞罰實權落入權臣私門手中，將導致向君王盡忠立功的有德之人，可能得不到由君王派發的、相應的爵祿富貴；若掌實權的私門有貳心，還可能發生群臣爭相悖君逆法，向權臣輸誠以謀求實質好處的情形。由此可見，君王失勢將導致各種嚴重的德福不一，所以，韓非認為君王必須絕對掌握權勢，不可下落：

> 權勢不可借人，上失其一，下以為百。故臣得借則力多，力多則內外為用，內外為用則人主壅。〔註63〕

「上失其一，下以為百」，臣下狐假虎威、權勢濫用的效應極大，君王必須處勢以禁誅擅愛之臣，才能避免奸臣奪權而導致君臣易位。但除此之外，即便君王權勢不旁落，擅主之臣還是可以刻意迎合國君喜好，欺上枉法，蒙蔽君王的耳目，使君王無法對臣下的功過做出正確判斷，而導致另一種德福不一的情形：

> 國有擅主之臣，則群下不得盡其智力以陳其忠，百官之吏不得奉法以致其功矣。何以明之？夫安利者就之，危害者去之，此人之情也。今為臣盡力以致功，竭智以陳忠者，其身困而家貧，父子罹其害；為奸利以弊人主，行財貨以事貴重之臣者，身尊家富，父子被其澤；人焉能去安利之道而就危害之處哉？治國若此其過也，而上欲下之

〔註61〕《韓非子‧外儲說右上》，頁234。
〔註62〕《韓非子‧備內》，頁83。
〔註63〕《韓非子‧內儲》，頁179。

無奸，吏之奉法，其不可得亦明矣。〔註64〕

君王若被擅主之臣蒙蔽，其後果將是使得致功竭智之忠臣「身困而家貧，父子罹其害」，爲奸利弊人主者「身尊家富，父子被其澤」，爲善盡忠者反得害，行私欺君者反得利。可見君王若不能明察擅主之臣的奸計，必發生德福嚴重衝突的情形。韓非也認爲：雖然法可保障有功之臣得爵祿富貴，但臣下利在「無能而得事」、「無功而富貴」，如果可以不勞而獲，依臣子的本性，還是會捨棄勤奮而選擇安逸的。怠惰僥倖的念頭一起，竭盡心力以事奉君王就成爲不可爲之事；況且，從歷史上來看，有能力犯法逆上者，也多是握有權勢的尊貴之臣，「上古之傳言，春秋所記，犯法爲逆以成大奸者，未嘗不從尊貴之臣也」〔註65〕，所以在論勢的同時，君王還必須重視馭臣之術：

> 故國者，君之車也，勢者，君之馬也。無術以御臣，身雖勞，猶不
> 免於亂。有術以御之，身處佚樂之地，又致帝王之功。〔註66〕

欲以一人之身治天下，君王不得不透過臣隸階層以治理萬民，如果臣下不悖主行私，以盡忠守法爲己任，人民也以法爲教、以吏爲師，一切都在法的規範下，則君王治國自可收事半功倍之效，所以韓非才認爲「明主治吏不治民」。「治吏不治民」之所以可行，正在於吏治而民治，因此，君王能否完全駕馭臣子，是法治能否順利推行的關鍵，所以韓非十分重視術：

> 人主者，不操術，則威勢輕，而臣擅民。〔註67〕

> 人主之大物，非法則術也。〔註68〕

> 君無術則弊於上，臣無法則亂於下。此不可一無，皆帝王之具也。
> 〔註69〕

韓非提出之術，旨在使君王能以一馭百，以一馭萬，王邦雄先生分析韓非術的內容包括：不可知之無爲術，因任授官之參驗術，以及循名責實之督責術〔註70〕。其中，君王執參驗術以知人用人，明辨臣下才能而授之官，優劣各得其

〔註64〕《韓非子·奸劫弑臣》，頁 69。
〔註65〕《韓非子·備內》，頁 83。
〔註66〕《韓非子·外儲說右下》，頁 258。
〔註67〕《韓非子·外儲說右下》，頁 259。
〔註68〕《韓非子·難三》，頁 290。
〔註69〕《韓非子·定法》，頁 304。
〔註70〕王邦雄先生對術的內容及功用有深刻精闢的分析，參見氏著：《韓非子的哲學》頁 179～198。

所，務使發揮最大的行政產能。而督責術則是循名而責其實，以功用考察臣下的言行，並以為賞罰的依據，賞罰才不致失當。由此看來，術也是維持德福一致相應關係的重要輔具。尤其，韓非以為君臣之間無父子之親，一切明主賢臣的遇合，都是出於計數，無論是君王或是臣子都是為了謀求自己的最大利益而在計謀盤算著，對廣大的臣民而言，雖然天下富貴皆自君王而出，但這其實正意味著君位乃天下之大利，群臣無時無刻不窺伺君王大位，也都希望可以無功而富貴，所以說「君臣之利異，故人臣莫忠，故臣利立而主利滅」〔註71〕，君王如果無法洞悉臣子的本性，不執馭臣之術，別說要收治吏而後治民之廣效，就連要分辨臣下才能以因任授官，或考察臣下功過給予適當賞罰也做不到了。無術以觀測考核，賞罰亦將不得其當；賞罰不得當，有功不得賞，有罪不受罰，德福沒有相應的關係，臣民對法就會失去信心；臣民的舉措不以法為依歸，法就成了虛文，整套法家的學說也將淪為空談，富國強兵的目標也將成為虛幻的空中樓閣。由此可見，德福運作的機制不僅要以法為依據及保障，同時也需要術與勢以為輔助來穩固君王的權位，才能避免在實踐的過程發生德福衝突的情況。

換個角度來看，韓非從人為制度面來理解並建構人間德福相應的關係，而處在這套制度中，負責最高審判與最終施報的君王，其地位勢必得上升到一絕對的高度，如此，才能從制高點完全安排人間的功過，其位階相當於宗教中握有審判與賞罰權柄的天神，是至高無上的。套在實際的運作層面來看，君王集天下大利於一身，掌握所有爵祿與刑罰，在不犯上的前提下，臣民想要透過盡忠致功的管道以獲取爵祿富貴，就必須確保君王地位的穩固。君王握有實權不旁落，才能真正施賞罰，如此一來，尊君就成為保障德福關係的必要條件，勢和術是穩固君王權位的輔具，其必要性也因此得到確認。

在「禮不下庶人，刑不上大夫」封建時代，韓非觀察到既存的法令所防範的對象，多為一般人民，但真正有能力為亂者，如上文所言，卻多為有錢有勢的尊貴之臣，人民身處卑賤，因此常成了代罪羔羊：

> 上古之傳言，春秋所記，犯法為逆以成大奸者，未嘗不從尊貴之臣也。然而法令之所以備，刑罰之所以誅，常於卑賤，是以其民絕望，無所告愬。〔註72〕

〔註71〕《韓非子・內儲說下》，頁179。

〔註72〕《韓非子・備內》，頁83。

爲了消除人民的絕望，重建人民對法的信心，韓非繼承早期法家人物的思想，提出君王應操術以明察臣子言行、不使爲亂外，也要以法做爲臣民共守的行爲準則，大臣犯罪同匹夫一樣受罰：

> 法不阿貴，繩不撓曲。法之所加，智者弗能辭，勇者弗敢爭。刑過
> 不避大臣，賞善不遺匹夫。〔註73〕

比起別貴賤的禮治，韓非「刑過不避大臣，賞善不遺匹夫」的「法不阿貴」思想顯得十分進步。法的適用範圍包括臣子，這是更廣泛的保障人民的權利，維護一種在君王專制制度底下最大程度的社會正義；而從另一個角度來看，刑過不避大臣，法不阿貴，其本質其實正是尊君——讓臣子跟百姓一樣沒有特權，才能顯出君王的尊貴，這才是眞正的尊君。君王得尊，而後配合勢與術，才能握有實權以賞善罰惡，德福一致的模式至此得以穩定運作。

由上文討論可知，強調「務法不務德」的韓非，雖以法治的立場出發，反對儒家的德治，但事實上，他還是必須爲君臣父子等人倫關係建立規範。所以，他將儒家的仁義忠孝進行轉化，形成一套能兼容於法家學說、以尊君守法爲內涵的道德觀。臣民在法的規範內，謹守爲人臣下之品德，盡忠效命，君王依其表現論功行賞，臣民就可得富貴爵祿以爲回報，反之則受罰，這就是法治意義下的善惡有報，也是韓非學說中的德福思想。換句話說，韓非還是對德福問題有所響應，只不過此響應是由其法治學說中透顯出來。

韓非在強調法的前提下，將人的行爲及可能導致的後果，全部兜攏進法的規範之中，試圖以此解釋並安排人的一切禍福窮通，除此之外，沒有其它禍福，也沒有其它可以獲致的途徑。韓非將人的際遇問題加以簡化，摒除各種非人爲、偶然性的變化因素，不談普遍性的人生際遇問題，主要目的在強化法的效用，加快富國強兵的速度，如此一來，這蘊含在政治思想中的德福觀，就僅僅是政治格局的賞罰觀，不但無法處理一般性的人生困境，甚至連面對的姿態都缺乏。相較於其他諸子在天人關係的層次中去談德與福的關係，韓非只從人爲制度面來解釋現實中一切遭遇，在面對許多無法合理解釋的人生際遇時，就顯得捉襟見肘了。

〔註73〕《韓非子・有度》，頁25。

第七章　先秦諸子德福理論之
比較及特色

　　由上文的討論可知，不只在西方社會，即便是在中國，德與福的關係其實一直都是人們持續探索、關懷的主題，對這個永恆主題的探討，深刻反應出人們在現實世界中，不斷追尋自身生存意義及價值的過程。從上文的討論可知：在中國，上天或祖宗神賜福人間的觀念在殷商已經產生，而「德」「福」二者初步的連結，則需等到西周初年「德」字因著大量出現而有確定成熟的用義之後，它與「福」之間的關係型態才有了穩定的雛形。由於當時所謂的「德」是政治品德，所以德福關係的原始內涵是君王彰顯良好的政治品德以獲取上帝的福佑，永保國家命脈長存。這種德福內涵有三個特點：首先，它具有強烈的政治屬性，而與後世普遍意義的德福關係在應用範圍上有很大的不同；再者，德與福已具有配稱關係，德厚者福厚，德薄者福薄，此其二也；另外，這種關係是由上天來權衡執掌，換言之，修德以配享福是人力所能為之，而據德以分配福分則是上天的職責，德福配稱的穩定與否由上天給予保障，此其三也。

　　西周初年德福的對應型態為中國德福關係的雛形，在相當大的程度上，它為後世的德福思想起了定向作用，綜觀先秦時期諸子的德福思想，大抵是在西周德福思想的基礎上，擇取其中的思想要素，或繼承或反思，各自進行轉化或具開創性的發展。先秦諸子的德福思想可說是在相同養分的土壤中，因著本身的質地不同，而開出風姿各異的花朵，因此，即使各家德福思想內涵各不相同，在許多關鍵性的觀點上，彼此仍有共通之處。以下即按此種理解，來檢視諸子德福思想在發展過程中所展現之特色：

第一節　相同之內在養分及外在挑戰

一、「德福配稱」信念之共同肯認

西周初年已然成型的德福思想雛型提供了先秦諸子共同的思想養分，讓各家得以擇取其中若干因子加以發揮，其中，最重要概念之一：有德者得以配享福，就是各家都接受的重要核心概念。儒、道、墨、法各家的德福內涵及其型態雖然不一，但對於德與福二者之間的理想關係，卻是毫無例外的一致認為應該是德福一致的配稱關係，即使諸子追求的政治理想、人生願景殊異，但整體而言，這些政治學說、人生思想不但不悖離德福配稱的信念，甚至皆以此理想為其學說的價值歸趨之一。在儒家方面，孔子雖然沒有正面表示對德福配稱關係的肯定，但從他對南宮适所說羿奡不得善終、禹稷躬稼而有天下的尚德言論大表贊同的態度看來，他對有德之人應得善報的觀點應該是認同的，況且他也曾指出「人之生也直，罔之生也幸而免」〔註1〕，受到壞習氣所染而邪曲誣罔之人，勢必難逃禍患，若仍逃過災難而生存下來，那就是僥倖得免，因為於理不應如此。可見孔子認同有德者應招福、失德者必遭殃的理念。這理念一方面是一種禍福自召的觀念，但同時也是對德福適當配稱關係的一種肯定。而在孔子完成了這個重要的價值抉擇、奠定儒家德福理論的基本調性後，孟子在這個基礎上，更進一步進行了相對豐富的闡釋：「仁則榮，不仁則辱……禍福無不自己求之者」〔註2〕、「古之人，修其天爵而人爵從之」〔註3〕，榮辱禍福端視自身德行而來，仁者得天下，不仁者失天下；而「古之人」做為一種理想人格與人生狀態的呈現，它所論述的天爵人爵關係也是一種修德與與福分的理想對應關係，有仁義忠信者，公卿爵祿必從之。至於荀子，他則更直接點明「物類之起，必有所始。榮辱之來，必象其德」〔註4〕，是榮是辱，是福是禍，都是德行所致。他也曾引用《詩經》的「無德不報」用以說明君王的德行都將直接反應在治國的成效上。榮辱象徵德行修為的成果，若非榮辱禍福與修德有穩固的對應關係，如何以得福遭禍來反推德行的良窳？

而除了孔、孟、荀之外，先秦儒家對德福對應關係的觀點在儒家相關典籍中也有更明確的表達，如《易·坤·象》所謂「黃裳元吉，文在中也」，黃

〔註1〕《論語·雍也》，頁54。
〔註2〕《孟子·公孫丑上》，頁63。
〔註3〕《孟子·告子上》，頁204。
〔註4〕《荀子·勸學》，頁6。

裳元吉爲顯貴吉祥，之所以能顯貴吉祥，是因爲六五之內有美德而又能居守中正之道〔註5〕；《易·坤·文言》中有「積善之家，必有餘慶；積不善之家，必有餘殃」的說法，其中「餘慶」「餘殃」的觀點，則是將德福施受對應的主體進一步推開來，把禍福報應的對象從爲德者身上移開，往後擴及到個人生命之延續的後代子孫身上，這種無限期的報應展延，是一種更強烈的「無德不報」思想展現，這種思維方式超越了個人短暫有限的生命格局，而以更宏大長遠的時間座標爲報應的必然性提供必要的條件。除了《易》之外，這種報應的必然性在《中庸》裏同樣得到肯認：

> 子曰：「舜其大孝也與！德爲聖人，尊爲天子，富有四海之內。宗廟饗之，子孫保之。故大德，必得其位，必得其祿，必得其名，必得其壽。故天之生物，必因其材而篤焉。故栽者培之，傾者覆之。詩曰：『嘉樂君子，憲憲令德，宜民宜人。受祿于天。保佑命之，自天申之。』故大德者必受命。」〔註6〕

大德「必」得其位、「必」得其祿、「必」得其名、「必」得其壽，德與壽祿名位之間配稱關係的必然性受到上天佑助的保證，因爲上天生養萬物的原則是根據萬物的資質而加以篤厚增美之，所以，大德如舜，必受天命而爲天子，享有與其盛德相匹配的壽祿名位。至於個人所遺留下來的積德可以庇蔭子孫的說法，在某種意義上來說可以化解行德者在現世得不到福報的缺憾，進而消解德福不一的困境。子孫是自我生命的延續，等同於自己的分身，報應在子孫身上，就等於是報應在自己身上。而這種思想也廣爲後世所接受，如漢朝劉向曾表示：「貞良而亡，先人餘殃；猖獗而活，先人餘烈」〔註7〕，就是同樣的思維模式，這與後來佛教傳入的輪迴因果報應觀也有著異曲同工之妙〔註8〕。

〔註5〕 參見陳鼓應、趙建偉合著《周易注譯與研究》（台北：台灣商務印書館股份有限公司，2000年），頁38。

〔註6〕 《中庸》第十七章，參見宋·朱熹《四書章句集註》，頁25～26。

〔註7〕 劉向《説苑·談叢》，參見盧元駿：《説苑今註今譯》，頁529。

〔註8〕 這種相信報應是降在整個家族身上的觀點，應與傳統封建社會重視家族功能的社會背景有著密切關係。只是，就算是把報應的期限無限延長，恐怕還是無法完全保證德報的必然性，這種德福必然相應的論點還是不斷面臨各種質疑。而這種家族對命運的共同分擔一直要到佛教傳入之後才有更充實穩固的理論基礎。楊聯陞先生在〈報——中國社會關係的一個基礎〉一文中即指出：「對這種帶有宿命論色彩的無定論（指王充《論衡》遭遇禍福有幸與不幸的言論），早期的宗教思想家並沒有適當的解答，直到佛教傳入中國，其「業」（Karma）報以及輪迴的觀念，說明果報不但及於今生，並且穿過生命之鏈

　　西周初年天道福善禍淫的思想，在強調人文的儒家諸子身上有了人文向度的發展，但這個上天降下福澤災異的原初德福型態，在墨子的學說中卻得到良好的保存與延續。「順天意者，兼相愛，交相利，必得賞。反天意者，別相惡，交相賊，必得罰」〔註9〕、「故曰愛人利人者，天必福之；惡人賊人者，天必禍之」〔註10〕，墨子反覆強調上天保障德福之間穩定相應關係的論點，其思想前提正是德福必須有一致配稱的關係。

　　至於道家，很顯然的，他們的人生追求並不是福祿壽考等世俗價值，而是個人的精神解脫，所以他們對傳統道德有了特殊的認識和對待。老子、莊子追求的是道化的德，是以自然無為、虛靜無執為內涵的德，與這種德相應的福不是人間富貴，而是一種得道的和樂，這種和樂伴隨著至德而呈現，是一種相即的自我完成，有德者必得此樂，從這個角度來看，德與福之間有了適當的配稱關係。而法家韓非以尊君為核心的政治道德論述，則將德窄化為對君上的服從品德，臣民謹守其德，君王則依法給予爵祿或刑罰，這是政治領域中的善惡有報、賞罰有必，也是一種德福相應的型態。由此看來，道家和法家走的不是儒墨肯定傳統道德以求福報的路向，但他們在各自的理解和理想追求中，仍不離德福配稱的基本精神。

二、時代困境下之政治論述

　　嚴格說來，德福觀討論的是個人品德與幸福的關係，本歸屬人生價值論的領域，但綜觀先秦各家的德福思想，不論是德或福的內容，或多或少都沾染了政治的色彩。例如：孟子在闡述「禍福無不自己求之者」的觀點時，所舉用以說明的例子即是：「如惡之，莫如貴德而尊士。賢者在位，能者在職；國家閒暇，及是時明其政刑，雖大國，必畏之矣……今國家閒暇，及是時般

（chain of lives）。但在這之前，中國的思想家大半只能這樣解釋，命運是由同一家庭、家族或任在同一地區的人共有的……佛教的業報最初是假定對個人而言，並非以家族為基礎。而輪迴的理論是應用於人類以及所有的生物上，將動物提升到與人類相等的平面是有背儒家傳統的……經過一個逐漸互相調適的過程，隨佛教傳入的報應觀遂與本土的傳統調和。約自唐代起，確定從宋代以降，普遍都接受神明報應是應在家族身上，而且穿過生命之鏈。」參見段昌國、劉紉尼、張永堂譯《中國思想與制度論集》，台北：聯經出版事業公司，1976年，頁358～359。

〔註 9〕《墨子・天志上》，頁5。
〔註10〕《墨子・法儀》，頁21。

樂怠敖，是自求禍也。禍福無不自己求之者」〔註11〕、「其身正而天下歸之。
《詩》云：『永言配命，自求多福』」〔註12〕，此處的德與福明顯指的是君王
的政治作爲與治國成效，並非一般普遍意義的個人德行與福分；而他以天爵
人爵來表達對德福關係的看法時，所謂人爵指的也是公卿大夫的祿位。至於
荀子，則是以禮義制度來保障德福配稱關係，而且，在他看來，在禮義制度
中，「凡爵列、官職、賞慶、刑罰，皆報也，以類相從也」〔註13〕，爵祿刑罰
都是德行的酬報，是穩固德福相應關係的工具，而君道則貴在「論德而定次」
〔註14〕，務使德位相稱、官能相符，如此，不僅能使德福一致，天下也得治。
這顯然都從政治面向來定義德福相應的配稱關係。

　　墨子以天意爲其學說依據，倡言非攻兼愛之說，他的道德核心——義，
墨子自言就是「善政也」；而他以天意衡量人間德行而予以賞罰的德福觀，在
很大程度上是以歷代君王得失天下爲其展現，「然則是誰順天意而得賞者？誰
反天意而得罰者？子墨子言：『昔三代聖王禹、湯、文、武，此順天意而得賞
也。昔三代之暴王桀、紂、幽、厲，此反天意而得罰者也』」〔註15〕、「古聖
王皆以鬼神爲神明，而爲禍福，執有祥不祥，是以政治而國安也」〔註16〕，
墨子極言君王行義政而天必賜福，就是一種典型的政治論述。

　　諸子當中，政治屬性最強者當屬韓非之學說，從其政治學說萃取出來的
德福思想，不論是德或福，韓非已經將之通通轉成政治領域內可供運用的原
素，在此，儒家內在自覺的修德，一轉而爲守法服從、尊君盡忠等爲人臣下
的政治品德，韓非強調以法爲行爲準則，謹守職責分際，就不致受罰；若能
更進一步建立功勳，對公利有所裨益者，更可得爵祿富貴。這是臣民的德福
相應關係，由法給予保障，得福遭禍，一切都在法的規範內運作，其政治本
色不言可喻。

　　諸子德福學說不脫政治色彩，究其因有二，一是西周初年的「德」本是
政治品德，中國德福關係雛形的內涵即是君王彰顯良好的政治品德以獲取上
帝的福佑，永保國家命脈的源遠流長，這種透過政治域表現出的德福配稱爲

〔註11〕《孟子・公孫丑上》，頁63。
〔註12〕《孟子・離婁上》，頁126。
〔註13〕《荀子・正論》，頁328。
〔註14〕《荀子・君道》，頁237～238。
〔註15〕《墨子・天志上》，頁5。
〔註16〕《墨子・公孟》，頁18～19。

後來的德福思想定了向，諸子在這充滿政治養分的思想土壤中汲取營養，發展出的德福觀自然也有政治樣貌，此其一也。各家思想原是因應周文疲弊而起，都是爲了解決或因應當前政治困境而提出的政治及人生論述，故其學說與當時面臨的政局挑戰有緊密關連，也因此，隱含在各家學說之中的德福觀內涵便不免附著政治色彩，此其二也。

　　陳來先生指出：早期中國文化中價值建立的方式，主要都是通過政治領域來表現，〔註17〕這是早期中國價值觀的重要特色，只是，這種以政治爲關懷焦點而立論的學說，在相當程度上也影響了德福觀做爲一種人生價值觀原來應有的樣態，例如，從德福配稱的觀點來看，個人的福應由個人的德決定，但在先秦時期，這個原則卻不具普遍意義，君王的福祉固然可由自己的德行決定，但百姓的福祉在相當大的程度上卻是由君王的德行決定——如果君王沒有良好君德以維持公平開明的治理，在一個世道混亂、缺乏公義精神的時代中，百姓即使守己安份，也難保證有平順安穩的生活。生活的安適與否取決取統治者所營造的政治及社會環境，在德福的課題上，百姓並不具能動性。更進一步說，早期中國價值觀既是以政治爲其關懷核心，那麼沒有政治職位的庶民百姓，因無所謂政治品「德」，也就無相應之「福」。由此可知，此時期德福關係的本質基本上是以君王爲論述核心，在這一套論述模式中，只有統治的君王和被統治的萬民百姓，萬民百姓做爲被君王統治的整體對象而存在，沒有獨立的個體意義，呂錫琛先生指出：

　　　西方享有自然權利的人是個人、是自然狀態之中的個人。而儒家思想中卻找不到自然狀態之中的個人。貫穿著儒家理論的中心思想是個體與群體的統一，在儒家的思維方式裏，個體與群體的關係從來都不應是對立的、衝突的，在這個統一體中，個體是融解在群體之中的。〔註18〕

這種融個體於群體的論述傾向，在儒家、墨家和法家的學說中或多或少可見，最顯著的影響，就是重視群體政治益效多於個人得失，而政治環境的好壞，關鍵在君王的品德和作爲上，所以儒家、墨家和法家都十分強調君王的德行，將德福的理想關係寄託在君王身上，儘管各家對君王角色的期待有異，但對

〔註17〕參見陳來：《古代宗教與倫理——儒家思想的根源》，頁296。
〔註18〕參見呂錫琛：〈論道家思想與社會正義〉，登載於「道教學術資訊網站」，http://www.ctcwri.idv.tw/search.asp。

這個角色的倚重是完全一致的〔註19〕。所以，整體看來，做爲一種人生價值觀的德福思想，面臨先秦時期嚴峻的政治挑戰，往往被限縮在政治格局下，因而形成一種富有時代關懷意識的德福思想。

第二節　獨具各家特色之回應

一、理論論述之對象有別

　　西周至東周可說是封建制度逐漸分崩瓦解的一個過程，處在這個崩解的過程中，各家目睹時代的變化，感受到相同的變局壓力，因而紛紛對艱鉅的世局挑戰做出不同的回應。這些不同的回應，展現了諸子獨特的思想性格及心靈創發，雖然，各學說之間也有互相吸納融攝之處，但仍不掩諸子學說各有勝場的風姿。而綜觀各家學說差異之形成，根本原因實源於諸子對時代問題的理解及人生的理想不同，淑世的方式也各異，這種差異也連帶影響內含在各種政治論、人生論之中的德福內涵的建構及其立論之層次。

　　以春秋時期最先應世而起的儒家而言，孔子高度肯定以親親尊尊爲精神的禮樂制度，他認爲周文崩壞並不是制度本身的問題，而是承擔這套禮樂制度的王室貴族失去了眞實的生命力，所以他從提振貴族的道德處著手，試圖從道德自覺的根源處去扭轉頹勢。而事實上，配合當時各國士階層的興起，與其冀望墮落的王室貴族修德自勵以恢復周文，孔子以仁爲核心的德性論述除了是對在位者的期許外，更多時候是對當時逐漸成爲社會中堅份子的士人階層的提點和要求；換句話說，透過教育而培養出來的一批批知禮由義、實踐仁德的君子，可以在政治上形成一股撥亂反正的力量，促使承載周禮的君王及貴族們正名復禮。也因此，孔子所謂的「德」，已由西周初年專指的君王政治品德往下擴展爲對一般士人的品德要求，德性因而更具普遍的意義。既然修德對象落在士階層，與之相應的「福」，當然也就以士人階層能享受的爵祿、財富爲主要內涵，而這也是中國傳統福分的重要內容之一。從孔子屢嘆

〔註19〕　相較於此，道家雖然也提及對君王治世應有態度的看法，但在德福的議題上，老子與莊子顯然能更正視個體獨立的存在意義，所以他們第一序的追求就是個體的全生，是個人純眞生命的保全，這是對個人存在價值的肯定，而不是在政治領域上用盡力氣後，才退而尋求個人行道的價值和樂趣，所以呂錫琛先生也指出：「在道家這裏，不僅有著類似於自然律的觀念，而且也存在著與之相聯繫的自然權利的觀念，以及自然狀態下的獨立的個體等一系列思想」，同前註。

德行美好的弟子卻困窮夭壽的情形來看，孔子理想中的德與福是相應配稱的關係，修德者享爵祿福壽，敗德者遭禍敗亂亡，這主要指的是士人層次的德與福。不過，即使立論有特定的對象，不可否認的，儒家道德論挺立人之所以為人的價值，這種學說無疑是具有積極普遍意義的。

之後的孟荀便是在孔子論德的路向上繼續前進，孟子較孔子更進一步尋求道德在人性上的依據，將孔子以仁為核心的學說一舉擴充為人人皆具的仁義禮智四端，德性在理論根據上因此有了最大幅度的開拓、最普遍的意義，孟子也以這種道德的普遍性做為勸說君王施行仁政的重要依據。而荀子否定道德的根源來自人性，他認為人之性惡，其善偽也；但也正因為人之性惡，更需要道德禮義來發揮化性而起偽的教化作用，荀子是從這個向度來肯定道德的價值。由此可知，儒家採取的是道德淑世的路徑，重視道德的自覺與培養，以及修德的成效。對整體而言，政局的改善是最終最宏大的目標；而對個體而言，關心的除了成德與否，還包括一己之修德與個人之生存際遇、發展之關係，所以孟子的天爵人爵之論，把公卿大夫視為隨順仁義忠信而來的附加價值，荀子也把爵祿、官職、慶賞視為道德的酬報以寬慰人心，可見，在以道德淑世的學說取向下，儒家之德福思想的論述主要是以君王及社會中堅分子的士階層為對象，其內涵也與政治上所需要的品德與所能給予的賞罰為主。

孔子稍後的墨子回應時代挑戰的著眼點則是在廣大生民的利益上，勞思光先生即明白指出墨子的基源問題在於改善社會生活，墨子認為令百姓火深火熱的社會動亂根源，是君王的不義，而改善百姓生活最釜底抽薪的辦法就是改變君王的認知與行為，所以墨子以上天之意旨為依據，極言君王行義政與一己及國家禍福的密切關係，雖然，以德自勵之士也不免將自己套於德福配稱的原則中，但很明顯的，墨子所論上天賞善罰惡的主要對象是君王，而非一般士民。有別於儒家以士階層為主的德福論述，為了達到改善百姓生活的政治目標，墨子德福思想則明顯以君王為主要的論述對象，期待在廣大的鬼神信仰基礎之上，透過天地鬼神賞善罰惡的權能，使君王心生敬畏，能遵行天意而非攻兼愛，以有效拯救萬民於戰爭的苦痛之中。

相較於儒墨的政治關懷，道家則以超人文的向度，在紛擾亂世中追求個人的解脫，在這種用心之下，德與福有著與儒墨不同的發用。道家視「德」為「道」貫通於萬物之中的內在本質，是樸實自然的純真生命狀態，人們盡力追求的富貴全壽、名位聲譽，都是短暫寄住人身的外物，若為長久保有這

些外物而處心積慮、勞形傷神，反而是喪己於物、失性於俗。從這個意義上來說，道家對傳統以爵祿富貴爲主要內涵的福分無疑採取否定的態度。修養內在虛靜無爲之德性，正爲了化除這些心知的造作及物欲的執著，達到一種應世而不累於世的、寧靜自足的和樂境界，這是一種高度修養的精神境界，莊子名之曰「天樂」，這就是與道家「德」論相應的「福」。王邦雄先生指出：

> 儒家有心救世，以『生』爲德，而有德者當有福。(《中庸‧十七章》)
> 就會以「有」爲福。故我「生」天下，既不免以天下爲我所「有」。
> 道家無心無爲，不以「生」爲德，才不會以「有」爲福。這就是「生
> 而不有」(《老子‧十章》) 的玄德。〔註20〕

墨家亦同儒家，皆有志於救世，在德福型態中，二者皆以天下爲我所有爲福之內涵；而道家則無心無爲，不以實有爲福，乃因道家是以自然個體爲論述對象，以個人之超越解脫爲目的，這個切入點的不同，終於決定了道家迥異於其他各家的德福思想內涵。

至於法家，韓非的學說嚴格說來主要是制度面的立論，說他整套學說只是政治制度的操作也不爲過，雖然，這些操作面的設計背後也有韓非對政治、人生的深刻認知，我們可以從這些政治論述之中窺見他的人生價值觀，但不可諱言的，韓非學說的立論目的是建構一個符合君王利益的政治環境，所以，他論述的唯一的對象就是君王。正因爲他著眼於現實政治的實際需求，準確把握時代脈動，專爲君王建立一套富國強兵的治國之術，這個學說在當時終於成爲唯一一股能眞正發揮政治效用以促成時代更迭的關鍵力量。不過，必須注意的是：韓非的學說完全聚焦在君王身上，在尊君的氛圍下，缺乏監督君王的機制，他的德福理論其實隱含著一種成也君王、敗也君王的風險。

總的看來，雖然先秦諸子皆肯定德福之間需有一致配稱的關係，但因著各人淑世藍圖及人生理想的不同，諸子學說主訴的對象族群也都不盡相同。大抵而言，儒家是以士階層爲主的理論建構，墨家和法家都是以君王爲論述核心，道家則是以個人爲關懷重點的生命哲學。進一步來看，論述對象的不同，也連帶影響諸子德福理論對「德」以及「福」概念內涵的建構，如儒家的德是自我內在道德生命的提振，墨家的德是對天意的服從，道家的德是自然無爲，而法家的德則以尊君爲依歸，不同的德，也將對應出不同的福，諸子德福理論不同的發用層次，從此處就可略見端倪了。

〔註20〕參見王邦雄：《21世紀的儒道：儒道兩家思想的現代出路》，頁70。

二、對德福相悖之不同應對

　　諸子德福思想的內涵型態即使迥然有別，追求境界即便殊異，但其德福理論都不免要接受來自現實界的殘酷檢驗，那就是現實世界中並不少見的德福悖離的現象。諸子之中，尤其是承認富貴壽祿為福之內涵的儒家、墨家及法家，更無法閃避現實生活中有德者困窮夭壽、無德者富貴加身的這種德福相悖所帶來的理論挑戰。而對於這種現象的解釋及應對，不僅是諸子德福理論的補強，事實上，它更是德福理論深層的核心思想的展現。

　　面對德福不一的現象，孔子、孟子和荀子都有過討論，態度也相當一致。在承認富貴爵祿這些世俗價值為福分的層次中，天下有道無道是有德者能否獲致福分、德福能否維持配稱關係的客觀保證。但是，大道是否能行於世並不完全操之在人，孔子即承認「道之將行也與，命也；道之將廢也與，命也」〔註21〕；孟子認為這些世俗價值的期待或追求是「求之有道，得之有命，是求無益於得也，求在外者也」〔註22〕，他也明白指出：「莫之為而為者，天也。莫之致而至者，命也」〔註23〕，在人力之外，本來就有不為人力所轉移的客觀現實條件存在，傳統定義中的福分就是屬於命的範疇。至於荀子，他也正視個人主觀的努力與實際結果的巨大鴻溝：「君子博學深謀，不遇時者多矣。由是觀之，不遇世者眾矣，何獨丘也哉！」〔註24〕，所以他提出「時命」的看法指出：「材也；為不為者，人也；遇不遇者，時也；死生者，命也。今有其人，不遇其時，雖賢，其能行乎？苟遇其時，何難之有！」〔註25〕。在命的面前，儒家諸子表現出理解而謙卑的姿態，據德力行，靜待時機的到來，這就是孟子修身以俟之、荀子強調君子博學深謀、修身端行以俟其時的一貫態度。

　　儒家一方面鼓勵士人修德自勵，一方面也能以正面態度面對客觀情勢帶來的挑戰，以命論來消解德福悖離的乖謬。但更難能可貴的是，儒家並不因為福的無法隨順而否定修德的價值，在承認命運命限的同時，儒家也順勢將德福關係之重心轉移到德身上。從孔子的求仁得仁又何怨、孟子的舍生取義，到荀子的君子之學非為通也，儒家開闢了一條影響後世知識份子甚為深遠的重德路徑，並進而在這條重德的路上，追尋一種更高層次的道德價值的實現──一種

〔註21〕　《論語・憲問》，頁129。
〔註22〕　《孟子・盡心上》，頁229。
〔註23〕　《孟子・萬章上》，頁168。
〔註24〕　《荀子・宥坐》，頁526～527。
〔註25〕　同前註。

行道成德的精神滿足，一種自我肯認的高峰體驗。這種精神上的滿足，可以消弭個人在窮通禍福遭遇上所產生的各種情緒，而達到某種理想的長樂狀態，這就是孟子的理義之悅我心，也是荀子所謂君子獨享的「義榮」。從某種意義上來說，這種精神長樂的狀態反而較得失有時的富貴福祿更能帶給人們恆久穩定的滿足感，這就是現代所謂的幸福感；如此看來，福的意義在這裏有了滑轉，孔子的樂道安貧、孟子的樂其道而忘人之勢，以及荀子的「義榮」，這些行道成德自我肯認之「樂」，恐怕才是有德之士得以享有的真正福分。

　　相較於儒家對德福相悖現象的理解及應對，雖然道家也能不逃避這個存在於現實界的困境，但他們面對變動外在世界的態度是更坦然灑脫的，「死生存亡，窮達貧富，賢與不肖毀譽，飢渴寒暑，是事之變，命之行也」〔註26〕，道家比儒家更徹底，認為禍福完全是自然之流行，人只有面對它、順應它，沒有主宰左右的可能。而正由於道家對萬物幻變本質的透視，這種受制於時命的人間富貴根本不具永恆的價值，因此不能成為追求的目標。事實上，他們以虛靜無為的至德，所追求的正是要超越形軀與時命的限制，而達到一種和於萬物、與萬物相融通的和諧境界，這種境界所呈現的和諧均衡，才是最大的福分。這福分在老子而言是寧靜生命之福，在莊子則是超越情緒層次的天樂；在這種至德的境界之中，至樂自然呈顯，是一種德福相即的狀態，在道家的德福型態中，德福不一的現象是不存在的。從這個角度看，道家以其特殊的道德修養論，在立論之初便已完全化解了德福悖離發生的可能性。

　　綜觀儒道兩家的追求可知：傳統定義中的福是以現實界的富貴壽考聲名為內涵，但如果只落在這個層次，那麼德福之間勢必無法擁有長久穩定的相應關係，儒家重德輕福、道家也輕視物質價值，都是在面對德福不一的現實時最初的回應；而事實上，所謂的幸福不僅限於傳統定義的福分，陳根法先生指出：

> 處於一定的社會實踐之中，人的幸福不只是某種愉快的生活感受，
> 而且還是對生活意義的認識與評價。幸福和人生的使命直接相關，
> 必然要涉及到人生的目的和理想，以及價值觀念、道德行為等等的
> 問題。如果離開了這些，就不可能解釋人怎樣生活才算是幸福的。
> 幸福作為生活的最高滿足，內含著人的全面自我意識，內含著人們
> 對自己的整個生命活動的高度肯定評價。〔註27〕

〔註26〕《莊子·德充符》，頁210。
〔註27〕參見陳根法、吳仁杰合著《幸福論》（台北：台灣高等教育出版社，1990年），

幸福與人生的使命相關，涉及人生的目的和理想，它是比傳統福分更高層次的福，從這個角度來看，所謂的至樂、天樂、良貴或義榮，都屬於是更高層次的福——即幸福。在這個層次上，有德者勢必有福，德與福於是可以達到長久稱定的相應關係，這是儒道兩家面對德福相悖時所進行積極的理論轉化。〔註28〕

至於墨家和法家，二者對現實德福不一的現象所做出的回應則沒有上述儒道二家來得深刻。首先，在墨家方面，在墨子以天地鬼神為保證的賞罰機制底下，德與福必然相應一致。為穩固這個機制，並為維護上天賞罰的威信，墨子並不認同時人將貧富治亂歸之於命的說法。不可變異、無法掌握的命，將嚴重破壞墨子強調的天必有報的說法。在不承認命運的前提之下，面對現實的德福不一，墨子沒有深究其因，只是退而質疑德之未成不足以配福，這個退縮，也形成墨子德福理論隱含的困境，在某些極端的情況之下，這個退縮甚至可能反過來動搖對天地鬼神的信仰根本。

接著，在法家方面，韓非的學說是全然的政治理論，含藏在其中德福思想也從政治制度面上透顯出來，德福關係對韓非而言並不是普遍的人生際遇問題，而是在一個尊君尚法的環境中，如何透過穩定的德福配稱關係來發揮治國效用的政治問題。所以，韓非提出君王以法為依歸，佐以術勢，在制度面上給予德福一致的保證，以完全杜絕解德福相悖之可能性。這就是韓非的態度，不對眼前的德福困境多做解釋，而是另起爐灶，建立一個德福一致的理想社會以取代之。墨子和韓非對德福不一現象的回應，從某種意義上來說，都是一種半迴避的態度。他們不像儒道兩家進行積極的理論轉化，因而限制了他們的理論只能停留在與現實緊扣的層次上，而沒有一步的超越。

頁 37。

〔註28〕 不過，從另一個角度來看，這種強調也反而可能造成另一種偏狹，洪波先生指出：「在孔孟荀的思想中，以仁或禮等不同形態出現的德具有著本體的地位。隨著他們理論的發展，德作為手段又僭越了幸福這一目的本身而成為目的。原來的目的也就退而居其次，幸福便成了道德的副產品……因為幸福與否，關鍵在於主觀感受如何，而不在於獲得社會認同。每個人只能確切判定自己的幸福狀況。不過，幸福的條件卻是客觀的，如社會條件、家庭條件、職業條件……先秦儒家認為幸福在於人自身的感受。這符合幸福的本質屬性。但是，幸福是人的根本的總體需要得到某種程度的滿足所產生的愉悅狀態。它不是空穴來風，主觀感受也是建立在各種構成幸福之條件得以滿足的基礎上的。」（參見氏著：〈先秦儒家德福思想論〉一文，收於張立文主編：《「孔子與當代」國際學術會議論文集》，保定：河北大學出版社，2005 年，頁 300～316。）

三、立論層次殊異

從上面種種的討論不難看出，各家德福觀的立論層次是十分不同的。

儒家的孔孟荀都強調德行在德福關係中的優位性及自足的價值，這是儒家德福觀的本色，也是最重要的特色。然而，仔細檢視儒家的德福理論，不難發現其中蘊含著某種理論發展的進程。首先，儒家在認同富貴壽考等一般世俗價值的層次上，他們都在承認命運客觀存在的情況下，採取重視成德之事而淡化福報的態度來應世，因而形成其學說重德輕福的傾向，雖然，孔孟荀肯認德的理由及實踐德的路徑不盡相同——孔孟由修德而體認天道一途，為德性找到內在而超越的價值；荀子則是以虛壹而靜的認知心來肯認道德的價值，並透過對禮義制度的遵循來達到生命的美好狀態。

更進一步來看，重德輕福只是較初階的因應態度，儒家其實有更高層次的修養及境界追求。前述所謂孔孟肯定人間富貴，嚴格說來，是肯定符合道德要求的富貴，如果不是通過道德的心靈或形式來實踐的話，孔孟是輕視這種富貴的。從這個角度來看，以德為重的理論本質其實是以德定福，如果可以符合道德，那麼，人間志業通通可以是福；換句話說，孔孟是以內在的道德創造來保證德與福的完全密合，即德即福，這不僅是以德定福，同時也是以德來保證福的模式。這種觀點推逼到極處，就是對一切沒有道德意識貫穿的人間富貴的否定，在這個層次中，沒有德的福就不成其福，因為這種福更可能是禍，如此一來，德福相悖的可能性不復存在，同時也取消了所謂重德輕福的這種低層次的權宜對應。

至於道家的德福觀建構，它不像儒家還試圖給予人間富貴一個肯定，並努力從世俗價值的層次轉化出另一個超越的層次，道家的反省更為根本而絕對，他們在一開始就直接跳出世俗價值的層次，追求無為虛靜的至德境界。在道家至德的境界中，至樂相即展現，這是完全超越人間價值的精神境界，在這種境界中，德與福永遠得以統一，沒有相悖衝突的問題。

從理論的最高境界來看，孔孟與老莊追求的境界層次是相通的，德在這裏是生成原理，而所謂的福，就是德在人間的實現；當德性實踐後，所有人間的一切都是福，這個福是由德所貫徹實現的一切美好，在這個境界中，福是由德來給予保證。儘管不同的德呈現出不同的福，儒家的福由儒家的德所定義，道家的福也只有道家式的修養可以獲致，但兩家德福實現的原理則一，孔孟與老莊所展現最高層次的境界也是一致的，牟宗三先生描述道家的圓善

境界是：

> 在此圓滿之境中，一切存在皆隨玄德轉，亦即皆在無限智心（玄智）
> 之朗照順通中。無限智心在迹本圓融中而有具體之表現以成玄德，
> 此即圓善中「德」之一面（道家意義的德）；而一切存在（迹用）皆
> 隨玄德轉，即無不順適而調暢，此即爲圓善中「福」之一面……此
> 時之「一致」不但是德福間外部地說之有相配稱之必有關係，而且
> 根本上內部地說之德之所在即是福之所在。〔註29〕

道家的福是一切存隨玄德而轉的順適調暢，而儒家的圓善境界也有異曲同工
之妙：

> 這德福渾是一事是圓聖中德福之詭譎的相即……心意知遍潤而創生
> 一切存在同時亦函著吾人之依心意知之自律天理而行之德行之純亦
> 不已，而其所潤生的一切存在必然地隨心意知而轉，此即是福——
> 一切存在之狀態隨心轉，事事如意而無所謂不如意，這便是福。這
> 樣，德即存在，存在即德，德與福通過這樣的詭譎的相即便形成德
> 福渾是一事。〔註30〕

儒家的德福最高境界就是「詭譎的相即」，一切存在之狀態隨心轉，只要德到
位，福也到位。很明顯的，即使對於德的內涵認知不同，成德的路徑不一，
但卻無礙於儒道兩家在成德的最高境界的互通，在這最高層次中，德與福爲
一，完全超越了現實界中德福的困境，展現一種圓滿的德福一致的理想。

　　至於墨家，墨子則堅守他的天地鬼神信仰，完全倚靠上帝來保證現實的
德福一致。這種宗教信仰層次的德福理論，有效運用了當時鬼神信仰的廣大
基礎，彰顯一種強烈的宗教關懷。

　　除此之外，先秦德福理論的另一個發展向度則是制度面上的發用，對制
度的重視應始自儒家的荀子，相較於孔孟，荀子偏重以眞實客觀的他律禮義
來保證德福關係的一致，他先透過制度面，努力保障人間德福的一致性後，
再以「義榮」的自我肯認，來彌補制度落實時無法完全避免的德福相悖的缺
憾。若以世俗價值的角度來看，他或許能比孔子和孟子更均衡地給予個人德
行與傳統福分二者在人間應有的份量。而承接荀子在制度面上的重視，法家
韓非則更進一步的建立了一套完整而嚴密的統治學說。只是，韓非的學說在

〔註29〕參見牟宗三：《圓善論》，頁303～304。
〔註30〕同前註，頁325。

尊君的大前提下，所謂的「德」的內涵有了迥異於其他諸子的變化，仁義忠孝不是內在自發的道德自覺，而是完全以尊君爲唯一目標的服從；而所謂的「福」，則是君王依臣下其表現而施予的爵祿富貴。爲了強化君王威權，韓非強調嚴刑厚賞、信賞必罰，臣民在法的規範下，盡忠效命，謹守臣民服從之德行，以換取人之所欲的富貴。可以這麼說，做爲人生價值觀的德福思想，在韓非強烈政治屬性的學說中，已經限縮爲政治格局的賞罰觀，而成爲君王治理天下的一種策略。在先秦諸子的德福理論中，韓非的德福理論是技術層次的發用，一切以物質來報酬，相應的德也是異化的德，相較於其他諸子，這個層次可說是下落的層次了。

第八章　結　論

　　由本文對先秦諸子德福觀的討論可知：周初反覆出現君王敬德明德以祈天降永命的論調，是德與福的初步連結。在西周時期，君王的政治品德攸關國家壽命的長短，彰顯好的政治品格以獲取上帝的福佑，永保國家命脈的源遠流長，這就是德行與福分最初的對應雛型，是透過政治域領表現出來的型態。進一步來說，此時的上天對善惡有明確的立場，並且具備賞善罰惡的能力，禍福人間的權柄是掌握在上天手上的。就理論上而言，上天是衡量人們品德的裁判者，但上天的意志還是必須透過人們實際的作為才得以彰顯，領有天命的天子，自然成為上天的代理人，代替上天執行賞善罰惡的任務。

　　而在現實世界中，有德者未必得長壽安康，無德者也不乏富貴加身，人們面對這種德福衝突，逐漸對上天賞善罰惡的權能動搖信心；當人們對上天禍福人間善惡的標準失去信心，但卻又必須使社會善惡價值體系不致崩塌的同時，德與福的對應關係遂逼出了另一種具轉化作用的看法，那就是所謂厚德者受多福，無德而服者眾是自傷之的論調——德不足以得福而獲福，此福分非真福分，必致後患；德不僅是得福的依據，它也是長保福澤的關鍵、享福的基礎。無德者有福，就長遠而言，是禍不是福，這是在以天為賞罰權威的階段人們的德福信仰內容。

　　到了孔子，他突破性的提出了以人的道德自覺為主軸的淑世辦法，在對人事的重視之下，他相對減輕上天賞善罰惡的力道，因而，西周以來以天來維持德福平衡的關係，在孔子手中有了極大轉變——在德福關係的論題上，孔子承認命的限制，而他的貢獻則在於承認命運不可掌握的同時，為人自身的修德行道找到內在價值，此價值在呼應天命的當下即可得到，我欲仁斯仁

至矣的求仁得仁，是完全自足而不待外求的價值肯定。對孔子而言，在天下有道的治世，所有人的行事皆以禮樂制度的規範為依歸，在有德者的表現皆能符合自身的政治身份和地位的情況下，各人享有相應的富貴，德與福之間享有某種適當比例的配稱關係，而這種個人品德與富貴相配的關係正可以發揮穩定封建宗法制度的力量。因著對命運的正視，孔子的「德」在德福對應關係之中具有絕對的優位性，而有「重德輕福」的傾向。

私淑於孔子的孟子，在德福課題上有較孔子更為明確的討論。孟子雖然標舉一種仁則榮、不仁則辱的德福理想配稱狀態，然從其以為天爵為首為重、以人爵為次為輕的論述看來，孟子仍承襲了孔子重德輕福的思想。但孟子在肯定了人人都有「良貴」的道德價值當下，他更進一步表現出對人間福分的價值否定，這種態度跟孟子從不單獨談論富貴利祿的價值，而總是把它置於與道德價值相對立的位置來談論的態度是一致的。這種對世俗價值層面的輕視，已較孔子的重德輕福更往極端去，而有崇德抑福的傾向。但孔孟也就在這種對人間富貴的輕放和省思之上，更進一步追求更高層次的成德價值。在這個最高層次之中，德是生成原理，而福是德在人間的實現，當德性實踐後，人間一切便皆是福，這是透過內在的道德創造來保證德福一致的模式，而這也才是孔孟最終的德福理想。

至於荀子，他則認為個人所承受之榮辱、所遭遇之吉凶，必與其自身行為相應召，天並不具備獎善罰惡的功能。荀子認知的天是自然天，而非神格化的天，「天行有常」的天是不具任何賞罰人事的超然能力。換言之，荀子抽離天的主宰性，人的福報便完全落入人間，交由人自己來掌握。只要完全遵循君王所制定的禮義之道而行，便能行其所當行，得其所當得──以禮義回應人處於天地之間的生存挑戰則吉，反之則凶。禮義制度在此取代宗教天，伸張一種完全屬於人間的、分配的正義。荀子認為人間的禮義制度是保障人事吉凶的運作機制與關鍵，也是回應天人關係的根本依據。很明顯的，相較於孔孟的重德輕福、強調修德本身即有合於天道人性之超越價值，荀子則更致力於從人為制度面保障德福一致的關係。

相較於儒家，道家的老子和莊子在德福的論述上就較為一致。老子的道是無為大道，德的實質內涵也是自然無為，透過致虛守靜、專氣致柔的實踐進路，日損又損的化去造作、滌除妄念，以把握住得自於道的德，如此，就能擁有心靈的自足自在，並以此應世。莊子也追求保有本真的至德境界，透

過心齋坐忘的虛靜工夫，超越形軀與時命的限制，而達到一種和於萬物的盛德，生命就在這種體道證德、同於大通的境界之中，萬物與我一體，一片融通和樂。人在這種與萬物相融通的和諧之中，得到圓滿的喜樂，這就是最高級的喜樂和福分。

　　至於與儒家並爲顯學的墨家思想，則展現了一種完全復古的德福思想，可視爲西周天道福善禍淫思想的完全繼承。在墨子看來，天地鬼神不僅實際存在，還具有相當強的道德意識，它關心人間社會的運作，希望人間維持和平和正義。上天作爲最高的審判者，裁量人間的功過而給予賞罰，賞罰的內容則是傳統福報的富貴、官祿及高壽。墨子以天意爲依據，保證有德者勢必蒙福，敗德者必遭禍。而爲建立上天賞罰人間的威信，他不承認任何人事以外能影響禍福的因素存在。墨子在這廣大的對天地鬼神傳統民間信仰基礎之上，提出天地鬼神賞善罰惡的主張，主要是想透過信仰的力量來影響、約束佔有絕對優勢的統治階層，逼使他們正視戰爭時代下的百姓疾苦、生靈塗炭。墨子因著他對社會底層人民的強烈關懷，而使得其德福理論的內涵與當時不斷蓬勃發展人文精神分道而馳，但其理論所顯現的對廣土眾民的慈悲及用心，在當時卻是十分難能可貴的。

　　最後，收束整個春秋戰國時代的法家代表韓非，則強調「務法不務德」，他從法治的立場出發，將儒家的仁義忠孝進行轉化，形成一套能兼容於法家學說、以尊君爲核心的道德觀。臣民在法的制度規範內，謹守爲人臣下之品德，盡忠效命，君王依其表現論功行賞，臣民就可得富貴爵祿以爲回報，反之則受罰，這就是法治意義下的善惡有報，是韓非學說中的德福思想。

　　而綜觀上述諸子的德福觀可知：從西周以來至秦以前，德福思想大致有兩個發展趨向，先是朝精神層面的向上提昇，後則是向制度面的往下落實。前者有孔孟及老莊，以德的實踐來保障福的必然，他們超越了德福在現實界相悖的困境，而完成理想的德福配稱關係；後者則是隨著世局的逐漸告急，在思想界更強調實際政治體制的作用的背景之下，透過荀子過渡到韓非，荀韓的德福思想便在這種時代思想氛圍中，轉而落實爲制度層面的發用。這兩條發展脈絡看似殊途，但實有其內在理路的相連，王邦雄先生曾指出：

> 孔孟擔當萬物，以生命情意來貞定萬物；老莊則超離萬物，讓萬物
> 回歸萬物的自己；到了荀韓，則推開萬物，交付給禮法制度去規定
> 安排……孔孟的心，是仁義禮智的實理；老莊的心，是絕仁棄義絕

聖棄智的虛用；荀子的心知，是以老莊的虛用，客觀的建構孔孟的實理。由孔孟到老莊的讓開一步，才能照現天下人，此是「曲」；再由老莊到荀韓的下來一步，才能建構客觀的制度，並經由制度軌道尊重天下人，此是「成」。「曲」是作用的放開，「成」是作用的建構。

〔註1〕

這是對先秦思想發展內在脈絡的梳理，但事實上，這同樣適合說明先秦德福思想的發展。然而，必須指出的是：德福理論隨著時代局勢緊繃而朝向制度面的開展，並不表示這後起的制度層次的發用，可以取代精神層次的追求；相反的，下落為制度面的德福理論，因接近社會制度中原本就蘊含的公平正義的精神，它最終被適於各朝各代的公平正義理念所吸納消融，反倒是孔孟老莊標舉的修德長樂的德福理想，因具有普遍性的人生論意義，反而成為後世知識份子最重要的道德信仰之一。

所以，總的來說，先秦諸子面對相同的周文疲弊的世局挑戰，可看出他們的學說對時代的難題都有深刻的感受。在德福關係的論題上，各家基本上都認同德福需有配稱的關係，有德者蒙福，失德者遭厄，然而儒道法墨各家因著不同的淑世理想和人生體認，對所謂的德與福因而有著殊異的認知，其德福觀因此也呈現著迥異的內涵及特色——儒家強調貴族與士階層的道德責任，道家重視個人真實生命的保全，墨家以鬼神護佑庶民，法家則為統治者立說，各家立論層次不同，發用也因此不同，但都各自彰顯著與後世主導中國德福信仰的佛教德福觀不同的特殊人文關懷與光芒。墨家及法家在秦後沒落，影響有限；儒家和道家在道德精神上的重視及追求，則深深影響中國道德理性的發展。在佛教以因果報應的方便之說席捲整個中國庶民階層之時，先秦儒道諸子的反求諸己、克制欲望，在道德修養中體驗生命美好的作為，為中國後世知識份子開闢了一自我挺立的道路，這是在宗教洪流的氾濫之中，獨顯道德自覺價值之中國本土德福理論。

〔註1〕王邦雄：《21世紀的儒道：儒道兩家思想的現代出路》，頁70～71。

參考文獻

一、傳統文獻

1. （周）呂不韋撰，（漢）高誘注：《呂氏春秋》，上海：上海古籍出版社，1989年。

2. （漢）孔安國傳，（唐）孔穎達等正義：《尚書正義》，（清）阮元校勘《重刊宋本十三經注疏》本，台北：藝文印書館，1960年。

3. （漢）毛公傳，鄭元箋，（唐）孔穎達等正義：《毛詩正義》，（清）阮元校勘《重刊宋本十三經注疏》本，台北：藝文印書館，1960年。

4. （魏）王弼、韓康伯注，（唐）孔穎達等正義：《周易正義》，（清）阮元校勘《重刊宋本十三經注疏》本，台北：藝文印書館，1960年。

5. （漢）鄭玄注，（唐）賈公彥疏：《周禮注疏》，（清）阮元校勘《重刊宋本十三經注疏》本，台北：藝文印書館，1960年。

6. （漢）鄭玄注，（唐）孔穎達等正義：《禮記正義》，（清）阮元校勘《重刊宋本十三經注疏》本，台北：藝文印書館，1960年。

7. （晉）杜預注，（唐）孔穎達等正義：《春秋左傳正義》，（清）阮元校勘《重刊宋本十三經注疏》本，台北：藝文印書館，1960年。

8. （魏）何晏等注，（宋）邢昺疏：《論語注疏》，（清）阮元校勘《重刊宋本十三經注疏》本，台北：藝文印書館，1960年。

9. （漢）趙岐注，（宋）孫奭疏：《孟子注疏》，（清）阮元校勘《重刊宋本十三經注疏》，台北：藝文印書館，1960年。

10. （漢）許慎撰，（清）段玉裁注：《說文解字注》，台北：黎明文化事業股份有限公司，1993年。

11. （漢）司馬遷：《史記》；楊家駱主編：新校本《史記》三家注并附編二種三，台北：鼎文書局，2004 年。

12. （晉）王弼撰，（清）陸德明釋文：《老子注》，北京：中華書局，1954 年

13. （清）王先謙撰，沈嘯寰、王星賢點校：《荀子集解》，北京：中華書局，1988 年。

14. （宋）朱熹：《四書章句集註》，台北：鵝湖出版社，1984 年。

15. （清）王先慎撰：《韓非子集解》，台北：世界書局，1955 年。

16. （清）郭慶藩撰，王孝魚點校：《莊子集釋》，北京：中華書局，1961 年。

17. （清）孫詒讓撰：《墨子閒詁》，台北：河洛圖書出版社，1975 年。

18. （清）劉寶楠：《論語正義》，台北：世界書局，1963 年。

19. 朱謙之撰：《老子校釋》，北京：中華書局，1984 年。

二、近人論著

（一）專著類

1. 中國社會科學院考古研究所編：《殷周金文集成釋文》（全 6 冊），香港：香港中文大學出版社，2001 年。

2. 王邦雄：《再論緣與命》，台北：漢光文化事業公司，1987 年。

3. 王邦雄：《莊子道》，台北：三友圖書公司，1993 年。

4. 王邦雄：《韓非子的哲學》，台北：東大圖書出版，1993 年。

5. 王邦雄：《21 世紀的儒道：儒道兩家思想的現代出路》，台北：立緒文化事業有限公司，1999 年。

6. 王邦雄：《老子的哲學》，台北：東大圖書股份有限公司，2004 年。

7. 王邦雄：《走在莊子逍遙的路上》，台北：台灣商務印書館，2004 年。

8. 王曉朝：《宗教學基礎的十五堂課》，台北：五南圖書出版股份有限公司，2007 年。

9. 王溢嘉：《中國人的心靈圖譜：命運》，桂林：廣西師範大學出社，2007 年。

10. 王讚源：《墨子》，傅偉勳、韋政通主編《世界哲學家叢書》，台北：東大圖書股份有限公司，1996 年。

11. 王讚源：《中國法家哲學》，台北：東大圖書股份有限公司，1989 年。

12. 方玉潤撰，李先耕點校：《詩經原始》，北京：中華書局，1986 年。

13. 何懷宏：《倫理學是什麼》，北京：北京大學出版社，2002 年。

14. 屈萬里：《尚書集釋》，台北：聯經出版有限公司，1983 年。

15. 屈萬里：《詩經釋義》，台北：中國文化大學出版部，1988 年。

16. 屈萬里註譯：《尚書今註今譯》，台北：台灣商務印書館，1997 年。

17. 牟宗三：《中國哲學十九講》，台北：台灣學生書局，1983 年。

16. 牟宗三：《中國哲學的特質》，台北：台灣學生書局，1980 年。

18. 牟宗三：《圓善論》，台北：台灣學生書局，1985 年。

19. 牟宗三：《才性與玄理》，台北：聯合報系文化基金會，2003 年。

20. 牟宗三：《名家與荀子》，台北：聯合報系文化基金會，2003 年。

21. 牟宗三：《四因說演講錄》，台北：聯合報系文化基金會，2003 年。

22. 任繼愈：《儒教問題爭論集》，北京：宗教文化出版社，2000 年。

23. 朱守亮：《詩經評釋》，台北：台灣學生書局，1984 年。

24. 朱守亮：《韓非子釋評》，台北：五南圖書館出版股份有限公司，1992 年。

25. 余英時：《士與中國文化》，上海：人民出版社，1988 年。

26. 宋希仁主編：《西方倫理思想史》，北京：中國人民大學出版社，2005 年。

27. 宋天正註釋：《中庸今註今譯》，台北：台灣商務印書館，1977 年。

28. 李瑞全：《儒家生命倫理學》，台北：鵝湖出版社，1999 年。

29. 林安梧：《儒學與中國傳統社會之哲學省察——以「血緣性縱貫軸」為核心的理解與詮釋》，上海：學林出版社，1998 年。

30. 林啟彥：《中國學術思想史》，台北：書林出版有限公司，1994 年。

31. 吳怡：《逍遙的莊子》，台北：東大圖書股份有限公司，2001 年。

32. 段昌國、劉紉尼、張永堂譯：《中國思想與制度論集》，台北：聯經出版事業公司，1976 年。

33. 唐君毅：《中國哲學原論——原道篇卷一》，台北：台灣學生書局，1986 年。

34. 唐君毅：《中國哲學原論——原道篇卷二》，台北：台灣學生書局，1986 年。

35. 唐君毅：《中國人文精神之發展》，台北：台灣學生書局，1988 年。

36. 唐凱麟主編：《西方倫理學名著提要》，台北：昭明出版社，2001 年。

37. 韋政通：《中國思想史》，台北：水牛出版社，1994 年。

38. 袁保新：《從海德格、老子、孟子到當代新儒學》，台北：台灣學生書局有限公司，2008 年。

39. 高明註譯：《大戴禮記今註今譯》，台北：台灣商務印書館，1993 年。

40. 高柏園：《孟子哲學與先秦思想》，台北：文津出版社，1996 年。

41. 高柏園：《莊子內七篇思想研究》，台北：文津出版社，2000 年。

42. 高恒天：《道德與人的幸福》，北京：中國社會科學出版社，2004 年。

43. 高兆明:《制度公正論——變革時期道德失範研究》,上海:上海文藝出版社,2001 年。

44. 徐中舒:《甲骨文字典》,成都:四川辭書出版社,1990 年。

45. 徐復觀:《中國人性論史——先秦篇》,台北:台灣商務印書館,1969 年。

46. 徐元誥撰,王樹民、沈長雲點校:《國語集解》,北京:中華書局,2002 年。

47. 孫效智:《宗教、道德與幸福的弔詭》,台北:立緒文化事業有限公司,2002 年。

48. 孫英:《幸福論》,北京:人民出版社,2004 年。

49. 梁啟超:《先秦政治思想史》,北京:東方出版社,1996 年。

50. 郭沫若:《兩周金文辭大系效釋》,北京:科學出版社,1982 年。

51. 郭沫若:《青銅時代》,北京:中國人民大學出版社,2005 年。

52. 張岱年:《中國哲學大綱》,中國社會科學出版社,1982 年。

53. 張豈之:《先秦史》,台北:五南圖書館出版股份有限公司,2002 年。

54. 張純、王曉波:《韓非思想的歷史研究》,北京:中華書局,1986 年。

55. 張起鈞:《智慧的老子》,台北:東大圖書股份有限公司,1992 年。

56. 張錫勤:《中國傳統道德舉要》,哈爾濱:黑龍江教育出版社,1996 年。

57. 陳少峰:《中國倫理學史》,北京:北京大學出版社,1997 年。

58. 陳來:《古代宗教與倫理-儒家思想的根源》,北京:生活、讀書、新知三聯書店,1996 年。

59. 陳來:《古代思想文化的世界:春秋時代的宗教、倫理與社會思想》,台北:允晨文化實業公司,2006 年。

60. 陳鼓應註譯:《老子今註今釋及評介》,台北:台灣商務印書館,2000 年。

61. 陳鼓應註譯:《老莊新論》,台北:五南圖書出版股份有限公司,2006 年。

62. 陳根法、吳仁杰:《幸福論》,台北:台灣高等教育出版社,1990 年。

63. 陳德和:《從老莊思想詮詁莊書外雜篇的生命哲學》,台北:文史哲出版社,1993 年。

64. 湯用彤:《漢魏兩晉南北朝佛教史》,台北:鼎文書局,1976 年。

65. 勞思光:《中國哲學史》,台北:三民書局股份有限公司,1995 年。

66. 葉海煙:《莊子的生命哲學》,台北:東大圖書公司,1990 年。

67. 焦國成:《中國倫理學通論》,山西:山西教育出版社,1997 年。

68. 黃漢青:《莊子思想的現代詮釋》,台北:五南圖書出版股份有限公司,2006 年。

69. 董立章:《國語譯注辨析》,廣州:暨南大學出版社,1993 年。

70. 楊國樞編：《中國人的價值觀——社會科學觀點》，台北：桂冠圖書股份有限公司，1994 年。

71. 楊國榮：《莊子哲學思想闡釋》，台北：水牛圖書出版有限公司，2007 年。

72. 楊伯峻譯注：《孟子譯注》，台北：五南圖書出版公司，1992 年。

73. 楊秀宮：《孔孟荀禮法思想的演變與發展》，台北：文史哲出版社，2000 年。

74. 鄭志明：《儒學的現世性與宗教性》，嘉義：南華管理學院，1998 年。

75. 劉翔：《中國傳統價值觀念詮釋學》，台北：桂冠圖書股份有限公司，1992 年。

76. 劉滌凡：《唐前果報系統的建構與融合》，台北：台灣學生書局，1999 年。

77. 錢穆：《孔子與論語》，台北：聯經出版事業公司，1947 年。

78. 錢穆：《莊老通辨》，台北：東大圖書公司，1991 年。

79. 盧元駿註譯：《說苑今註今譯》，台北：台灣商務印書館有限股份公司，1977 年。

80. 蕭公權：《中國政治思想史》，台北：中國文化大學出版部，1982 年。

81. 謝謙：《中國古代宗教與禮樂文化》，成都：四川人民出版社，1996 年。

82. 瞿同祖：《中國封建社會——周代社會組織》，台北：里仁書局，1984 年。

83. 瞿同祖：《中國法律與中國社會》，台北：里仁書局，1997 年。

84. 羅素原著：《西方哲學史》，台北：五南圖書出版股份有限公司，1998 年。

（二）單篇論文類

1. 于霞：〈韓非以「公」為根本內核的仁義觀〉，《學術研究》，2005 年，第 2 期，頁 27～32。

2. 于霞：〈韓非倫理思想研究述評〉，《燕山大學學報（哲學社會科學版）》，2006 年 11 月，第 7 卷第 4 期，頁 22～27。

3. 王永年：〈德福配稱的價值祈向——從盧梭、康德到馬克思〉，《福建政法管理幹部學院學報》，2001 年 4 月，第 2 期，總第 8 期，頁 1～8。

4. 杜保瑞：〈對牟宗三宋明儒學詮釋體系的方法論反省〉，《哲學雜誌》，第三十四期，2001 年 4 月，頁 120～143。

5. 杜保瑞：〈荀子的性論與天論〉，《哲學與文化》，第三十四卷第十期，2007 年 10 月。

6. 沈利華〈中國傳統幸福觀論析〉，《江蘇行政學院學報》，2006 年第 6 期，總第 30 期，頁 30 至 35。

7. 洪波：〈先秦儒家德福思想論〉，收於張立文主編：《「孔子與當代」國際學術會議論文集》，（保定：河北大學出版社，2005 年），頁 300～316。

8. 姜生：〈道德與壽老——論道教生命倫理的道德決定論特徵〉，《學術月刊》，1997 年第 2 期，頁 15～19。

9. 夏輝：〈孟子對傳統天命報應論的創造性轉化——兼論性善論的價值合理性〉，《現代哲學》，2003 年第 1 期，頁 89～94。

10. 唐亞武：〈法家學派之德治思想探微〉，《湖南師範大學社會科學學報》，2003 年 7 月，第 32 卷第 4 期，頁 43～45。

11. 張洪萍：〈試論德福統一的社會屬性〉，《四川教育學院學報》，2000 年 1 月，第 16 卷第 1～2 期，頁 7～10。

12. 莊三舵：〈論道德回報〉，《雲南社會科學》，2005 年第 6 期，頁 50～54。

13. 陳科華：〈好人如何一生平安？——走出「德福悖論」的怪圈〉，《倫理學研究》，2005 年 9 月，第 5 期，總第 19 期，頁 12～16。

14. 陳筱芳：〈佛教果報觀與傳統報應觀的融合〉，《雲南社會科學》，2004 年第 1 期，頁 91～95。

15. 陳筱芳：〈春秋天信仰的特點〉，《史學集刊》，2005 年 4 月，第 2 期，頁 24～28。

16. 項退結：〈中西哲學的終極原因〉，《哲學與文化》，2005 年 9 月，第 32 卷 9 期，頁 3～22。

17. 楊澤波：〈孟子幸福觀與後世去欲主義的產生〉（上），《孔孟月刊》第三十二卷第十期，頁 2～9。

18. 楊澤波：〈孟子幸福觀與後世去欲主義的產生〉（下），《孔孟月刊》第三十三卷第二期，頁 9～16。

19. 楊海文：〈略論孟子的義利之辨與德福一致〉，《中國哲學史》，1996 年第 1～2 期，頁 102～107。

20. 蔡家和：〈中國哲學天道論者對於德福一致問題之解決方式〉，收於《羅整菴哲學思想研究》附錄，頁 194~214，中央大學哲學研究所博士論文，2004 年。

21. 魏長領：〈因果報應與道德信仰——兼評宗教作為道德的保證〉，《鄭州大學學報（哲學社會科學版）》，2004 年 3 月，第 37 卷第 2 期，頁 109～115。

22. 諶中和：〈從殷商天道觀的變遷談周人尚德與殷人尚刑〉，《哲學與文化》，2000 年，第 27 卷第 11 期，頁 1052～1067。

23. 關啓文：〈德福一致與宗教倫理〉，《基督教文化學刊》第六輯，2001 年 12 月，頁 123～146。